Richard Howard & Jamie Lash
Das war Dein Leben!

RICHARD HOWARD & JAMIE LASH

DAS WAR DEIN LEBEN!

Bereit, Gott von Angesicht zu
Angesicht zu begegnen

ASAPH VERLAG

Titel der amerikanischen Originalausgabe: This was your Life!

Die amerikanische Originalausgabe ist erschienen bei:
Chosen Books, a division of Baker Book House Company,
P.O. Box 6287, Grand Rapids, MI 49516-6287

Aus dem Amerikanischen übersetzt von Reimer Dietze

Bibelstellen wurden, soweit nicht anders vermerkt, nach der Revidierten Elberfelder Übersetzung, © 1985/1991 R. Brockhaus Verlag, Wuppertal, zitiert.

1. Auflage 1999

Satz: CONVERTEX, D-Aachen
Umschlaggestaltung: D² Design Works
Umschlagfoto: Photonica/Ruriko Murakami
Druck: Graphischer Großbetrieb Pößneck

ISBN 3-931025-42-X
Best.-Nr. 147542

Printed in Germany

Für kostenlose Informationen über unser umfangreiches Lieferprogramm an Büchern, Musik etc. schreiben Sie bitte an:
ASAPH, D-58478 Lüdenscheid
eMail: ASAPH@t-online.de

Inhalt

Zum Geleit

Rick Howard und Jamie Lash haben sich dem ehrfurchtgebietenden Thema des vorliegenden Buches mit einer Kompetenz genähert, deren Besonderheit darin liegt, daß sie sowohl zu unterhalten als auch zu erschrecken vermag. Sollte Ihnen „Unterhaltung“ hier fehl am Platz erscheinen, so möchte ich Sie beruhigen: Unterhaltend ist das Buch bloß in dem Sinne, daß es sich ausgesprochen leicht liest und ungemein fesselnd ist. Und wenn Sie nicht „erschreckt“ werden möchten, so seien Sie ebenfalls beruhigt: Ich meine das lediglich in dem Sinne, daß die Autoren uns aufs neue ins Bewußtsein rufen, daß wir selbst es sind, die die letzte Verantwortung für unser Leben tragen.

Manchen mag es wie eine oberflächliche Verallgemeinerung vorkommen, wenn ich sage, jeder Christ sollte dieses Buch lesen; doch angesichts der geistigen und moralischen Situation unserer Tage scheint es mir durchaus die vorrangige Aufmerksamkeit der Christenheit zu verdienen. Dieses Buch ist eine ernüchternde Vorladung unserer Seelen, ein einfühlsam durchdachter, jedoch unbeugsam der Ehrlichkeit verpflichteter Vorhalt, der jeden Leser bereichern wird. Das Gewicht solcher Erörterungen gehört mit in die Waagschale, wenn wir unsere Erwartungen an Gott als den Segnenden mit seinen Erwartungen an uns zum Ausgleich bringen wollen.

Hier kommt Ballast für die Seele – stabilisierend und helfend in ruhiger wie in rauher See.

Jack Hayford

Vorwort

1987 erzählte mir ein Freund von einem Video, das, wie er sagte, die motivierendste Lehre enthalte, die er in seinem ganzen Leben gehört habe. Es war ein Video von Rick Howard über den Richterstuhl Christi. Ich bat ihn, es mir zu leihen, und seitdem habe ich dieses Video sechzehnmal angeschaut. Nie zuvor hat eine einzelne Verkündigung so viel in meinem Leben ausgelöst.

Ich rief in Ricks Büro an, um mich zu erkundigen, ob er über dieses Thema vielleicht auch ein Buch geschrieben habe. Infolge dieses Anrufs haben Rick und ich während der letzten Jahre zusammengearbeitet, um dieses Buch zu verwirklichen. Unser Anliegen ist, die Aufmerksamkeit auf eine Wahrheit zu lenken, der unglaubliche Kraft innewohnt. Nichts ist uns während unserer Reisen so aufgefallen wie die Unwissenheit und Sprachlosigkeit unter Christen, wenn es um den Richterstuhl Christi geht. Weite Teile der Gemeinde Jesu scheinen einer der herrlichsten Wahrheiten des Wortes Gottes gegenüber vollkommen ahnungslos zu sein.

Es war das Verständnis dessen, was es mit dem Richterstuhl Christi auf sich hat, was viele bedeutende Christen in ihrem geistlichen Wachstum nach vorn katapultiert hat. Unter den vielen, die bezeugen, welch unglaubliche Auswirkung diese Wahrheit auf ihr Leben gehabt hat, sind Georg Müller, Amy Carmichael, Charles Finney, Hudson Taylor, William Booth und Martin Luther.

Weil Christus die Strafe für unsere Sünden bereits getragen hat, geht es beim Gericht über die Gläubigen nicht um Bestrafung. Gott wird nach Dingen suchen, die er belohnen kann! Lohn wird es für Taten geben, die „durch den Leib vollbracht" worden sind (2. Kor. 5,10). Wenngleich wir für immer im Himmel sein werden, sagt die Schrift nichts darüber, daß wir uns Lohn erwerben könnten, nachdem wir dort angekommen sein werden. Wie wir Gott eine Ewigkeit lang im Himmel dienen werden, hängt davon ab, wie wir *dieses* Leben führen! Die Wichtigkeit unserer Lebensführung hier kann nicht überbetont werden.

Alle, die an Christus glauben, werden im Himmel sein, aber manche werden großen Lohn empfangen und andere gar keinen. Etliche werden „in die Freude ihres Herrn eingehen", andere nicht (Mt. 25,21-30). Manche werden „das wirkliche Leben ... ergreifen" (1. Tim. 6,19), andere nicht. Einige werden Kronen tragen, die der Freude des Vaters Ausdruck geben, die auf ihnen ruht, andere nicht. Wir meinen, daß dies überaus ernst ist!

Mit diesem Buch möchten wir Christen herausfordern, in gesunder Weise Gott zu fürchten. Es ist ein Ruf zu einem Leben in Liebe, Reinheit und Fruchtbarkeit, einem Leben, das mit der Ewigkeit im Herzen geführt wird. Es handelt davon, so zu leben, daß wir Christus eines Tages sagen hören werden: „Recht so, du guter und treuer Knecht!"

Rick Howard & Jamie Lash

Hinweis des Verlages:
Der Ich-Erzähler des ersten Kapitels ist Rick Howard. Inhalt und Textgestalt der weiteren Kapitel gehen auf beide Autoren zurück, doch der Ich-Erzähler ab Kapitel 2 ist jeweils Jamie Lash.

1 Dem Christus der Offenbarung begegnen

Es war an einem Montag morgen in der Innenstadt von Memphis. Ich war mitten in der Arbeit, als das Telefon klingelte. An Montagen hatte man als Leiter von *Jugend für Christus* immer besonders viel zu tun. Der Anrufer war Ed, einer meiner ehrenamtlichen Mitarbeiter, der mich durch seinen Enthusiasmus, sein treues Christuszeugnis und seine Liebe zum Herrn immer wieder begeisterte. Er war ein absolut zuverlässiger Freund, der meinen Dienst nachhaltig unterstützte.

„Ich muß dich heute vormittag mal für ein paar Minuten sprechen“, sagte er in geschäftsmäßigem Ton.

„Tut mir leid, Ed“, entgegnete ich. „Heute geht's nicht. Hat das nicht bis Mitte der Woche Zeit?“

„Nein, Rick, es muß sofort sein. Ich komm' schnell rüber und warte, bis du 'n paar Minuten für mich hast.“

Es klickte in der Leitung – aufgelegt.

Ed kam vorbei und nahm in meinem Büro Platz, während ich weiterarbeitete. Nach einer Weile fragte er mich ruhig: „Rick, hast du dir jemals Gedanken über den Richterstuhl Christi gemacht?“

Ich sah nicht mal von meinen Papieren hoch. „Klar, Ed, ich weiß schon, daß es sowas geben wird ...“

Ed schwieg. Es dauerte eine Zeitlang, bis ich neugierig aufsah. Da liefen ihm Tränen übers Gesicht. Ich schämte mich.

„Oh, Ed, bitte verzeih mir! Mir scheint, du möchtest mir etwas sagen, was weit wichtiger ist als meine Arbeit hier.“ Ich langte nach meiner Bibel und wandte mich meinem Freund zu. „Okay, was hast du auf dem Herzen? Ich bin ganz Ohr.“

Fast drei Stunden lang machte Ed mit mir eine Bibelarbeit über den Richterstuhl Christi. Als er fertig war, legte er mir die Hand auf die Schulter und sprach ein schlichtes, aber inniges Gebet. Danach stand er auf, umarmte mich und ging.

Ich war verdutzt. Ed war vor Jahren ein bekannter Boxchampion gewesen. Hätte er mir einen rechten Haken verpaßt, so hätte er mich auch nicht mehr verblüffen können, als er es an diesem Morgen getan hatte.

Ich griff zum Telephon und wählte die Nummer meiner Sekretärin. „Verla, ich muß nach Hause. Bitte delegieren Sie meine Termine während der nächsten paar Tage an andere.“

„Sind Sie krank?“ fragte sie in mütterlichem Ton.

„Ja“, antwortete ich, „aber nicht so, wie Sie denken. Ich kann im Moment nicht darüber reden.“

„Schon gut“, entgegnete sie. „Fahren Sie nach Hause, ich kümmere mich um alles.“

Mein Auto stand hinter dem Gebäude der Mission. Schluchzend und betend fuhr ich die zehn Meilen stadtauswärts bis zu meiner Wohnung. Zweimal mußte ich zwischendurch anhalten, um meine Fassung wiederzugewinnen.

Während ich fuhr, fiel mir plötzlich ein schreckliches Erlebnis ein, das ich in meinem ersten Jahr am College gemacht hatte. Ich hatte im ersten Semester eine Durchschnittspunktzahl erreicht, die mir im zweiten Semester das Privileg gewährte, Lehrveranstaltungen versäumen zu können, ohne daß mir das Minuspunkte einbrachte. Andernfalls wäre es so gewesen, daß ich in jedem Fach nach dreimaliger Abwesenheit Abzüge von meinen Noten hätte hinnehmen müssen.

Unreif, wie ich war, hatte ich dieses Privileg mißbraucht, vor allem in einem Fach, dessen Unterricht ich drei Wochen nacheinander nicht besucht hatte. Als ich dann wieder ins Seminar ging, kam ich zehn Minuten zu früh an und erschrak, als ich alle Kommilitonen bereits mit aufgeschlagenen Schreibblöcken im Hörsaal vorfand. Mir begann das Herz bis zum Hals zu klopfen, und ich suchte mir eilends einen Platz neben einem Freund.

„Was läuft hier, Jim?" fragte ich ängstlich.

Er schien belustigt. „Du solltest ab und zu mal vorbeikommen, Rick. Wir machen hier 'ne Menge aufregende Sachen. Heute zum Beispiel ist die Zwischenprüfung!"

Den Schreck muß man mir angesehen haben. „Das soll ja wohl 'n Witz sein!" rief ich aus. Dann sprang ich auf und stürzte hinaus. Ich kam mir dämlich und unreif vor. Draußen auf dem Gang lief ich dem Professor in die Arme, der auf dem Weg in den Hörsaal war.

Dr. Rogers sah mich über den Rand seiner Brille hinweg an.

„Dr. Rogers – Sir ...", stotterte ich, „ich höre gerade, daß Sie heute morgen die Zwischenprüfung schreiben lassen ..."

„So ist es", sagte er stirnrunzelnd. Anscheinend konnte er sich denken, was als nächstes kommen würde.

Ich entschuldigte mich für meine Nachlässigkeit und bat um einen Tag Aufschub, damit ich mich noch vorbereiten könnte.

Dr. Rogers war ein freundlicher Mann, aber seine Antwort fiel eindeutig aus. „Mr. Howard, ich kann Sie nicht dafür bestrafen, daß Sie nicht zum Unterricht erscheinen, aber Sie sind selbst dafür verantwortlich, wie Sie Ihr Studium aufziehen. Entweder Sie schreiben heute morgen die Prüfung, oder Sie kassieren automatisch eine Sechs."

Ich weiß noch sehr gut, wie mir das Herz in die Hose rutschte, als ich vor dem Aufgabenblatt und dem leeren Schreibblock saß. Dabei würde ich diesen Vormittag nur allzugern vergessen können.

Dasselbe Gefühl in der Magengrube verspürte ich, als ich an jenem Montag vormittag nach dem Treffen mit Ed zu meiner Wohnung fuhr. Dieses Mal lag eine weitaus wichtigere Prüfung vor mir, und ich hatte keine Ahnung von dem Stoff. Ich war absolut unvorbereitet. Wie konnte es sein, daß ich die mit Abstand entscheidendste Prüfung meines Lebens so unverzeihlich locker angegangen war?

Seit sieben Jahren stand ich im geistlichen Dienst, und es waren durchaus Segen und Frucht sichtbar geworden. Doch in der ganzen Zeit hatte ich nicht eine einzige Predigt über den Richterstuhl Christi gehört, geschweige denn mich selbst mit dem Thema auseinandergesetzt. Ich ging in meine Wohnung und vertiefte mich vier Tage lang in die Heilige Schrift, indem ich über jedem einzelnen Vers brütete, den ich darüber fand. Außerdem studierte ich, was immer meine Bibliothek zu dieser Frage hergab.

Etwas würde passieren, das mein ganzes Denken umstülpen würde. Ich mußte an eine Erfahrung meiner Kindheit denken, die mir lebhaft im Gedächtnis war.

Als ich ein Junge war, nannte mich mein Vater nur Rick oder Ricky – mit Ausnahme jener denkwürdigen Momente meiner Teenagerjahre, wenn er mich für meine Taten zur Rechenschaft zog. „Richard", pflegte er dann zu sagen, „rechtfertige dich!" Ich wußte, was er meinte: „Wo bist du gewesen? Mit wem warst zusammen? Was hast du gemacht?"

Niemals hätte ich meinen Vater angelogen. Ja, ich habe noch nicht einmal in Betracht gezogen, das zu tun – obwohl ich nicht immer der Meinung war, daß er alle Einzelheiten wissen müsse. Doch je älter ich wurde, um so mehr verstand ich auch, was ihn bewegte, und erkannte die Weisheit, die sich darin verbarg, daß er mich um die Gnade des Richters flehen ließ.

Einen Abend im Frühjahr 1956 werde ich mein Lebtag nicht vergessen. Ich war auf der weiterführenden Schule und hatte gerade Autofahren gelernt. Vor kurzem hatte mein Vater sich einen neuen Wagen gekauft, ein 55er Chevy-Coupé in schwarz-weißer Zweifarblackierung mit weißen Kunstledersitzen. Ein herrliches Auto – und erst der zweite neue Wagen meines Vaters. Wir wohnten zur Miete, und ein Sparbuch hatte meine Familie noch nie besessen. Der Wagen war der einzige Gegenstand von Wert, der uns gehörte.

Endlich war es soweit, daß ich zum erstenmal diesen Wagen benutzen durfte, um zu einer Verabredung zu fahren. Meine Freundin setzte sich vorne neben mich, mein bester Kumpel und sein Mädchen nahmen hinten Platz. Stolz wie die Schneekönige fuhren wir durch die Stadt. Ich sah mich ungeheuer vor, kam mir doch die Straße fürchterlich schmal vor, das Auto hingegen breit wie ein Schiff. Als der Abend zu Ende ging, brachte ich als erstes meine Freundin nach Hause. Zu ihrem Haus führte eine langgezogene Einfahrt. Sorgfältig stellte ich den Wagen ab, brachte sie an die Haustür und absolvierte die erwarteten Artigkeiten.

Als ich zurückkam, sah ich, daß mein Freund sich nach vorne auf den Beifahrerplatz gesetzt hatte. Was ich nicht bemerkte, war, daß die Beifahrertür nicht ganz geschlossen war. Als ich den Rückwärtsgang einlegte und durch die schmale Auffahrt zur Straße zurücksetzte, verfing sich ein Ast in der Tür, riß sie auf und schleuderte sie gegen die vordere Stoßstangenecke.

Noch nach so vielen Jahren dreht sich mir der Magen um, wenn ich mir jenes scheußliche Schrapen und Scheppern vergegenwärtige. Ich wußte, sobald ich nach Hause käme, würde Dad sagen: „Richard, rechtfertige dich!“, und auf diesen Augenblick freute ich mich ganz und gar nicht. Ich hatte mein Vorrecht mißbraucht – nicht willentlich, aber fahrlässig. Dieses Auto war meiner Familie kostbar, und als ich es zurückbrachte, war es weniger wert als zu dem Zeitpunkt, da es mir anvertraut worden war.

Genauso wurde uns Gottes wertvollster Besitz, sein einziger Sohn, anvertraut, und zwar unter enormen Kosten, um Erlösung und ein fruchtbares Leben möglich zu machen. Wir werden uns dafür rechtfertigen müssen, was wir mit dieser kostbaren Gabe angestellt haben.

Schrecken im Angesicht des Herrn

Während der vier Tage, die ich in meiner Wohnung studierte, las ich einen Bibelabschnitt mindestens vierzehnmal. Der Text aus 1. Korinther 3,10-15 begann mein Denken zu beherrschen:

> „... jeder ... sehe zu, wie er darauf [auf den Grund, der gelegt ist] baut. Denn einen anderen Grund kann niemand legen, außer dem, der gelegt ist, welcher ist Jesus Christus. Wenn aber jemand auf den Grund Gold, Silber, kostbare Steine, Holz, Heu, Stroh baut, so wird das Werk eines jeden offenbar werden, denn der Tag wird es klarmachen, weil er in Feuer geoffenbart wird. Und wie das Werk eines jeden beschaffen ist, wird das Feuer erweisen. Wenn jemandes Werk bleiben wird, das er darauf gebaut hat, so wird er Lohn empfangen; wenn jemandes Werk verbrennen wird, so wird er Schaden leiden, er selbst aber wird gerettet werden, doch so wie durchs Feuer."

Am Abend des vierten Tages schlief ich ein, wie ich war, gefühlsmäßig und körperlich so erschöpft, daß ich zu schwach war, meine Kleider auszuziehen. Stunden später wachte ich mit klopfendem Herzen auf. Ich war so verschwitzt, daß mir die Kleider am Körper klebten. In einer Vision hatte ich den Richterstuhl Christi gesehen. Ich hatte Mühe zu atmen. Ich weinte, und meine Augen waren vor Schreck weit aufgerissen.

So gut ich auch wußte, wie die Schrift den Richterstuhl beschreibt, so absolut unvorbereitet war ich auf die Dramatik und den Schrecken dieses Augenblicks. Der Christus, den ich gesehen hatte, hatte nicht die geringste Ähnlichkeit mit dem lieblichen Gemälde aus meinem Kinderzimmer, auf dem ein freundlicher, sanfter und milder Jesus mit kastanienbraunen Locken und blauen Augen dargestellt gewesen war. Ich sah Christus, wie er im ersten Kapitel der Offenbarung erscheint:

> „... sein Haupt aber und die Haare waren weiß wie weiße Wolle, wie Schnee, und seine Augen wie eine Feuerflamme und seine Füße gleich glänzendem Erz, als glühten sie im Ofen, und seine Stimme wie das Rauschen vieler Wasser."
>
> (Offb. 1,14 f.)

Seine Gegenwart war ehrfurchtgebietend, beunruhigend. Er trug die Robe eines Richters.

In meiner Vision sah ich die Erlösten, so zahlreich wie die wogenden Ähren eines endlosen Getreidefeldes im Mittleren Westen. Sämtliche Christen aus allen Generationen waren dort versammelt. Nachdem ich in sehr überschaubaren christlichen Kreisen großgeworden war, erstaunten mich die Massen weißgekleideter Gläubiger.

Während ich die unüberschaubare Menge der versammelten Gemeinde bestaunte, erinnerte ich mich daran, wie ich einmal an Deck des alten Cunard-Liners *Queen Mary* gestanden und die Unendlichkeit des Atlantischen Ozeans bewundert hatte.

Als nächstes folgte kein Anblick, sondern ein Laut. Ich hörte zwei Geräusche, die miteinander zu kollidieren schienen. Das erste war Schreien – jenes Schluchzen und Wimmern, das ich von jeher mit den Verlorenen in Verbindung gebracht hatte. Doch wußte ich instinktiv, daß es hier gar keine Verlorenen gab! Im Gegenzug hörte ich Jubel gleich rollendem Donner. Welche Ausgelassenheit! Welcher Lobpreis! Es klang wie tausend große Campversammlungen, die, zu einer einzigen verschmolzen, *Halleluja* sangen.

Was für ein unbeschreiblicher Kontrast! Bittere Weinkrämpfe hier, unbändiger Lobpreis dort. Die Töne prallten gegeneinander wie zwei riesige Becken: Weinen und Loben, Trübsinn und Anbetung – menschliche Antworten auf Verlust einerseits, Lohn andererseits.

Dann wurde mein Blick auf eine Gruppe von Christen gelenkt, die zu meiner Rechten standen. In ihrer Mitte sah ich eine Gestalt, in der ich Christus erkannte. Er hatte eine Fackel in der Hand, ähnlich derjenigen, mit der das Olympische Feuer transportiert wird. Nachdem er mit jedem einzelnen Christen gesprochen hatte, warf Jesus die brennende Fackel in den Haufen von Stoppeln und Gras, der sich vor den Füßen jedes Gläubigen türmte. Ein Brand flammte auf, und was das Feuer jeweils übrigließ, entlockte dem Gläubigen einen Aufschrei des Schmerzes oder der Freude.

Sofort sah ich an mir selbst herunter, und was ich erblickte, bestätigte meine tiefsten Befürchtungen: Da waren Holzscheite, Gras und Heu aufgehäuft.

Ich fühlte, wie meine Handflächen feucht wurden, und schrie auf, mehr zu mir selbst als zu irgend jemand sonst: „O Gott, ist dies alles, was ich nach sieben Jahren im Dienst vorzuweisen habe? Waren denn meine Motive und meine Arbeit so unrein?"

Auf der Stelle hörte ich in meinem Geist folgende Worte: *„Sieh dich um, mein Sohn."*

Rasch bemerkte ich, daß jeder einzelne Gläubige einen ebensolchen Haufen vor seinen Füßen liegen hatte. Manche Haufen waren kleiner als der meinige, andere größer, aber ich entdeckte niemanden, vor dem kein Haufen Gras und Stoppeln gelegen hätte.

In derselben Klarheit wie zuvor hörte ich den Geist sagen: *„Mein Sohn, erst wenn der ganze Unrat verbrannt ist, wird sich zeigen, was übrigbleibt. Warte auf das Feuer."*

Meine geistliche Mentorin

Ich hob meinen Blick weg von dem Haufen vor meinen Füßen und sah, daß ich inmitten einer Gruppe von Menschen stand, die mir vertraut waren. Meine Aufmerksamkeit wurde auf eine Frau gelenkt, die damals in der Gemeinde meines Vaters in Sharon, Pennsylvania, viel für mich getan hatte. Bei jedem Gottesdienst hatten Mrs. Shipton und ihr Mann in der ersten Reihe gesessen. Viele Jahre hatte sie allmonatlich einen Missionsgottesdienst in der Gemeinde geleitet, und diese Gottesdienste hatten mein Leben nachhaltig beeinflußt. Außerdem war sie meine erste Sonntagsschullehrerin gewesen.

Als ich zur Welt kam, waren meine Eltern schon in mittleren Jahren, so daß ich keine leiblichen Großeltern mehr hatte. So war diese Frau immer „Oma Shipton“ für mich gewesen. Sie hatte treu für mich gebetet, und wir waren eng miteinander verbunden.

Als ich ein aufsässiger Teenager wurde, der mit geistlichen Dingen nichts mehr im Sinn hatte, kam sie immer wieder zu mir, legte mir ihre schmale Hand auf die Schulter und sagte: „Ricky, mein Junge, ich bete für dich. Gott hat mit deinem Leben etwas Großes vor!“

Ich schüttelte dann höflich ihre Hand ab und sagte belustigt: „Ach, du brauchst nicht für mich zu beten, Oma Shipton!“

Und ich meinte, was ich sagte; denn ich wußte, daß Gott ihre Gebete erhörte, und das war das letzte, was ich damals wollte.

Eines Sonntagabends während dieser Jahre saß ich mit einigen anderen Jugendlichen an unserem üblichen Platz, nämlich in der letzten Reihe. Während mein Vater predigte, hatten wir Bilder und Zettel von Hand zu Hand wandern lassen. Nun war es in jenen Tagen normalerweise nicht die Predigt, die einem Schuldgefühle einjagte; es war der Altarruf. Manchmal dauerte die Predigt nur eine Viertelstunde, während die Segnungszeit, in der man Gelegenheit hatte, nach vorne zu gehen und sein Leben ganz dem Herrn zu weihen, sich über mehr als eine Stunde hinzuziehen pflegte.

Als ich an diesem besonderen Abend während des Altarrufs aufstand, begann sich Gott mit mir zu beschäftigen. Ich hielt den Kopf gebeugt und die Augen geschlossen, und meine Hände umklammerten die Lehne der Sitzbank vor mir. Während ich da so stand, wußte ich plötzlich instinktiv, daß Oma Shipton auf mich zusteuerte. Weder sah ich sie kommen, noch hörte ich ihre Schritte, und ich hatte auch noch nie mitbekommen, daß sie während der Segnungszeit persönlich auf jemanden zugegangen wäre. Doch jetzt kam sie zu mir, das wußte ich.

Bald fühlte ich ihre Hand auf meiner Schulter. Was sie sagte, war keine Bitte, sondern ein Befehl – ein Befehl, hinter dem vierzehn Jahre Gebet standen.

„Mein Sohn", sagte sie, „es ist an der Zeit."

Ich brach zusammen wie ein kleines Kind, während sie mich zum Altar führte. Ich tat Buße und übergab mein Leben der Herrschaft Jesu Christi.

Während ich die Vision hatte, erinnerte mich der Herr daran, wie ich Oma Shipton zum letztenmal auf Erden gesehen hatte. Damals war sie über neunzig und halbblind gewesen. Sie war ziemlich senil geworden und konnte sich oft nicht daran erinnern, wer mein Vater war, wenn er sie besuchte, obwohl er seit beinah dreißig Jahren ihr Pastor gewesen war. Jeden Morgen zog ihre Tochter Ione sie an, setzte sie in ihren Lieblingsschaukelstuhl im halbdunklen Wohnzimmer, legte ihr eine Wolldecke um die Schultern und ihre alte, zerfledderte Bibel in den Schoß.

Ich hatte Weihnachtsurlaub und war gerade nach Hause gekommen. Durch meinen geistlichen Dienst hatte es mich nach Tennessee verschlagen, und ich besuchte meine Heimatgemeinde in Pennsylvania nur noch selten. Während meiner Ferien zu Hause sagte mein Vater: „Junge, du solltest heute mit mir kommen und Oma Shipton besuchen. Wahrscheinlich ist es das letzte Mal, daß du sie lebend siehst." Ich ging mit, obwohl ich dachte, daß es wohl wenig Sinn hätte, ihr in dem Zustand, in dem sie war, noch einen Besuch abzustatten.

Als wir vor dem schlichten zweistöckigen Holzhaus ankamen, begrüßte uns Ione an der Tür. Sie wollte mir vorab sagen, daß Oma mittlerweile selbst ihre nächsten Angehörigen kaum noch erkannte, dankte mir aber trotzdem dafür, daß ich gekommen war. Während sich Ione und Dad noch ein wenig in der Vorhalle unterhielten, trat ich über die Schwelle ins Wohnzimmer. Und plötzlich hörte ich ihre Stimme.

„Ricky, mein Junge, bist du das? Ricky, ich bete jeden Tag für dich. Gott hat ein großes Werk für dich vorbereitet."

Ich war verblüfft. Hörte ich jetzt schon Stimmen? Nein, denn Dad und Ione standen hinter mir und waren ebenso von den Socken wie ich.

In der folgenden Stunde gab sie kein vernünftiges Wort mehr von sich. Was sie sagte, war durcheinander und zusammenhanglos. Doch Gott hatte ihrem Geist einen einzigen klaren und unwiederholbaren Moment geschenkt. Unverrückbar war sie mit diesem kleinen Jungen verbunden – durch Gebet und die Schau, die Gott ihr für sein Leben gegeben hatte.

In meiner Vision erscholl eine Stimme wie rauschendes Wasser und ließ mich aus meinen Erinnerungen aufschrecken.

„Lily Shipton."

Jesus Christus selbst stand vor meiner geistlichen Mentorin. Ich glaube, ich hatte bis dahin noch nie ihren Vornamen gehört – jedenfalls erinnerte ich mich nicht daran.

„Lily Shipton", wiederholte Jesus, „recht getan, du gute und treue Dienerin!"

Mit der Fackel berührte er das Gras und die Stoppeln zu ihren Füßen. Sofort stand der Haufen in Flammen. Als das Feuer die Stoppeln verzehrt hatte, sah ich vor ihren Füßen Gold, Silber und kostbare Edelsteine aufgehäuft.

Sie bückte sich, um all die Kostbarkeiten aufzuheben. Nachdem sie einen Arm voll gesammelt hatte, legte sie alles Jesus zu Füßen und fing an, den Herrn zu preisen. Bis heute erinnere ich mich an diesen anbetenden Geist: „Jesus, ich liebe dich! Jesus, ich liebe dich!"

Was als nächstes passierte, werde ich niemals vergessen.

Ein unwiderrufliches Urteil

Meine Aufmerksamkeit wurde auf einen jungen Mann gelenkt, mit dem ich sieben Jahre zuvor zur Schule gegangen war. Jahrelang hatte ich Todd (Name geändert) nicht gesehen, aber instinktiv wußte ich, wieso er in dieser Vision mit mir zusammen vor dem Richterstuhl Christi stand. Trotz unserer Verschiedenheit gab es eine Verbindung zwischen uns.

Wir waren so gegensätzlich, wie man nur sein konnte. Er war groß und gutaussehend, unter den Studenten an seinem College ein natürlicher Führer. Ich dagegen war ein schlaksiger, unterentwickelter Teenager. Obwohl er schon am College studierte und ich erst im zweiten Jahr der High School war, besuchten wir gemeinsam eine Bibelschule und waren enge Freunde geworden, weil wir beide unser geistliches Leben sehr ernst nahmen. Wir hatten beide den Ruf, Prediger zu werden, während derselben geistlichen Rüstwoche empfangen, und seitdem trafen wir uns häufig zum Beten und Studieren. Todd betete oft inbrünstig für die Menschen in Afrika, glaubte er doch, daß der Herr ihn dorthin in die Mission berufen habe.

Mein Freund ging mit einem schönen Mädchen von der Ostküste. Sie stammte aus einer wohlhabenden Familie, gehörte zu den Jahrgangsbesten im College und wurde später zur Ehemaligen-„Queen" gewählt.

Eines Abends waren Todd und ich mit seinem Auto in Georgia unterwegs, und er erzählte mir, daß er diesem schönen Mädchen einen Heiratsantrag gemacht habe. Als er berichtete, was sie ihm geantwortet hatte, sank mir das Herz: „Ich liebe dich und werde dich heiraten, aber nicht, wenn du Prediger wirst, und erst recht nicht, wenn du in die Mission gehst."

Obwohl dieses Mädchen sich zu Jesus bekannte, fürchtete ich, daß die Heirat der beiden Gottes Ruf in Todds Leben durchkreuzen würde. Ich flehte ihn an, es sich noch einmal zu überlegen, aber er hatte sich schon entschieden. Wie ein großer Bruder legte er mir die Hand auf die Schulter und sagte: „Schon gut, Ricky. Ich weiß, was ich tue. Mach dir keine Sorgen, mein Freund."

Diese Worte tun mir immer noch weh.

Und jetzt sah ich aus dem Augenwinkel, wie der majestätische Christus zu meinem Freund trat. Die Fackel in seiner Hand brannte so heiß, daß sie Funken sprühte. Christus sprach Todd mit einem Spitznamen an, der nur einigen seiner engsten Freunde geläufig war. Dann senkte er die Fackel zu dem Haufen vor seinen Füßen hinab.

Mit einem Mal verbrannte alles, was dort gelegen hatte. Nichts blieb übrig – da war nur noch verbrannte Erde, ein schwarzer Fleck, der sich meinem Gedächtnis eingeprägt hat. Bis heute erschauere ich bei diesem Bild.

Als Todd aufging, daß er seinem Herrn kein Wohlgefallen bereitet, sondern sein Leben vertan hatte, schlug er die Hände vors Gesicht und begann wie gelähmt zu weinen und klagen.

Mir fehlen die Worte für das, was ich sah und fühlte. Seitdem ich die Vision hatte, ist nicht ein Tag vergangen, an dem ich nicht über dieses versengte Fleckchen Erde nachgedacht hätte. Welche Tragödie! Ob nun eine Person großen Lohn oder überhaupt keinen Lohn empfängt – das Urteil, das vom Richterstuhl ergeht, ist unwiderruflich.

Als ich an der Reihe war

Die Vision ging damit weiter, daß Jesus zu mir trat. Ich sah den Christus der Offenbarung, dessen Augen wie Feuerflammen waren. Er stand vor mir, sah mir direkt in die Augen und sagte nur ein einziges Wort: „Richard." Dann sah ich die Fackel auf das Gras und Stroh zu meinen Füßen zufallen.

Plötzlich schreckte ich aus dem Schlaf hoch. Abrupt brach die Vision ab. Mein Herz pochte, die Kleider klebten mir vom Schweiß am Leibe, und ich weinte hemmungslos. Ich ging vor meinem Bett auf die Knie und betete die nächsten zwei oder drei Stunden, bis die Sonne aufging. *„Danke"*, sagte ich dem Heiligen Geist, *„danke, daß du mir dies gezeigt hast!"*

An jenem Morgen traf ich den Entschluß, meinem Leben eine neue Ausrichtung zu geben. Ich begann zu telephonieren und Briefe zu schreiben. Ich wurde von alter Verbitterung frei, versöhnte mich mit Menschen und änderte einige Gewohnheiten; denn im Licht des Richterstuhls Christi gesehen gab es Dinge in meinem Leben, die ich nicht darin haben wollte, während anderes, was ich unbedingt wollte, nicht da war.

Nach der Vision fühlte ich mich gewaschen und gereinigt, entschlossen und begeistert. Ich fing an, die volle Verantwortung für meine Handlungen zu übernehmen, wußte ich doch, daß sie für die Ewigkeit zählten.

Mein Leben hat sich verwandelt: Es ist effektiver, fruchtbarer, sinnvoller und freudiger geworden. Obwohl es mehr als dreißig Jahre her ist, daß ich diese Vision empfing, geht kein Tag vorüber, an dem ich nicht an den Richterstuhl Christi denke. Es wird wirklich so geschehen!

Was sagt die darüber, wie wir uns auf diesen ehrfurchtgebietenden Tag vorbereiten sollen? Wir sammeln wir Schätze im Himmel? Wie werden wir überströmend fruchtbar für die Sache des Königreichs Christi? Wie steigern wir unsere gesunde Gottesfurcht? Wie reinigen wir unsere Motive und erlangen das Herz eines Dieners? Mit einem Wort: Wie können wir so leben, daß unser Leben dem Herzen Gottes wohlgefällt?

Der Rest dieses Buches möchte dazu mithelfen, daß wir zubereitet werden.

2 Achten Sie darauf, wie Sie bauen

Als meine Frau und ich eine Versicherung für unser erstes Haus abschlossen, fragte ich den Versicherungsvertreter: „Ist es üblich, daß die Leute ihre Versicherung hoch genug abschließen, um den gesamten Wert ihres Hauses abzudecken? Mit anderen Worten: Wenn ein Haus sechzigtausend Dollar kostet, schließen die Leute dann üblicherweise eine Versicherung ab, die eine Schadenshöhe von sechzigtausend Dollar abdecken würde?“

„So hab ich es gemacht“, antwortete der Vertreter.

Nun hatte ich ja nicht danach gefragt, wie er es gemacht hatte, und so wurde ich ein wenig argwöhnisch und beschloß, der Sache auf den Grund zu gehen, indem ich meinen Vater anrief und ihn um Rat bat.

„Nein, so hoch muß man mit der Versicherung nicht gehen“, sagte mir mein Vater. „Als Faustregel kann man sagen, man sollte etwa achtzig Prozent des Wertes der Immobilie abgesichert haben, denn es gibt zweierlei, was man gar nicht versichern muß: das Grundstück, auf dem das Haus steht, und das Fundament. Beiden kann nichts passieren. Selbst wenn ein Tornado dein Haus zerstört oder eine Feuersbrunst es bis auf die Grundmauern vernichtet, hast du immer noch das Grundstück und das Fundament und kannst wieder aufbauen."

Dieses Erlebnis gab mir neue Einsicht in die Bedeutung von 1. Korinther 3,9-15, den Bibelabschnitt, in dem Gott uns vor dem kommenden Feuer warnt. Schauen wir genauer hin:

> „Gottes Ackerfeld, Gottes Bau seid ihr. Nach der Gnade Gottes, die mir gegeben ist, habe ich als ein weiser Baumeister den Grund gelegt; ein anderer aber baut darauf; jeder aber sehe zu, wie er darauf baut. Denn einen anderen Grund kann niemand legen außer dem, der gelegt ist, welcher ist Jesus Christus. Wenn aber jemand auf den Grund Gold, Silber, kostbare Steine, Holz, Heu, Stroh baut, so wird das Werk eines jeden offenbar werden, denn der Tag wird es klarmachen, weil er in Feuer geoffenbart wird. Und wie das Werk eines jeden beschaffen ist, wird das Feuer erweisen. Wenn jemandes Werk bleiben wird, das er darauf gebaut hat, so wird er Lohn empfangen; wenn jemandes Werk verbrennen wird, so wird er Schaden leiden, er selbst aber wird gerettet werden, doch so wie durchs Feuer."

Dieser Abschnitt beginnt damit, daß wir „Gottes Bau" sind. Wenn wir uns Christus als dem Erlöser anvertraut haben, ist er selbst das Fundament des Baus. Ein Feuer wird kommen und auf die Probe stellen, was wir auf dem Fundament errichtet haben. Das Fundament selbst jedoch ist nicht brennbar!

Vom Richterstuhl Christi aus wird nur über Gläubige Gericht gehalten werden, also Menschen, deren Fundament Christus ist. Die Strafe, die wir verdient hätten, hat Christus bereits auf sich genommen – deshalb dient der Richterstuhl nicht zur Sühnung der Sünde. Vielmehr wird Gott nach den Dingen trachten, die er belohnen kann![1]

Die Ungläubigen wiederum – solche Menschen also, die Christus, den Einen, der zu ihrer Rettung gesandt ist, zurückweisen – werden vor dem großen weißen Thron gerichtet werden. Sie werden entdecken, daß Gott gerecht ist und nicht über ihre Sünde hinwegsehen kann.

> „Und ich sah einen großen weißen Thron und den, der darauf saß, vor dessen Angesicht die Erde entfloh und der Himmel, und keine Stätte wurde für sie gefunden. Und ich sah die Toten, die Großen und die Kleinen, vor dem Thron stehen, und Bücher wurden aufgeschlagen; und ein anderes Buch wurde aufgeschlagen, welches das des Lebens ist. Und die Toten wurden gerichtet nach dem, was in den Büchern geschrieben war, nach ihren Werken. Und das Meer gab die Toten, die in ihm waren, und der Tod und der Hades gaben die Toten, die in ihnen waren, und sie wurden gerichtet, ein jeder nach seinen Werken. Und der Tod und der Hades wurden in den Feuersee geworfen. Dies ist der zweite Tod, der Feuersee. Und wenn jemand nicht geschrieben gefunden wurde in dem Buch des Lebens, so wurde er in den Feuersee geworfen."
>
> (Offb. 20,11-15)

Wird vor dem großen weißen Thron jeder dieselbe Strafe empfangen? Wird über Adolf Hitler dasselbe Urteil ergehen wie über jeden anderen auch?

Die Bibel sagt, daß jeder für die Taten zur Rechenschaft gezogen werden wird, die er begangen hat:

> „Denn Gott wird jedes Werk, es sei gut oder böse, in ein Gericht über alles Verborgene bringen."
>
> (Pred. 12,14)

> „Wehe dem Gottlosen! Es wird ihm schlechtgehen, denn das Tun seiner Hände wird ihm vergolten."
>
> (Jcs. 3,11)

> „Gemäß den Taten, wie es angemessen ist, wird er vergelten: Zorn seinen Gegnern, Vergeltung seinen Feinden ..."
>
> (Jes. 59,18)

> „In ihren Schoß vergelte ich ihre Sünden ... Ich werde ihnen den Lohn für ihr früheres Tun in ihren Schoß zumessen."
>
> (Jes. 65,6 f.)

Ebenso wie es Abstufungen des Lohns für die Geretteten gibt, wird es auch abgestufte Strafen für die Verlorenen geben. Jesus sagte, dem Sodomer Land werde es am Tag des Gerichts erträglicher gehen als der Stadt Kapernaum (Mt. 11,24; vgl. auch 10,15). In gleicher Weise sprach er von Schriftgelehrten, die sich um Witwen kümmerten, bloß um an deren Häuser zu kommen, und sagte, diese würden „ein schwereres Gericht empfangen" (Lk. 20,47).

Mir läuft es kalt den Rücken hinunter, wenn ich an das Los von solchen denke, die Leute von Gott abhalten oder dazu bringen, sich von ihm zu entfernen; denn Jesus hat gesagt:

> „Wenn aber jemand einem dieser Kleinen, die an mich glauben, Anlaß zur Sünde gibt, für den wäre es besser, daß ein Mühlstein an seinen Hals gehängt und er in die Tiefe des Meeres versenkt würde. Wehe der Welt der Verführungen wegen! Denn es ist notwendig, daß Verführungen kommen. Doch wehe dem Menschen, durch den die Verführung kommt!"
>
> (Mt. 18,6 f.)

> „Wehe aber euch, Schriftgelehrte und Pharisäer, Heuchler! Denn ihr verschließt das Reich der Himmel vor den Menschen; denn ihr geht nicht hinein, noch laßt ihr die, welche hineingehen wollen, hineingehen."
>
> (Mt. 23,13)

Gott liebt uns so sehr, daß er wütend wird, wenn jemand versucht, uns von ihm wegzuführen.

Wenn Sie sichergehen möchten, daß Sie vor dem Richterstuhl Christi und nicht vor dem großen weißen Thron gerichtet werden, lesen Sie bitte den Anhang I: *Sind Sie gut genug, um in den Himmel zu kommen?*

Gerecht gemacht durch seine Gerechtigkeit

Solange wir uns darauf verlassen, daß unsere eigene Güte uns in den Himmel bringt, werden wir niemals dorthin kommen. Wie überzeugend unsere eigene Gerechtigkeit auch immer sein mag, sie wird uns niemals vor Gott gerechtsprechen. Unsere eigene Gerechtigkeit ist per Definition Selbstgerechtigkeit. Vor Gott ist „all unsere Gerechtigkeit wie ein beflecktes Kleid" (Jes. 64,5).

Weil Gott in Sachen Barmherzigkeit und Freundlichkeit Milliardär ist, sandte er seinen Sohn, um uns zu erlösen. Sobald wir anfangen, an Christus zu glauben, daß er uns rettet, und uns nicht mehr auf uns selbst verlassen, vergibt Gott uns nicht nur, sondern er spricht uns sogar seine eigene Gerechtigkeit zu:

> „Den, der Sünde nicht kannte, hat er für uns zur Sünde gemacht, damit wir Gottes Gerechtigkeit würden in ihm."
>
> (2. Kor. 5,21)

Am Kreuz hat Gott Jesus zur Sünde werden lassen. Aus diesem Grund hat Gott sich eine Schlange, das biblische Symbol des Bösen, erwählt, um Christus am Kreuz zu repräsentieren (s. Joh. 3,14 f.). Als Jesus um unserer Sünde willen zur Sünde gemacht wurde, wurde er aus der Gegenwart Gottes hinausgestoßen und rief aus: „Mein Gott, mein Gott, warum hast du mich verlassen?" (Mt. 27,46.)

All das geschah um unsertwillen. Christus wurde um unserer Sünde willen zur Sünde gemacht, so daß wir gerecht gemacht werden konnten durch seine Gerechtigkeit. Derek Prince schreibt in seinem Buch *Biblische Fundamente*: „Durch diesen Tausch sind wir ‚*Gottes Gerechtigkeit*' in Christus geworden. Natürlich wäre es vollkommen unlogisch, wenn Gott, nachdem ein Mensch auf dieser Basis das Heil empfangen hat, Seine eigene Gerechtigkeit, die Er ja dem Gläubigen geschenkt hat, richten oder auch nur in Frage stellen würde." (D. Prince, Biblische Fundamente, Bd. 3, 1997, S. 175).

Es gibt keinen Zweifel; die Schrift redet klar und deutlich. Diejenigen, die Buße tun und ihr Vertrauen statt auf sich selbst auf Christus setzen, empfangen Vergebung und Gerechtigkeit, und zwar umsonst. Niemals werden sie um der Sünde willen verdammt werden. In Johannes 3,18 heißt es: „Wer an ihn [den Sohn Gottes] glaubt, wird nicht gerichtet", und Römer 8,1 stellt fest: „Also gibt es jetzt keine Verdammnis für die, welche in Christus Jesus sind."

In was möchten Sie investieren?

Stellen Sie sich vor, Sie haben einen reichen Onkel, der auf dem Totenbett liegt. Er ist willens, Ihnen testamentarisch fünf Millionen Mark zu vermachen, aber nur, falls Sie den folgenden Bedingungen zustimmen:

1. Sie müssen das Geld binnen einer Woche ausgeben.
2. Sie müssen es in greifbares Sachvermögen stecken – also nicht in Aktien, Wertpapiere, Rentenfonds usw.
3. Alles, was Sie kaufen, müssen Sie in ihrem eigenen Haus aufbewahren.

Würden Sie das Geld unter diesen Bedingungen immer noch annehmen? Wahrscheinlich schon. Wofür würden Sie es ausgeben? Denken Sie einen Augenblick darüber nach. Verschenken können Sie es nicht. Sie haben schon eingewilligt, es auszugeben, und Sie haben nicht viel Zeit. Würden Sie sich ein neues Haus anschaffen oder neue Kleider? Ein neues Auto – und wenn ja, was für eines? Und was würden Sie sonst noch kaufen?

Ob Ihre Entscheidungen wohl anders ausfielen, wenn Sie ein wenig über die Zukunft wüßten – nämlich, daß Ihnen einen Monat, nachdem Sie die Erbschaft gemacht haben, das Haus abbrennen wird und die Flammen alles rauben werden, was Sie von dem geerbten Geld angeschafft haben? Wie würden Ihre Investitionsentscheidungen wohl ausfallen, wenn Sie vorab von der Feuersbrunst wüßten? Häuser, Kleider und Autos würden Ihnen dann nicht viel nützen.

Fallen Ihnen irgendwelche Sachwerte ein, die ein Feuer überstehen könnten?

Wie wär's mit Gold? Zwar kann ein Brand einen Goldbarren verflüssigen, aber selbst dann ist es immer noch Gold. Oder was halten Sie von Silber oder kostbaren Diamanten?

Um während unserer kurzen Zeit auf Erden weise Entscheidungen treffen zu können, müssen wir uns ständig in Erinnerung rufen: *Es wird ein Feuer geben! Vergiß nie das Feuer. Laß dich nicht von Holz, Heu und Stroh vereinnahmen!*

Wie tragisch, daß viele Christen noch nie etwas über das kommende Feuer gehört haben. Wie traurig, daß viele die Schriftstelle aus 1. Korinther 3 gelesen, aber nicht ernst genommen haben. Gott drängt uns, unser Leben in Dinge zu investieren, die Ewigkeitswert haben.

Letzten Sommer fuhren meine Frau und ich mit unseren Kindern zu einem Familientreffen an den Strand. Meine Kinder und ihre Vettern und Kusinen fingen an, eine Sandburg zu bauen. Sie arbeiteten hart, und das Ergebnis konnte sich sehen lassen. Doch unglücklicherweise kam die Flut. Plötzlich schwappte eine ungewöhnlich hohe Welle über die Burg hinweg und ließ nicht mehr davon übrig als ein paar dicke Matschklumpen im Sand. Eine Minute später kam eine zweite Welle, und aus den dicken, großen Klumpen wurden kleine, unscheinbare.

Die Kinder sagten kein Wort. Ich habe sie immer noch vor Augen, wie sie dastanden, die Hände noch voller Sand und die Münder ungläubig aufgerissen. Die ganze Arbeit für die Katz!

Multiplizieren Sie die Gefühle der Kinder ein paar Millionen mal, und Sie haben eine Ahnung davon, was viele Menschen vor dem Richterstuhl Christi erwartet.

Sind wir dabei, Sandburgen zu bauen? Paläste, ja Königreiche aus Holz, Heu und Stroh? Leben wir doch lieber jeden Tag in dem Glauben daran, daß Gott die Wahrheit sagt: Es wird ein Feuer geben!

Dem Apostel Paulus verdanken wir folgendes ernüchternde Wort:

> „Denn wir müssen alle vor dem Richterstuhl Christi offenbar werden, damit jeder empfange, was er durch den Leib vollbracht, dementsprechend, was er getan hat, es sei Gutes oder Böses.“
>
> (2. Kor. 5,10)

Wenngleich wir für alle Zeit im Himmel leben werden, erwähnt die Schrift nirgendwo, daß wir Lohn erwerben könnten, nachdem wir dort angekommen sein werden. Lohn gibt es für die Taten, die „durch den Leib vollbracht“ worden sind! Durch unser Leben hier unten bestimmen wir, wie wir Gott im Himmel ewig dienen werden. Es kann nicht überbetont werden, wie sehr es darauf ankommt, wie wir hier und jetzt leben.

Stacy und Paula Rinehart haben sich damit beschäftigt, welche Auswirkungen diese Wahrheit auf Luther hatte:

> „Vor vier Jahrhunderten sagte Martin Luther, in seinem Kalender gebe es nur zwei Tage: heute und den Tag des Herrn. Ihm war klar, daß alle Tage seines irdischen Lebens nur der Vorbereitung auf den Tag aller Tage dienten, an dem er in der Ewigkeit vor Gott stehen und Rechenschaft über sein Leben ablegen würde“ (S. Rinehart/P. Rinehart, Living in Light of Eternity, 1986, S. 15).

Auch die Indien-Missionarin und Gründerin der *Dohnavur Fellowship* Amy Carmichael war in ihrem Herzen von der Realität des kommenden Gerichts ergriffen. Ihre Biographin Elisabeth Elliot beschreibt, was Amy widerfuhr, als sie noch ein junges Mädchen war:

> „Der entscheidende Augenblick, der ihrem Leben die Richtung gab, kam an einem trüben Belfaster Sonntagvormittag, als die Familie aus der Kirche zurückkehrte. Da sahen sie etwas, was ihnen im presbyterianischen Belfast noch nie zuvor unter die Augen gekommen war: ein altes Mütterchen, das ein schweres Bündel schleppte. Amy und ihre Brüder drehten sich um, nahmen der Frau das Bündel ab und halfen ihr beim Gehen,

indem sie sie ihr die Arme reichten. ‚Das sahen all die ehrbaren Bürger, die gleich uns auf dem Nachhauseweg waren. Es war ein schrecklicher Moment. Wir waren nur zwei Jungs und ein Mädchen, und nicht alle von uns waren begeisterte Christen. Wir haßten es, das tun zu müssen. Puterrot angelaufen – zumindest fühlten wir uns so, und zwar an Leib und Seele –, schleppten wir uns dahin, während uns der feuchtkalte Wind durchpustete, uns und auch die Lumpen der armen alten Frau, bis sie selbst wie ein Haufen Federn aussah und auch wir zu unserem Leidwesen über und über damit bedeckt waren.‘

Sie kamen an einem reich verzierten viktorianischen Springbrunnen vorbei, und gerade als sie diesen passierten, ‚erscholl plötzlich, wie durch den grauen Sprühnebel hindurch, dieser erhabene Satz: Gold, Silber, Edelsteine, Holz, Heu, Stroh – das Werk eines jeden wird offenbar werden, denn der Tag wird es klarmachen, weil er in Feuer geoffenbart wird. Und wie das Werk eines jeden beschaffen ist, wird das Feuer erweisen. Wenn jemandes Werk bleiben wird ...‘

Amy drehte sich um, um nachzusehen, wer da gesprochen hatte. Doch da war nichts außer dem Brunnen, den glitschigen Straßen und den Leuten mit ihren höflich-überraschten Mienen. Die Kinder trotteten mit dem Bündel Federn weiter, aber dem Mädchen war etwas widerfahren, was die Werte seines Lebens für immer veränderte“ (E. Elliot, A Chance to Die: The Life and Legacy of Amy Carmichael, 1987, S. 31).

Ob wir bereit sind oder nicht – er kommt

Wann wird es geschehen, daß unser Leben im Gericht über die Gläubigen aufgedeckt wird? Die folgenden Schriftstellen machen deutlich, daß dieses Gericht abgehalten werden wird, wenn Christus wiederkommt:

> „Denn der Sohn des Menschen wird kommen in der Herrlichkeit seines Vaters mit seinen Engeln, und dann wird er einem jeden vergelten nach seinem Tun.“
>
> (Mt. 16,27)

> „So verurteilt nichts vor der Zeit, bis der Herr kommt, der auch das Verborgene der Finsternis ans Licht bringen und die Ab-

> sichten der Herzen offenbaren wird; und dann wird jedem sein Lob werden von Gott."
>
> (1. Kor. 4,5)

> „Euch aber mache der Herr reicher und überströmender in der Liebe gegeneinander und gegen alle – wie auch wir gegen euch sind –, um eure Herzen zu festigen, untadelig in Heiligkeit zu sein vor unserem Gott und Vater bei der Ankunft unseres Herrn Jesus mit allen seinen Heiligen."
>
> (1. Thess. 3,12 f.)

Viele Verse, die von der Wiederkunft Christi handeln, ergeben weitaus mehr Sinn, wenn wir uns klarmachen, daß mit seiner Wiederkunft das Gericht über die Gläubigen einhergehen wird. Der britische China-Missionar und Gründer der China-Inland-Mission J. Hudson Taylor schrieb:

> „Ferner sah ich, daß quer durchs Neue Testament die Wiederkunft des Herrn den stärksten Antrieb zu Hingabe und Dienst wie auch den größten Trost in Versuchung und Anfechtung bildete. Ich lernte, daß seinem Volk nicht geoffenbart war, wann die Zeit seiner Wiederkunft sein würde, so daß es um so mehr darauf ankam, für ihn bereit zu sein, um, wann immer er auch kommen mochte, Rechenschaft über die eigene Haushalterschaft ablegen zu können, und zwar mit Freude und nicht mit Traurigkeit" (J. H. Taylor, A Retrospect by Hudson Taylor, 1950, S. 19).

Wie machen wir uns bereit?

Ein Bibellehrer sagte einmal: „Wenn du an Jesus Christus glaubst, mußt du absolut nichts tun, um dich auf die Wiederkunft Christi vorzubereiten." Dieser Lehrer versuchte der Wahrheit Ausdruck zu verleihen, daß wir einzig und allein aus Gnade gerettet sind. Doch obwohl es stimmt, daß wir rein gar nichts tun können, um unser Heil zu verdienen, sagt Gottes Wort, daß wir nicht für die Wiederkunft Christi zubereitet sein werden, solange wir uns nicht bereit machen. Der folgende Bibelabschnitt redet von der Braut Christi, die sich durch ihre gerechten Taten zubereitet:

> „Die Hochzeit des Lammes ist gekommen, und sein Weib hat sich bereitgemacht. Und ihr wurde gegeben, daß sie sich kleide in feine Leinwand, glänzend, rein; denn die feine Leinwand sind die gerechten Taten der Heiligen."
>
> (Offb. 19,7 f.)

Alle Christen werden vor dem himmlischen Bräutigam in dem Untergewand der Gerechtigkeit Christi stehen. Doch einige werden darüber hinaus prächtige Gewänder tragen, die ihnen aufgrund ihrer gerechten Taten verliehen sein werden. Diese Gewänder werden die Gerechtigkeit Christi in ihnen manifestieren.

Wenn Gott unser Leben betrachtet, wird er nach den *Früchten* der Gerechtigkeit Christi an uns suchen. Das zeigt die folgende Schriftstelle:

> „Und um dieses bete ich, daß eure Liebe noch mehr und mehr überströme ..., damit ihr lauter und unanstößig seid auf den Tag Christi, erfüllt mit der Frucht der Gerechtigkeit, die durch Jesus Christus gewirkt wird, zur Herrlichkeit und zum Lobpreis Gottes."
>
> (Phil. 1,9 ff.)

Nichts, was wir getrennt von Christus tun, wird rein genug sein, um das Feuer zu überstehen. Getrennt von Christus bringen wir nichts anderes hervor als „tote Werke" (Hebr. 6,1). Doch Christus flößt unserem Leben übernatürliche Kraft ein und befähigt uns zu guten Werken. Und dann belohnt er uns für die Werke, die doch in erster Linie auf seine eigene Kraft zurückgehen. Was für einem herrlichen Gott dienen wir doch!

Wenn die 24 Ältesten in Offenbarung 4,10 ihre Siegeskränze zu den Füßen Jesu niederlegen, dann tun sie nichts anderes, als dem Ehre zu geben, dem Ehre gebührt. Sie erkennen an: „Alles Gute in mir kommt von dir, und alles Gute, was ich je getan habe, war mir von dir gegeben."

Das Niederlegen der Siegeskränze ist keine einmalige Handlung. *Immer wenn* die vier lebendigen Wesen „Herrlichkeit und Ehre und Danksagung geben werden dem, der auf dem Thron sitzt“ (V. 9), legen sie ihre Kronen ab. Fortwährend bekräftigen sie: „Du bist es, dem diese Belohnung rechtmäßig zukommt.“

Und damit wollen wir untersuchen, was Jesus darüber gesagt hat, wie wir „viel Frucht“ (Joh. 15,5) hervorbringen und dadurch den Vater verherrlichen können.

3

Wie können wir viel Frucht bringen?

Mag sein, daß Sie sich nie als „Gottes Ackerfeld" (1. Kor. 3,9) gesehen haben. In Jakobus 5,7 beschreibt das Neue Testament Gott als einen Bauern: „Habt nun Geduld, Brüder, bis zur Ankunft des Herrn! Siehe, der Ackersmann wartet auf die köstliche Frucht der Erde ..."

Ist es wichtig für einen Bauern, daß sein Acker Frucht trägt? Jesus sagt: „Hierin wird mein Vater verherrlicht, daß ihr *viel* Frucht bringt" (Joh. 15,8; Kursivsetzung vom Autor). Niemanden von uns beruft Gott zu einem Leben, das unbedeutend oder auch nur von geringer Bedeutung ist. Er möchte große Dinge tun – in uns und durch uns.

Wie ein Bauer bearbeitet Gott seinen Acker. Freuen Sie sich, wenn er an Ihrem Leben arbeitet! Nichts, was er tut, ist von geringem Wert. Wenn Sie Frucht tragen, wird er Sie beschneiden, damit Sie mehr Frucht tragen können. Er möchte Sie dahin bringen, daß Sie mehr Frucht produzieren können.

Eine Vorgabe dafür, daß wir mehr Frucht bringen können, ist ironischerweise das Eingeständnis, daß wir getrennt von Christus überhaupt keine Frucht zu bringen vermögen:

> „Wie die Rebe nicht von sich selbst Frucht bringen kann, sie bleibe denn am Weinstock, so auch ihr nicht, ihr bleibt denn in mir. Ich bin der Weinstock, ihr seid die Reben. Wer in mir bleibt und ich in ihm, der bringt viel Frucht, denn getrennt von mir könnt ihr nichts tun“
>
> (Joh. 15,4 f.)

Getrennt von Christus können wir nichts tun, was wirklich zählt. Sicher können wir Ruhm und Vermögen gewinnen, aber nicht die Frucht hervorbringen, von der Jesus spricht – Frucht, die bleibt (s. Joh. 15,16). Getrennt von Christus sind wir außerstande, im Leben anderer einen echten Unterschied zu bewirken, der Folgen für die Ewigkeit hat. Wir vermögen Gott nicht zu gefallen, und wir können nichts vollbringen, was Gott belohnen kann.

Der erste Schlüssel zur Fruchtbarkeit

Wir wollen zwei Schlüssel zur Fruchtbarkeit betrachten. Der erste ist Abhängigkeit von Christus. Solange unsere Werke nicht aus dem Leben Christi fließen, nicht „in Gott gewirkt“ sind (Joh. 3,21), sind sie wertlos.

Meine angestoßene Nase

Als ich ein junger Christ war, gab es Sünde in meinem Leben, die ich nicht unter die Füße bekam. Manchmal schaffte ich es, der Versuchung ein, zwei Wochen zu widerstehen, aber dann fiel ich unweigerlich auf die Nase. O ja, ein paar Jahre lang mußte meine Nase einiges aushalten!

Ich dachte, Gott sei enttäuscht von mir. Immer und immer wieder entschloß ich mich, es besser zu machen. Schließlich wurde ich so frustriert über meine Unfähigkeit, der Gebundenheit zu entfliehen, daß ich mich fühlte, als schlüge ich fortwährend mit dem Kopf gegen die Wand.

Endlich kam der Sieg doch noch, aber nicht durch irgendeine der Methoden, die ich ausprobiert hatte. Es geschah weder durch meine Willenskraft noch durch meine Entschlossenheit oder aufgrund der „heiligen" Versprechungen, bei denen ich Gott gelobte, nie wieder zu sündigen. Der Sieg kam dadurch, daß ich etwas lernte, was ich zuvor nicht verstanden hatte. Meine Blickrichtung fing an sich zu verändern, als ich einen Bibellehrer darüber sprechen hörte, daß Christus unsere Gerechtigkeit sei. In 1. Korinther 1,30 lesen wir:

> „Aus ihm [Gott] aber kommt es, daß ihr in Christus Jesus seid, der uns geworden ist Weisheit von Gott und Gerechtigkeit ..."

In Apostelgeschichte 26,18 offenbart Jesus das Geheimnis der Heiligung. „Durch den Glauben an mich", an Jesus also, sind wir geheiligt, sagt er. Ich für meinen Teil hatte während all jener Jahre versucht, durch den Glauben an mich selbst geheiligt zu werden. Kein Wunder, daß meinen Anstrengungen keine Kraft Gottes innewohnte! Es war unausweichlich, daß ich immer wieder Schiffbruch erlitt, verließ ich mich doch fortwährend auf mich selbst statt auf Christus.

Es kann geschehen, daß wir uns zwar für ungenügend halten, aber dennoch nicht aufhören, die einzig mögliche Lösung von uns selbst zu erwarten. Als Gott Mose berief, die zwei Millionen Hebräer aus der Sklaverei hinauszuführen, hielt Mose sich dieser Aufgabe gegenüber für ungenügend. „Ich kann nicht gut reden", sagte er zu Gott, „Herr, schick doch einen anderen" (vgl. 2. Mose 4,10). Gott versuchte Moses Blickrichtung zu verändern, indem er antwortete: „Ich will mit deinem Mund sein und dich unterweisen, was du reden sollst" (V. 12). Unseligerweise weigerte sich Mose, über seine eigene Unfähigkeit hinaus auf die Fähigkeit Gottes zu blicken. Im Ergebnis „entbrannte der Zorn des HERRN gegen Mose" (V. 14). Die Wurzel unseres sturen Beharrens auf unsere eigenen Kräfte ist Stolz.

Ich mußte lernen, von mir selbst weg und auf Christus zu schauen. Er ist meine Gerechtigkeit! Also muß ich nicht länger selbst darum kämpfen und ringen, gut zu sein. Ich darf in ihm ruhen und mich der Wahrheit erfreuen. Die Wahrheit hat mich frei gemacht! Christus ist meine Gerechtigkeit.

In Kolosser 1,27 spricht Paulus von dem Geheimnis des Lebens als Christ und faßt es in sieben Wörtern zusammen: „Christus in euch, die Hoffnung der Herrlichkeit".

Haben Sie auch die Erfahrung gemacht, sich an einer Sünde abzumühen, die Sie nicht unter die Füße bekommen? Dann haben Sie vielleicht Ihre Hoffnung auf jemanden gesetzt, der nicht fähig ist, diese Sünde zu besiegen. Nicht Sie sind der Überwinder. Jesus ist der Überwinder.

Diese Lektion mußte ich auf verschiedenen Gebieten lernen. So war ich zum Beispiel, bevor ich aufs College kam, immer nur ein mittelmäßiger Schüler. Ich war faul, wie meine Zeugnisse deutlich erkennen lassen. Mein High-School-Abschluß lag im unteren Mittelfeld der Klasse, was mich freilich nicht davon abhielt, mit weitgespannten Hoffnungen auf akademischen Erfolg das College-Studium zu beginnen. Ich zweiten Semester fiel ich in allen Fächern durch, außer in Skilaufen. Da verließ ich das College und machte mich als Anstreicher selbständig. Es dauerte gar nicht lange, bis mein Geschäft ausgesprochen schlecht zu laufen begann. Das war so schrecklich, daß ich mich fragte, ob ich womöglich in der Gosse enden würde.

Doch dann griff Gott ein. Er fing an, mir aufs neue beizubringen, daß ich auf die Fähigkeit Christi und nicht auf mein eigenes Ungenügen blicken sollte. Er offenbarte mir, daß neue Kreaturen die Natur Jesu Christi besitzen und daß eine Eigenschaft der Natur Christi Fleiß ist. Christus ist mein Fleiß! Ich begann verändert zu werden, und zwar durch die Erneuerung meines Denkens.

Die Ergebnisse waren dramatisch. Ich ging ans College zurück, aber diesmal wandte ich Fleiß auf, wiederholte alle Kurse, in denen ich durchgerasselt war, und schloß mit einer glatten Eins ab. Schließlich brachte ich es bis zum Professor. Was machte den Unterschied aus? Christus ist mein Fleiß.

Jetzt versuche ich nicht mehr zu genügen. Ich habe den herrlichsten Frieden im Blick auf die Zukunft – nicht weil ich glaube, allem, was da kommen mag, gewachsen zu sein, sondern weil ich weiß, daß Gott alles packt.

Ohne Christus kann ich nichts tun, aber Jesus Christus ist mein Leben.

Sind Sie manchmal sauer auf sich selbst?

Passiert es Ihnen manchmal, daß Sie mit sich selbst unzufrieden sind? Werden Sie mitunter ärgerlich, frustriert oder entmutigt, weil Sie nicht die Person sind, die Sie eigentlich sein sollten? Kommen Sie sich zuweilen wie ein einziger Fehlschlag vor?

Mir geht's so. Ich gebe nicht genug Zeugnis. Es fällt mir schwer zu vergeben. Ich setze die falschen Prioritäten. Hunderte von Malen bin ich nicht zur Stillen Zeit gekommen. (Manchmal mache ich mich damit verrückt, daß ich Gott mindestens sechs Millionen mal betrübt habe, aber das scheint alles nur noch schlimmer zu machen.) Ich meine, vollkommen sein zu sollen: ein perfekter Ehemann, ein perfekter Vater und ein perfekter Lehrer. In meinem Garten sollte kein Unkraut wachsen. (Falls Sie einen guten Therapeuten kennen, geben Sie mir bitte die Adresse!)

Also gut, hören wir auf, pathetisch zu sein. Tatsache ist, daß Gott mich etwas Wunderbares gelehrt hat, das mich davon befreit, sauer auf mich selbst sein zu müssen. In Psalm 43,5 ist zunächst das Problem angesprochen, und dann wird die Lösung geoffenbart:

„Was bist du so aufgelöst, meine Seele, und was stöhnst du in mir? Harre auf Gott, denn ich werde ihn noch preisen, das Heil meines Angesichts und meinen Gott."

Was für ein begeisternder Vers! Er enthält eine kostbare Wahrheit: Wenn wir niedergeschlagen sind, hoffen wir nicht auf Gott, sondern auf uns selbst. Wir meinen dann, alles hänge von uns ab. Irgendwie versagen wir oder verpfuschen etwas, aber wir hören nicht auf, die Lösung bei uns selbst zu suchen.

So ging's auch mir, als Satan, „der Verkläger unserer Brüder" (Offb. 12,10), Pfeile der Selbstverdammung auf mich abschoß. Oft reagierte ich darauf, indem ich sagte: „Ich will versuchen, es besser zu machen. Ich *werd's* besser machen." Und tatsächlich machte ich es eine Zeitlang besser, aber wenn ich dann wieder versagte, war der Verkläger sofort wieder auf der Bildfläche, und die Selbstverdammungsgefühle waren nur um so schlimmer.

Kürzlich habe ich eine neue Art der Reaktion erlernt, und die Ergebnisse sind atemberaubend! Wenn Satan jetzt sagt: „Du bist ungenügend!", dann sage ich: „Du hast recht! Aber ist Jesus ungenügend?"

Wenn ich so antworte, kommt das Gespräch jedesmal zu einem jähen Ende. Anscheinend redet Satan nur allzugern den ganzen Tag mit mir über mich selbst und mein Ungenügen, aber sobald ich Christus und sein Genügen ins Spiel bringe, hat er keine Lust mehr zum Schwatzen.

Nicht nur meine Worte haben sich geändert. In meinem Herzen hat es eine Veränderung gegeben. Ich bin dabei zu lernen, meine Hoffnung auf Christus zu setzen und nicht auf mich selbst. Zu genau den Zeiten, wo ich früher mit mir selbst im unreinen war, lerne ich, mich in Christus zu freuen.

Nie mehr muß ich mir Gedanken darüber machen, ob ich wohl genüge. Gott erwartet nicht von mir, genügend zu sein, und er fordert es auch nicht. Was er von mir fordert, ist, daß ich über mich selbst hinaus auf Christus schaue, den Allgenügenden, und mich in ihm freue. Ich muß nicht länger darum ringen, perfekt zu sein. Ich darf ruhen. Christus lebt in mir, und er ist alles, was ich jemals brauchen werde.

Ich kann niedergeschlagen sein, indem ich auf mich selbst schaue, oder ich kann mich freuen, weil ich auf ihn blicke. *Doch ich kann nicht in zwei Richtungen zugleich sehen!* Auf uns selbst zu schauen ist eine Form von Stolz, sogar wenn wir eben dadurch entmutigt werden, weil wir unser eigenes Ungenügen wahrnehmen. Nach wie vor jedoch verlassen wir uns auf uns selbst, blicken starrköpfig nach innen. Doch Gott sagt: „Demütigt euch! Es geht nicht um euch, es geht um meinen Sohn."

Paulus war mit Sicherheit jemand, der das verstanden hatte. Sein Geheimnis war, auf Jesus zu schauen. Er schrieb:

> „Ich bin mit Christus gekreuzigt, und nicht mehr lebe ich, sondern Christus lebt in mir; was ich aber jetzt im Fleisch lebe, lebe ich im Glauben, und zwar im Glauben an den Sohn Gottes ..."
>
> (Gal. 2,20.)

Wer im Reich Gottes groß ist, ist das nicht aufgrund eines ungewöhnlichen Maßes an natürlicher Güte oder Willenskraft. Große im Reich Gottes sind Menschen, die gelernt haben, ihr Vertrauen auf Christus zu setzen und nicht auf sich selbst.

Der zweite Schlüssel zur Fruchtbarkeit

Gott ist der Bauer, wir sind der Acker, aber bis jetzt haben wir noch etwas ungemein Wichtiges ausgelassen: die Saat. Ohne Saat keine Frucht. Die Saat ist das Wort Gottes. Ein Herz, das viel Frucht bringt – nämlich dreißig-, sechzig- oder hundertfältig –, ist ein Herz, das Gottes Wort in sich aufnimmt.

Der Same eines Redwoodbaums hat ein ungeheures Potential, aber solange er nicht in den Boden kommt, bewirkt das gar nichts. Das Wort Gottes ist ein Same, der noch viel mehr Kraft in sich trägt. Ein einziges Wort Gottes kann Ihr Leben für alle Zeit verwandeln. Ein Wort von ihm kann Sie vor tausend Fallstricken bewahren. Sein Wort ist voller Freiheit, voller Kraft und voller Leben – doch wenn es nicht in Ihr Herz kommt, wird es keinerlei Auswirkung zeitigen.

Im Vorwort des Buches *Christ the Healer* (erschienen 1973) von F. F. Bosworth schreibt der Verfasser:

> „Im Samen schlummern Möglichkeiten, die das menschliche Denkvermögen übersteigen. ... Sämtliche herrlichen Werke

Gottes sind im Potential des Samens angelegt. Indem es Gottes Garten in Schuß hält, so wie der Bauer sein Land pflegt, kann ein Kind Gottes Dinge erreichen, die noch die Möglichkeiten der Allerbegabtesten unter den Menschen um ein Tausendfaches übersteigen."

Guter Boden werden

In Markus 4 beschreibt Jesus vier Kategorien von Boden, die die Beschaffenheiten menschlicher Herzen widerspiegeln.

Manche Menschen haben Herzen, die *hartem Boden* gleichen – Boden, der so hart ist wie ein vielbenutzter Trampelpfad. In diesen Boden kann die Saat nicht eindringen, und so wie die Vögel auf den Grund herunterstoßen, um die Saatkörner aufzupicken, kommt Satan auf der Stelle herbei, um das Wort wegzuschnappen, wobei interessant ist, daß Satan sich überhaupt damit abgibt: Schließlich sind doch die Aussichten äußerst gering, daß ein Same auf dem Boden eines festgetretenen Pfades Wurzeln schlägt. Dennoch kommt Satan flugs herbei – soviel Angst hat er vor der Kraft des Wortes Gottes.

In Jeremia 4,3 sagt der Herr: „Pflüget ein Neues" (nach Lutherbibel 1956/64; eigentlich: „brecht das Land neu um" – *Anmerkung des Übersetzers*). Pflügen bricht den Boden auf, um die harte Kruste zu beseitigen, damit sowohl Samen als auch Feuchtigkeit in die Erde eindringen kann. Auch im Leben des gläubigen Menschen geht es um Zerbrochenheit – Zerbrochenheit, in der wir sagen: „Herrn, du bist Gott, nicht ich. Du bist durch und durch gut. Deine Pläne sind besser als meine. Ich vertraue dir." Solcher Respekt für Gott hält das Herz offen und empfänglich für Gottes Worte.

Einige andere Herzen, sagt Jesus, gleichen *dornigem Boden*. Die Dornen stehen für „die Sorgen der Zeit und den Betrug des Reichtums und die Begierden nach den übrigen Dingen", die „das Wort ersticken, und es bringt keine Frucht" (Mk. 4,19).

Wieder andere Herzen gleichen *steinigem Boden*. Hier fällt der Same auf eine dünne Erdschicht, unter der sich

Felsen verbergen. Die Saat geht rasch auf, und Pflanzenwuchs entsteht; da aber die Pflanzen keine Wurzeln haben, werden sie von der Sonne versengt. Niemals wachsen sie auf und tragen Frucht.

Wie können wir *guter Boden* für das Wort werden? Was können wir dafür tun, daß das Wort tief in unsere Herzen dringt?

Gott befiehlt uns, über sein Wort zu *meditieren*. Eine Bedeutung des hebräischen Wortes, das mit „meditieren" übersetzt wird, ist „wiederkäuen". Mag sein, daß Sie das unappetitlich finden. Wären Sie freilich eine Kuh, so würden Sie ganz anders darüber denken.

Sobald eine Kuh aufwacht, denkt sie daran, daß es an der Zeit wäre, ein wenig zu frühstücken. Wie wär's mit etwas frischem Gras? Köstlich! Ungefähr anderthalb Stunden später erinnert sie sich daran, wie gut ihr das Frühstück geschmeckt hat, und sie entschließt sich, es nochmal zu essen. Sie würgt das Gras wieder hoch und zerkaut es ein zweites Mal. *Mmmm!* Noch eine Stunde später hat sie dieses gewisse Etwas in den Augen: *einmal noch!* Sie würgt das Gras wieder hoch und kaut es zum drittenmal. Erst nachdem sie die Nahrung dreimal gegessen hat, kann ihr Körper sie verdauen. Äße sie es nur einmal, würde das Gras einfach so durchrutschen. Doch nach dem dritten Mal ist ihr Körper wohlgenährt, und die Nahrung wird zum Teil ihrer selbst.

Genauso sollen wir nach Gottes Willen mit seinem Wort umgehen. *Meditieren* wir über dem Wort, so geht es uns in Fleisch und Blut über. Manchmal zeigt uns Gott etwas Wunderbares in seinem Wort, aber wenn wir es nur ein einziges Mal essen, wird es uns wenig oder gar nichts bringen.

Darum ist es so wichtig für uns, uns in einem Tagebuch zu notieren, was Gott uns zeigt. Immer wenn er zu uns redet – ob nun in unserer persönlichen Stillen Zeit oder durch eine Predigt, sei es in der Gemeinde oder sonstwo –, sollten wir aufschreiben, was er sagt. Erst wenn wir es meditieren – darüber nachsinnen, es durchdenken und „wiederkäuen" –, dringt Gottes Wort tief in unsere Herzen ein und macht uns stark und fruchtbar. In Psalm 1,1 ff. heißt es:

> „Glücklich der Mann, der nicht folgt dem Rat der Gottlosen, den Weg der Sünder nicht betritt und nicht im Kreis der Spötter sitzt, sondern seine Lust hat am Gesetz des HERRN und über sein Gesetz sinnt Tag und Nacht! Er ist wie ein Baum, gepflanzt an Wasserbächen, der seine Frucht bringt zu seiner Zeit und dessen Laub nicht verwelkt; alles, was er tut, gelingt ihm."

Kommt Ihnen Ihre Bibellese jemals trocken vor? Wenn mir das passiert, nehme ich mein Tagebuch zur Hand. Es ist wie ein Schatzkästchen, gefüllt mit Versen, die Gott mir bereits aufgeschlossen hat. Dann „wiederkäue" ich, und meine Seele wird genährt.

J. I. Packer schreibt:

> „Meditation ist heutzutage eine untergegangene Kunst, und Christen leiden schwer darunter, daß sie nichts davon verstehen. Meditation nennen wir es, wenn wir uns die vielfältigen Dinge, die wir vom Werk, von den Wegen, Zielen und Verheißungen Gottes wissen, in Erinnerung rufen, darüber nachdenken, uns in sie vertiefen und sie auf uns selbst anwenden. Meditieren ist eine Sache heiliger Gedanken, etwas, das wir als Mittel der Kommunikation mit Gott bewußt in der Gegenwart Gottes, unter seinen Augen und mit seiner Hilfe tun, und zwar zu dem Zweck, daß unsere gedankliche und geistliche Schau Gottes sich klärt und seine Wahrheit sich völlig in unserem Geist und unserem Herzen entfaltet, wie es ihr zukommt. Es ist eine Sache des Sprechens mit sich selbst über Gott und sich selbst, oft auch eine Sache des Streitens mit sich selbst, bei dem wir uns Gemütszustände des Zweifels und Unglaubens ausreden und statt dessen zu einer klaren Auffassung von Gottes Kraft und Gnade gelangen" (J. I. Packer, Knowing God, 1973, S. 18 f. Deutsch u. d. T.: *Gott erkennen. Das Zeugnis vom einzig wahren Gott.,* 1982).

Gottes Wort erlauben, unser Leben zu steuern

So gesund es auch ist, über Gottes Wort zu meditieren, so klar müssen wir uns darüber sein, daß Meditation allein nicht genügt. Wir müssen das Wort auch anwenden, dem Wort erlauben, unser Leben zu steuern, gemäß dem, was Gott in Josua 1,8 sagt:

> „Dieses Buch des Gesetzes soll nicht von deinem Mund weichen, und du sollst Tag und Nacht darüber nachsinnen, damit du darauf achtest, nach alledem zu handeln, was darin geschrieben ist; denn dann wirst du auf deinen Wegen zum Ziel gelangen, und dann wirst du Erfolg haben."

Stellen Sie sich vor, wie ein erfahrener Pilot auf die Anzeigeinstrumente des Flugzeugs achtet und die Maschine dementsprechend steuert. Andererseits gibt es Anfänger unter den Piloten, und diese fliegen nicht nach Instrumenten, sondern verlassen sich auf das, was sie sehen und fühlen. Im Fliegerjargon heißt es, diese Anfänger flögen „mit dem Hosenboden".

Vor ein paar Jahren nahm ein Kunstflieger meine Frau und mich auf einen kleinen Trip mit. Nachdem er gestartet war, drehte er die Maschine auf den Kopf und flog falschherum wieder über die Startbahn. Wenn Sie so etwas bei Nacht oder in dichten Wolken machen, dann merken Sie daran, ob Ihr Hosenboden den Pilotensitz berührt oder nicht, ob sie richtigherum oder aber auf dem Kopf fliegen: Berührt Ihr Hosenboden den Sitz, dann fliegen Sie richtigherum, wenn nicht, befinden Sie sich auf dem Kopf. Diese Konzentration auf Sinneswahrnehmungen ist das Kennzeichen eines noch unerfahrenen Piloten.

Mein Freund Mike Waterbury war dabei, seine Instrumentenflug-Lizenz zu machen – die Berechtigung, bei Nacht oder unsichtigem Wetter zu fliegen. Sein Fluglehrer ging mehrere Male mit ihm hoch, um ihn zu trainieren, seinen Instrumenten zu vertrauen und nicht dem, was er sehen oder fühlen konnte. Mike hatte eine Kapuze über den Kopf gezogen, damit er nicht aus dem Cockpit hinaussehen konnte. Sein Blickfeld war auf die Instrumententafel beschränkt.

Sein Lehrer sagte: „Machen Sie bitte die Augen zu. Ich

zieh' die Maschine hoch und fliege ein paar Manöver. Wenn ich Ihnen dann den Knüppel übergebe, machen Sie die Augen wieder auf, lesen die Instrumente ab und bringen die Maschine in Normalfluglage."

Der Trainer machte ein paar Steig-, Dreh- und Sinkbewegungen und sagte dann: „Die Mühle gehört Ihnen."

Obwohl Mike nicht aus dem Fenster sehen konnte, fühlte er mit Gewißheit, daß die Maschine zur Sonne hin stieg. Um den Steigflug zu beenden, schob Mike rasch den Knüppel nach vorne – zum Schrecken des Trainers; denn tatsächlich war das Flugzeug im Sinken begriffen gewesen, und als Mike den Knüppel nach vorne schob, senkte sich die Nase im Neunzig-Grad-Winkel dem Boden entgegen. Panisch schnappte sich der Fluglehrer seinen eigenen Knüppel und riß ihn mit aller Gewalt nach hinten. Mit knapper Not gelang es ihm, die Maschine abzufangen, bevor sie am Boden zerschellte.

Mike begriff nicht, was sich eigentlich abspielte, und nestelte an seiner Kapuze herum, um sie sich vom Kopf zu reißen. Sein Lehrer, kreideweiß im Gesicht, sagte zu ihm: „Machen Sie das bloß nie wieder! Sonst sind Sie ein Mann des Todes."

Während mein Freund Jim Blackmon in der Ausbildung zum Luftwaffenpiloten war, genoß er es, Kunstflug-Figuren und enge Formationen bei hoher Geschwindigkeit zu fliegen. Nach Instrumenten fliegen zu lernen, hörte sich im Vergleich dazu nicht gerade aufregend an. Um so beeindruckter war Jim, als sein Trainer die Bandaufnahme eines authentischen Gesprächs zwischen einem Fluglotsen und einem Fliegerneuling abspielte, der sich in den Wolken über den Rocky Mountains verirrt hatte:

„*Fluglotse:* Cessna 123, welchen Kurs steuern Sie?
Pilot: Weiß ich nicht. Ich glaube, Süd.
F.: Cessna 123, was ist Ihre Flughöhe?
P.: Ähm ... 12.500 Fuß.
F.: Cessna 123, die Mindestflughöhe in dem Gebiet ist

15.000 Fuß! Ziehen Sie die Nase drei Grad hoch und steigen Sie auf 15.000!

P.: Okay.

F.: Cessna 123, haben Sie die Instrumentenflug-Lizenz?

P.: Nein.

F.: Cessna 123, sehen Sie irgendwo blauen Himmel?

P.: Nein.

F.: Cessna 123, alles okay – ganz ruhig, halten Sie sie in ausgeglichener Fluglage und bleiben Sie im Steigflug.

P. (mit trötendem Warnsignal im Hintergrund, das auf das drohende Abreißen des Luftstroms aufmerksam macht): Ich hab keinen Auftrieb mehr!

F.: Cessna 123, nehmen Sie die Nase ein kleines bißchen runter!

P.: Ich komme ins Trudeln! Helfen Sie mir!

F.: Cessna 123, schauen Sie auf Ihre Instrumente und sagen Sie mir, ob Sie nach links oder nach rechts trudeln!

P.: Helfen Sie mir! Ich trudel' immer noch!

F.: Sehen Sie auf Ihre Instrumente! Trudeln Sie nach links oder nach rechts?

P.: Keine Ahnung! Helfen Sie mir!

F.: Das versuch' ich ja, aber Sie müssen mir sagen, ob Sie nach links oder nach rechts trudeln!

P.: Hilfe!

F.: Cessna 123, sehen Sie auf Ihre Instrumente! In welche Richtung trudeln Sie?

P.: Helfen Sie mir!

F.: Cessna 123, sagen Sie mir, in welche Richtung Sie trudeln!

F.: Cessna 123?

F.: Cessna 123, bitte kommen!

F.: Cessna 123, bitte kommen!“

Das Wrack und der Leichnam wurden am nächsten Tag gefunden.

Viele unreife Christen stürzen ab und verbrennen, geistlich gesprochen, weil sie denselben Fehler machen. Sie verlassen sich auf ihre Gefühle und Sinneswahrnehmungen anstatt aufs Wort Gottes.

Ebensowenig wie die Anzeigeinstrumente eines Flugzeugs uns anschreien, tut das Gottes Wort. Die Instrumente bleiben still an ihrem Platz und sagen uns, wie die Lage in Wahrheit ist. Es liegt an uns, ob wir sie beachten und uns entsprechend verhalten oder nicht.

Bei Hannah Smith lesen wir:

> „Früher war es so, daß die Worte der Bibel aufs Ganze gesehen den zweiten Platz hinter dem einnahmen, was ich gerade fühlte; ja, soweit ich mich erinnern kann, zog ich die Bibel überhaupt nicht zu Rate. ‚Wie geht's mir?' war mein täglicher Ruf, nicht: ‚Was sagt Gott?' Ich suchte Gefühle, ehe ich nach Wissen fragte; und anstatt meine Gefühle auf das Wissen zu gründen, versuchte ich meine Gefühle zur Basis meines Wissens zu machen.
>
> Schließlich konnte ich nicht gut Freude darüber empfinden, daß ich ein Bankkonto besaß, solange ich nicht wußte, daß es wirklich existierte.
>
> Als ich gelernt hatte, daß die Tatsachen selbst weitaus wichtiger waren als meine Empfindungen über diese Tatsachen, und folglich nicht mehr auf meine Gefühle achtete, sondern nur noch nach den Tatsachen fragte, erfuhr ich ein Glück auf meinem Weg mit Gott, das mich nie wieder verließ.
>
> Jetzt zählte nicht mehr: ‚Was fühle ich?', sondern nur noch: ‚Was sagt Gott?' Und er sagte solch herrliche Dinge, daß es mein allerhöchstes Entzücken wurde, sie herauszufinden" (H. W. Smith, The Unselfishness of God, 1987, S. 136-139).

Wenn wir im Herrn wachsen, geschieht es, daß wir irgend etwas lesen, was Gott gesagt hat – zum Beispiel: „Ich will dich nicht versäumen noch verlassen" (Hebr. 13,5). Und wir nehmen es als Tatsache an. Solange wir noch jung im Herrn sind, verlangen wir Beweise, die Gottes Wort verifizieren. Es mag beispielsweise sein, daß wir uns danach verzehren, Gottes Gegenwart zu *fühlen*, zu wissen, daß er wirklich und wahrhaftig mit uns ist. Wir gleichen dem Jünger Thomas: „Erst wenn ich fühle oder sehe, werde ich überzeugt sein."

Wenn wir dagegen gereift sind, haben wir Gott gut genug kennengelernt, um sagen zu können: „Gott ist vertrauenswürdig. Ich brauche keinen anderen Beweis als sein Wort."

In den Herzen reifer Christen sind feste Wahrheiten verankert, Wahrheiten, die ihre Herzen zum Jubeln bringen. Ihre Herzen sind angefüllt mit Reichtümern: *Gott ist mit mir! Gott wird alle Dinge zu meinem Besten hinausführen! Ich bin eine neue Schöpfung in Christus! Satan ist besiegt! Gott hat gute Pläne für meine Zukunft!*

Je mehr solche Gläubigen sich diese Wahrheiten in Erinnerung rufen, um so mehr jauchzen ihre Herzen.

Über solche Leute muß Satan total frustriert sein. Sie sind kaum zu verführen oder zu entmutigen, weil sie ihre Gedanken fortwährend mit Wahrheit anfüllen.

Nachdem der Prophet Jeremia die babylonische Eroberung seines Landes bezeugt hatte, war er in Ängsten und Nöten. Aber sehen Sie einmal, was der gleich darauf folgende Textabschnitt von ihm sagt:

> „An mein Elend und meine Heimatlosigkeit zu denken, bedeutet Wermut und Gift! Und doch denkt und denkt meine Seele daran und ist niedergedrückt in mir. Doch dies will ich mir in den Sinn zurückrufen, darauf will ich hoffen: Ja, die Gnadenerweise des HERRN sind nicht zu Ende, ja, sein Erbarmen hört nicht auf, es ist jeden Morgen neu. Groß ist deine Treue. Mein Anteil ist der HERR, sagt meine Seele, darum will ich auf ihn hoffen. Gut ist der HERR zu denen, die auf ihn harren, zu der Seele, die nach ihm fragt."
>
> (Klgl. 3,19-25)

Wenn wir betrübt sind, neigen wir dazu, unser Augenmerk auf die widrigen Umstände und darauf zu richten, wie lausig wir uns fühlen. Jeremia entrann seiner Entmutigung und Niedergeschlagenheit nicht, bis er sein Augenmerk auf die Wahrheit lenkte: „Doch dies will ich mir in den Sinn zurückrufen ..."

Im Bereich der Wahrheit hat Satan keinerlei Kraft; seine Kraft liegt im Bereich der Verführung und Täuschung. Deshalb haßt Satan Gottes Wort. In Psalm 119,130 lesen wir: „Die Erschließung deiner Worte erleuchtet" (Menge). In der Natur ist es so, daß, wo immer Dunkelheit und Licht aufeinanderprallen, das Licht sich durchsetzt. Genauso verhält es sich in der geistlichen Welt.

Der Feind versucht seine Sache dadurch, daß er „brennende Pfeile" abfeuert: Lügen, in denen seine Kraft steckt. Sobald wir einer Lüge glauben, bringt sie Gebundenheit in unser Leben, und diese Gebundenheit wird so lange bestehen, wie wir der Lüge Glauben schenken. Zum Glück läßt uns Gott wissen, wie wir dem Feind Einhalt gebieten können:

> „Zieht die ganze Waffenrüstung Gottes an, damit ihr gegen die Listen des Teufels bestehen könnt. ... Bei alledem ergreift den Schild des Glaubens, mit dem ihr alle feurigen Pfeile des Bösen auslöschen könnt."
>
> (Eph. 6, 11.16)

Den Schild des Glaubens zu benutzen bedeutet, Gedanken zurückzuweisen, die der Wahrheit widersprechen. Damit führen wir Gottes Kraft ins Geschehen ein. Gottes Kraft ist in seiner Waffenrüstung. Als Satan dem Sohn Gottes feurige Pfeile entgegenschleuderte, hob Jesus den Schild, indem er Gottes Wort zitierte. Und als Jesus erwiderte: „Es steht geschrieben ...", *prallten Satans Pfeile ab. Über jemanden, der die Wahrheit kennt, haben Lügen keine Macht.*

Um meine Tochter Jennifer in geistlicher Kriegführung zu unterweisen, fing ich an, sie zu belügen, als sie ungefähr sechs Jahre alt war. Ich ließ meinen Zeigefinger wie einen flitzenden Pfeil auf ihren Bauch zuschnellen und sagte zum Beispiel: „Gott hat dich verlassen, Jennifer! Er ist nicht länger bei dir."

Jennifer war auf das hinterhältige Spiel ihres Papas eingestellt. Sie wehrte den Pfeil mit ihrer Hand ab und sagte: „Es steht geschrieben: ‚Ich werde dich nicht verlassen noch versäumen.'"

Ich steckte den Angriff noch nicht auf, sondern sagte: „Aber du *fühlst* doch nicht, daß er da ist, oder?"

Sie gab zur Antwort: „Und was soll das ausmachen? Gott sagt: ‚Ich werde dich nicht verlassen noch versäumen.'"

Ich versuchte es noch mit einer anderen Lüge und sagte: „Satan hat 'ne Menge guter Sachen für dich, Jennifer. Satan möchte, daß du Spaß hast. Du hast doch gesehen, wie fröhlich all die Leute in den Kneipen sind."

Wieder wehrte sie den Pfeil mit der Hand ab und erklärte: „Es steht geschrieben: ‚Der Dieb kommt nur, um zu stehlen, zu morden und zu zerstören.'"

Keineswegs ist Jennifer ein geistliches Wunderkind. Sie hatte einfach nur ein paar Schriftstellen gelernt, um sich auf das Spiel vorzubereiten. Aber es war nicht bloß ein Spiel. Ich versuchte Jennifer auf die Angriffe des richtigen Lebens vorzubereiten. Satan möchte meine Tochter zerstören – genau wie Sie und mich. Ich will, daß Jennifer versteht, wie geistliche Kampfführung funktioniert und wie sie sich selbst mit dem Wort Gottes schützen kann.

Millionen Leuten geht es schlecht, bloß weil sie an Lügen glauben. Doch Gottes Wahrheit will uns nicht nur frei *machen*, sie will uns in Freiheit *erhalten* – wenn wir sie als Schild benutzen.

Andere Menschen reich machen

Sobald eine Wahrheit, die uns geschenkt wurde, in unseren Herzen verankert ist, kann Gott uns gebrauchen, um diese Wahrheit an andere weiterzugeben. Welch eine Ehre! Mit den Reichtümern, die Gott in unsere Herzen gelegt hat, können wir viele andere reich machen. Gottes Wort kann für sie dasselbe tun, was es für uns getan hat:

> „Denn aus der Fülle des Herzens redet der Mund. Der gute Mensch bringt aus dem guten Schatz Gutes hervor ..."
>
> (Mt. 12,34 f.)

Unglücklicherweise wandern die Predigten vieler Leute die Straße der Gerechtigkeit weiter entlang, als sie selbst gegangen sind – vielleicht ein Grund dafür, daß so viele Predigten und Lehrvorträge ineffektiv sind. Eine Wahrheit muß zuerst unser eigenes Leben verändern, bevor die Worte, die wir sagen, das Leben derer verändern können, die uns zuhören. Jemand hat einmal gesagt: „Wer andere in Brand stecken will, muß selber brennen!" Sonst gilt für uns, was in Sprüche 26,7 geschrieben steht:

> „Schlaff hängen die Schenkel am Lahmen herab, so ist ein Weisheitsspruch im Mund der Toren."

Jesus sagt:

> „Ein Jünger ist nicht über dem Lehrer; jeder aber, der vollendet ist, wird sein wie sein Lehrer."
>
> (Lk. 6,40)

Lehrer können andere nicht weiter führen, als sie selbst gegangen sind. Ihre ganze Arbeit ist nur dazu nütze, daß die Frucht reproduziert wird, die Gott in ihnen hat wachsen lassen.

> „Das Wort des Christus wohne reichlich in euch; in aller Weisheit lehrt und ermahnt euch gegenseitig ..."
>
> (Kol. 3,16)

Wenn wir viel Frucht bringen wollen, müssen wir den Garten Gottes in Schuß halten.

Und denken Sie daran: Die Frucht, über die wir reden, ist nicht irgendeine Frucht, sondern Frucht, die bleibt (s. Joh. 15,16). Unser Leben kann einen Unterschied für das Reich Gottes ausmachen, einen Unterschied, dem Ewigkeitsbedeutung zukommt.

4 Schätze im Himmel sammeln

In Lukas 12 erzählt Jesus von einem Mann, der sein Leben in vergängliche Dinge investierte und Erfolg damit hatte – in den Augen der Welt. Seine Arbeit und seine Geldanlagen zahlten sich aus – bis zu dem Punkt, daß er überhaupt nicht mehr arbeiten mußte. Statt dessen freute er sich auf ein Leben des Müßiggangs und Vergnügens. Was er nicht einplante, war, daß er noch in derselben Nacht sterben würde.

> „Gott aber sprach zu ihm: Du Tor! In dieser Nacht wird man deine Seele von dir fordern. Was du aber bereitet hast, für wen wird es sein? So ist, der für sich Schätze sammelt und nicht reich ist im Blick auf Gott."
>
> (Lk. 12,20 f.)

Wenn ich einmal Gott von Angesicht zu Angesicht sehen werde, möchte ich nicht gerade so begrüßt werden – was meinen Sie? Jesus möchte, daß wir „reich für Gott" sind. Er warnt uns vor Selbstsucht und mahnt uns, so zu leben, daß wir die Ewigkeit nicht vergessen. In Matthäus 6,19 f. sagt Jesus:

> „Sammelt euch nicht Schätze auf der Erde, wo Motte und Rost zerstören und wo Diebe durchgraben und stehlen; sammelt euch aber Schätze im Himmel, wo weder Motte noch Rost zerstören und wo Diebe nicht durchgraben noch stehlen."

Es muß den Herrn traurig machen und wunder nehmen zu sehen, wie viele Leute hinter irdischen Dingen herrennen, nach Holz und Stroh jagen statt nach den ewigen Schätzen Gottes.

Wenn ein Christ mit nichts anderem baut als Holz, Heu und Stroh, wird nicht das geringste das Feuer überstehen. 1. Korinther 3,15 entfaltet folgendes Szenario:

> „Wenn jemandes Werk verbrennen wird, so wird er Schaden leiden, er selbst aber wird gerettet werden, doch so wie durchs Feuer."

So jemand wird einem Menschen gleichen, der mit knapper Not seinem brennenden Haus entkommt. Seine Kleider sind angesengt, und sein ganzer Körper riecht nach Rauch. Er ist dankbar, am Leben zu sein. Doch dann dreht er sich um und muß ansehen, wie alles, wofür er gearbeitet hat, in Schutt und Asche gelegt wird.

Gerettet ist er auf derselben Grundlage wie wir alle: durch den Glauben an Jesus Christus. Die Erlösung ist voll und ganz geschenkt. Doch wird ein solcher Mensch die Ewigkeit ohne jeden Lohn verbringen.

„Steh' ich vor Christi Richterstuhl
und zeigt er den Plan meines Lebens mir –
seinen Plan, wie er sich's gedacht,
wie er wollt' den Weg mich führn –
und muß ich dann sehn,
wie ich trotzte hier, ihn ausspielte da,
den Willen nicht unterwarf:
Wird dann Schmerz sein

im Blick meines Herrn –
mitten in aller Liebe Schmerz?
Er wollt' mich reich,
doch arm steh' ich da,
von allem entblößt, nur nicht der Gnad' –
zu spät, all die Wege nochmal zu gehn,
es besser zu machen, ungeschehn?
Herr, was an Jahren mir noch bleibt –
nimm's hin, brich und forme mich
hinein in dein Bild, nach deinem Plan!"
(Nach einem unbekannten Verfasser)

Es mag sein, daß der junge Mann in Ricks Vision, der vor dem verbrannten Fleckchen Erde stand, durchaus in seiner Jugend einigen Lohn erworben hatte, der ihm aber verlorenging, als er sich von Gottes Zielsetzung für sein Leben abbringen ließ. Das Urteil, das am Richterstuhl ergeht, ist endgültig, der Lohn, der dort verteilt wird, ewig; aber die Schrift spricht von der Möglichkeit, Lohn wieder einzubüßen, während wir noch im Leibe sind. Johannes schreibt:

> „Gebt acht auf euch selbst, daß ihr nicht das verliert, was ihr durch eure Arbeit bereits erreicht habt, sondern vollen Lohn empfangt."
>
> (2. Joh. 8; Menge)

Und Jesus sagt:

> „Ich komme bald. Halte fest, was du hast, damit niemand deinen Siegeskranz nehme!"
>
> (Offb. 3,11)

Nach welchem Schatz trachten Sie?

Esau ist ein biblisches Beispiel eines Menschen, der von akuter Kurzsichtigkeit befallen wurde:

> „Einst kochte Jakob ein Gericht. Da kam Esau vom Feld, und er war erschöpft. Und Esau sagte zu Jakob: Laß mich doch schnell essen von dem Roten, dem Roten da, denn ich bin erschöpft! ...

> Da sagte Jakob: Verkaufe mir heute dein Erstgeburtsrecht! Esau sagte: Siehe, ich gehe ja doch dem Sterben entgegen. Was soll mir da das Erstgeburtsrecht? Jakob aber sagte: Schwöre mir heute! Da schwor er ihm und verkaufte sein Erstgeburtsrecht an Jakob. Und Jakob gab Esau Brot und ein Gericht Linsen, und er aß und trank und stand auf und ging davon. So verachtete Esau das Erstgeburtsrecht."
>
> (1. Mose 25,29-34)

Der Schreiber des Hebräerbriefes warnt uns, nicht denselben Fehler zu machen:

> „... und achtet darauf, ... daß nicht jemand ein Hurer oder ein Gottloser sei wie Esau, der für eine Speise sein Erstgeburtsrecht verkaufte, denn ihr wißt, daß er auch nachher, als er den Segen erben wollte, verworfen wurde, denn er fand keinen Raum zur Buße, obgleich er sie mit Tränen eifrig suchte."
>
> (Hebr. 12,15 ff.)

Esau warf sein Erstgeburtsrecht weg: Er achtete es gering. Später sah er ein, wie weittragend seine Entscheidung war und daß sie sich nicht mehr umkehren ließ, und er bedauerte sie unter Tränen.

Hätte Gott Esau den Verkauf seines Erstgeburtsrechts vergeben? Natürlich. Gott war von jeher willens zu vergeben, wenn Menschen ihre Sünden bekannten. Doch selbst wenn Gott Esau vergeben hätte, würde das nichts daran geändert haben, daß sein Erstgeburtsrecht verkauft war. Auch Vergebung hätte es ihm nicht wieder verschafft.

Sind wir vielleicht noch törichter gewesen als Esau? Haben wir etwas geringgeschätzt, was noch sehr viel kostbarer war als ein Erstgeburtsrecht? Wenn wir gleich Esau großen Wert auf zeitliche Dinge legen, während wir die ewigen auf die leichte Schulter nehmen, werden wir angesichts der bleibenden Auswirkungen unserer Entscheidungen vor dem Richterstuhl in Tränen aufgelöst sein.[2] Das Vergangene kann vergeben, aber niemals verändert werden.

Mose hingegen ist ein gutes Beispiel eines Menschen, der sich nicht von zeitlichen Dingen bestricken ließ. Nachdem er als Sohn der Tochter des Pharao aufgewachsen war, hätte

Mose alles haben können, was die Welt zu bieten hatte: Reichtum, Vergnügen, Macht und Ruhm. Doch offenbar sah er all das als Holz, Heu und Stroh an. Hebräer 11,26 sagt, daß Mose „die Schmach des Christus für größeren Reichtum hielt als die Schätze Ägyptens; denn er schaute auf die Belohnung". Sein Herz war darauf gerichtet, seinem Gott zu gefallen. Er wollte den Schatz haben, der für immer bestehen bleibt.

Ist es selbstsüchtig, Lohn zu suchen?

Ich erinnere mich, wie ich, bevor ich etwas über den Richterstuhl Christi lernte, zu Gott sagte: „Ich will keinen Lohn. Ich möchte einfach nur dir dienen." Damals dachte ich, das klinge sehr edel, aber heute weiß ich, daß ich unwissend und vielleicht sogar ein bißchen respektlos war. Es war, als ob ich zu Gott sagte: „Diese hundert Schriftstellen über die himmlische Belohnung sind doch Papierverschwendung. Mir bedeutet das nichts."

Eine Frau sah mich an diesem Buch arbeiten und fragte, wovon es handle. Als sie hörte, daß es um den Richterstuhl und die ewige Belohnung gehe, sagte sie: „Ich mache mir keine Gedanken über Lohn. Hauptsache, ich bin im Himmel, dann bin ich zufrieden."

Etwa drei Jahre später dachte ich darüber nach, was eine gute Antwort an sie gewesen wäre.

„Sie machen sich keine Gedanken über Ihre Belohnung? Glauben Sie denn, daß alles bestens sein wird, bloß weil Sie in den Himmel kommen? Haben Sie vergessen, daß die Bibel sagt, Jesus werde sich über einige von uns schämen [Mk. 8,38]? Wissen Sie nicht, daß einige von uns beschämt oder erschrocken vor ihm zurückweichen werden, weil sie nicht vorbereitet sein werden [1. Joh. 2,28]? Sie gehen mit Gottes Lohn um, als ob er nichts bedeute, wo doch die Bibel sagt, er sei es wert, dafür zu leiden, falsche Anschuldigungen, Absonderung und Haß auf sich zu nehmen [Lk. 6,22 f.]?

Ja, um des Lohnes willen mag man sogar in den Tod gehen [Offb. 2,10]!"

Manche Leute halten es für selbstsüchtig, auf Lohn aus zu sein. Doch das hat nichts mit Selbstsucht zu tun. Jesus befiehlt es uns (s. Mt. 6,1-20)! Nach Lohn zu streben zeugt von geistlicher Gesundheit. Es ist ein heiliger Ruf, der uns von Selbstsucht befreit. Wer nach Lohn sucht, übt sich darin, um das Wohlgefallen und die Herrlichkeit Gottes zu ringen.

Menschen, die reich an himmlischem Lohn sind, werden nicht euphorisch kichernd goldene Münzen durch ihre Finger rieseln lassen. Sie werden reich sein am Wohlgefallen Gottes, frei, in die Freude ihres Herrn einzugehen. Sie werden sich wunderbarer Intimität mit Gott erfreuen. Sie werden ihm nützlich sein. Sie werden in der Lage sein, „das wirkliche Leben zu ergreifen" (1. Tim. 6,19).

Schon jetzt, in diesem Leben, dürfen Christen, die zuerst nach dem Reich Gottes trachten, einen Vorgeschmack ihrer Belohnung genießen: Freude, Brauchbarkeit für den Herrn, sinnerfülltes Leben, das herrliche Bewußtsein der Gegenwart Gottes und ein Empfinden seines Wohlgefallens – Dinge, derer sich Christen, die nur für sich selbst leben, nicht erfreuen dürfen.

Um den Richterstuhl zu wissen bewegt uns dazu, voll und ganz für den Herrn zu leben und unser Leben für andere hinzugeben, ohne von ihnen eine Gegenleistung dafür zu erwarten. Gott unterrichtet uns zu dem Zweck vom Richterstuhl, daß wir motiviert sind, sein Wohlgefallen zu suchen, ohne uns damit abzugeben, wie andere uns behandeln oder was sie über uns denken mögen. Jesus sagt:

> „Und wenn ihr liebt, die euch lieben, was für einen Dank habt ihr? Denn auch die Sünder lieben, die sie lieben. ... Doch liebt eure Feinde, und tut Gutes, und leiht, ohne etwas wieder zu erhoffen, und euer Lohn wird groß sein, und ihr werdet Söhne des Höchsten sein; denn er ist gütig gegen die Undankbaren und Bösen."
>
> (Lk. 6,32.35)

Je mehr wir von dem Richterstuhl begriffen haben, um so eifriger werden wir darin sein, Menschen Gutes zu tun, die es uns niemals vergelten können. Jesus hat uns folgendes aufgetragen:

> „Wenn du ein Mittags- oder ein Abendmahl machst, so lade nicht deine Freunde, noch deine Brüder, noch deine Verwandten, noch reiche Nachbarn, damit nicht etwa auch sie dich wiederladen und dir Vergeltung zuteil werde. Sondern wenn du ein Mahl machst, so lade Arme, Krüppel, Lahme, Blinde, und glückselig wirst du sein, weil sie nichts haben, um dir zu vergelten; denn es wird dir vergolten werden bei der Auferstehung der Gerechten."
>
> (Lk. 14,12 ff.)

Jesus erhebt Menschen, die eifrig sind „in guten Werken" (Tit. 2,14). Mark Littleton spricht von Leuten, die „übersprudeln vor Leidenschaft, anderen zu helfen" (Mark R. Littleton, Life from the Inside Up, 1991, S. 105). Diejenigen, die im Himmel reich sein werden, sind solche, die auf Erden „reich ... in guten Werken" waren, wie Paulus schreibt:

> „Den Reichen in dem gegenwärtigen Zeitlauf gebiete, nicht hochmütig zu sein, noch auf die Ungewißheit des Reichtums Hoffnung zu setzen – sondern auf Gott, der uns alles reichlich darreicht zum Genuß –, Gutes zu tun, reich zu sein in guten Werken, freigebig zu sein, mitteilsam, indem sie sich selbst eine gute Grundlage auf die Zukunft sammeln, um das wirkliche Leben zu ergreifen."
>
> (1. Tim. 6,17 ff.)

Als neue Kreaturen in Christus sind wir „geschaffen zu guten Werken, die Gott zuvor bereitet hat, damit wir in ihnen wandeln sollen" (Eph. 2,10). Die Gefahr liegt darin, daß Sorgen um die zeitlichen Dinge das Ewige aus unserem Bewußtsein verdrängen. Nehmen Sie sich einen Augenblick Zeit, um darüber nachzudenken, wie Sie die letzten 24 Stunden zugebracht haben: Welchen Anteil Ihrer Zeit haben Sie in irdische Dinge investiert und wieviel in ewige?

Gottes Herrlichkeit widerspiegeln

Nach einem Seminar über den Richterstuhl fragte eine Frau: „Aber werden denn nicht alle Christen im Himmel vollkommen sein?“ Ihr Gedanke war, daß im Himmel jeder das gleiche erleben würde, weil wir dort alle gleichermaßen vollkommen sein würden.

Die Bibel lehrt, daß unsere Erfahrung des Himmels davon abhängen wird, wie wir unser Leben auf der Erde gelebt haben. Sicher werden alle Christen im Himmel vollkommen sein, aber nicht alle werden Gottes Kraft und Herrlichkeit im selben Maß widerspiegeln. Glühbirnen mögen fehlerlos sein, aber sie scheinen nicht alle mit derselben Stärke. Manche sind Nachtlämpchen mit einem viertel Watt, andere haben dreißig oder sechzig und wieder andere hundert Watt.

Daniel 12,3, ein unglaublicher Text, spricht genau diesen Punkt an:

> „Und die Verständigen werden leuchten wie der Glanz der Himmelsfeste; und die, welche die vielen zur Gerechtigkeit gewiesen haben, leuchten wie die Sterne immer und ewig.“

Wieviel Freude muß wohl in einem Menschen sein, damit er in Ewigkeit leuchtet wie ein Stern am Himmel? Wieviel Herrlichkeit Gottes? Möchten Sie das gerne herausfinden? Dann beten Sie mit:

„Lieber Herr, mache uns weise mit deiner Weisheit. Vergib uns unsere törichte Neigung zu vergessen, worauf es wirklich ankommt. Herr, wir erbitten uns deine Barmherzigkeit. Bitte laß uns nicht sterben und nachher bereuen müssen, wie wir gelebt haben. Verändere uns, Herr. Laß uns wohlgefällig sein vor deinen Augen. Möge der Herr Jesus sein Leben ganz und gar durch uns ausleben. Möge es so sein, daß die Menschen in unseren Augen deine Freundlichkeit sehen, sie aus unseren Worten hören und an unseren Taten bemerken. Wirke durch uns in mächtiger Weise, damit dein Reich kommen kann! Amen.“

5 Der ultimative Test

Als Sie zur Schule gingen – haben Sie da jemals voller Selbstvertrauen und mit dem Gefühl, optimal vorbereitet zu sein, eine Prüfung angetreten? Können Sie sich andererseits an eine Prüfung erinnern, auf die Sie nicht vorbereitet waren, so daß Sie wußten, daß Ihnen enorme Schwierigkeiten bevorstanden?

Prüfungen sind nicht etwas, was Lehrer ausbrüten, um ihre Schüler ins Elend zu stürzen. Vielmehr wollen sie die Lernenden anspornen, ihr Potential auszuschöpfen. Meine Studenten scheinen in den drei Tagen vor einer Prüfung mehr zu lernen als sonst in drei Wochen. Sobald eine Prüfung angekündigt wird, geschehen erstaunliche Dinge. Der glasige Ausdruck verschwindet aus ihren Augen. Die Schlafenden wachen auf, die Weggetretenen erlangen das Bewußtsein wieder. Das Wissen um eine kommende Prüfung hat irgend etwas an sich, was die Leute bewegt, sich vorzubereiten.

Wie allen Lehrern, denen wirklich erwas an ihren Studenten liegt, würde es auch Gott kein Vergnügen bereiten, wenn wir in seinem Test jämmerlich abschnitten. Er unterrichtet uns im voraus über den Richterstuhl, weil es ihn danach verlangt, daß wir dort eine gute Figur machen. Gott möchte, daß wir voll Vertrauen vor den Richterstuhl treten.

Das zeigt 1. Johannes 2,28:

> „Und nun, Kinder, bleibt in ihm, damit wir, wenn er geoffenbart werden wird, Freimütigkeit haben und nicht vor ihm beschämt werden bei seiner Ankunft."

Es ist ermutigend zu begreifen, daß jede freundliche Tat, und sei es nur ein Glas Wasser, das wir weitergeben, belohnt werden wird (s. Mt. 10,42). Gott wird uns lohnen, daß wir andere so behandeln, wie wir selbst gern behandelt werden wollen – Fremde gern aufnehmen, die Hungrigen speisen, den Kranken dienen, Gefangene betreuen, „Witwen und Waisen in ihrer Drangsal ... besuchen" (Jak. 1,27). Das, was Gott belohnen wird, sind Taten, die jeder von uns tun kann.

Ich erinnere mich daran, wie ich einmal am College eine Sonntagsschulklasse unterrichtete und zumeist bei weitem nicht das dabei herauskam, was ich hätte leisten können, weil ich nicht ordentlich vorbereitet war. Während ich nach Hause fuhr, machte ich mir oft Vorwürfe. Eines Tages, als ich mich wieder einmal in Selbstkritik und Entmutigung erging, zeigte mir der Herr, daß ich nicht länger auf dem herumreiten sollte, was gewesen war: sonst würde ich die vor mir liegende Gelegenheit versäumen, meiner Frau und meinen Kindern Liebe zu erweisen, sobald ich nach Hause käme. Kaum hatte ich meine Blickrichtung verändert, als schon alle Entmutigung von mir abfiel.

Obwohl wir viele Male etwas schuldig geblieben sind, sollten wir vergessen, was hinter uns liegt, und statt dessen vorwärts drängen! Schon die nächsten paar Minuten werden eine neue Gelegenheit mit sich bringen, Gott zu gefallen. Wie werden wir den Pförtner an unserer Arbeitsstelle behandeln, die Verkäuferin in der Drogerie oder die neuen Nachbarn auf der anderen Straßenseite?

Alle Konsequenzen in den Blick bekommen

In dem klassischen Kinofilm *Ist das Leben nicht schön?* taucht ein Engel auf, gesandt, um einen verzweifelten George

Bailey vom Selbstmord abzuhalten. Das schafft der Engel dadurch, daß er George zeigt, wieviel Gutes sein Leben für viele andere Menschen bedeutet hat. Er enthüllt, wie die Stadt ausgesehen hätte, wenn George nie geboren worden wäre. „Komisch, oder?“ sinnt der Engel. „Das Leben eines jeden Mannes berührt das Leben so vieler anderer, und wenn er nicht mehr da ist, hinterläßt er eine schreckliche Leere, nicht wahr?“

Wieviel erstaunlicher wird es erst sein, wenn Jesus mit uns vor dem Richterstuhl unser Leben Revue passieren läßt und sämtliche Konsequenzen jeder freundlichen Handlung, jedes ermutigenden Wortes, jedes Geldbetrags, den wir für Zwecke der Reichsgottesarbeit gegeben haben, aufdeckt. Da könnten wir beispielsweise herausfinden, daß im Laufe von Generationen tausend Menschen dadurch errettet worden sind, daß wir einem Freund geholfen haben, zu Jesus zu finden. Ach, wenn wir doch nur erkennen könnten, wie sehr es auf dieses Leben hier auf Erden ankommt!

Der Herr sagt:

> „Ich, der HERR, bin es, der das Herz erforscht und die Nieren prüft, und zwar um einem jeden zu geben nach seinen Wegen, nach der Frucht seiner Taten.“
>
> (Jer. 17,10)

Gott untersucht und belohnt nicht bloß das, was wir tun, sondern auch die Frucht unserer Taten.

Stellen Sie sich vor, Sie wären von Tausenden aufrecht stehender Dominosteine umgeben. Immer wenn Sie jemandem Gottes Freundlichkeit erweisen, stoßen Sie einen einzelnen Dominostein um. Manchmal kippt nur ein Stein um, und die Geschichte ist zu Ende. Doch dann wieder trifft der Stein einen anderen und der wieder einen anderen und so weiter.

Sie können nicht vorhersagen, was geschehen wird. Es kann sein, daß Gott das Herz eines anderen Menschen tief berührt und Ihre Bezeugung der Freundlichkeit des Herrn Hunderten Segen bringt.

Genau das widerfuhr Walter Maier, einem herausragenden Bibellehrer des frühen 20. Jahrhunderts. Maier machte eine Radiosendung, *Bringing Christ to the Nations*, die John Haggai, dem Gründer des „Haggai-Instituts für fortgeschrittenes Leiterschaftstraining" in Singapur, sehr wertvoll wurde, als er ein Jugendlicher war. Eines Tages schickte John einen Brief an Dr. Maier, dem er zwei Dollar beifügte, um dessen Dienst zu unterstützen. Ein paar Tage darauf fand der junge Mann in seinem Briefkasten einen persönlichen Antwortbrief, der zwei eng betippte Schreibmaschinenseiten umfaßte und auf jede Einzelheit seines Schreibens einging. John war so verblüfft, daß er in seinem Herzen beschloß: *„Wenn ich älter werde, dann werde ich jeden, der mir einen Brief schreibt, genauso freundlich behandeln, wie Dr. Maier mich behandelt hat"* (J. Haggai, Lead On! 1986, S. 54 f.).

Säen wir gute Saat aus, so kann es sein, daß wir die Ernte noch in diesem Leben sehen – oder auch nicht. Doch jedenfalls bleibt es dabei: „... zur bestimmten Zeit werden wir ernten, wenn wir nicht ermatten" (Gal. 6,9). Und, wie 2. Korinther 9,6 sagt:

> „Wer sparsam sät, wird auch sparsam ernten, und wer segensreich sät, wird auch segensreich ernten."

Die Sünde des Nichtstuns

Was ist, wenn jemand nichts aussät? Jesus hat uns mehrere Gleichnisse gesagt, die von Sklaven handeln, die mit der Verantwortung für die Besitztümer ihres Herrn und Meisters zurückgelassen wurden. Schauen wir uns Matthäus 25,14-21 an:

> Wenn der Herr kommt, ist es „wie bei einem Menschen, der außer Landes reiste, seine eigenen Knechte rief und ihnen seine Habe übergab: und einem gab er fünf Talente, einem anderen zwei, einem anderen eins, einem jeden nach seiner eigenen Fähigkeit, und reiste außer Landes. Sogleich aber ging der, welcher die fünf Talente empfangen hatte, hin und handelte mit ihnen und gewann andere fünf Talente. So auch, der die

> zwei empfangen hatte, auch er gewann andere zwei. Der aber das eine empfangen hatte, ging hin, grub ein Loch in die Erde und verbarg das Geld seines Herrn. Nach langer Zeit aber kommt der Herr jener Knechte und rechnet mit ihnen ab. Und es trat herzu, der die fünf Talente empfangen hatte, und brachte andere fünf Talente und sagte: Herr, fünf Talente hast du mir übergeben, siehe, andere fünf Talente habe ich dazugewonnen. Sein Herr sprach zu ihm: Recht so, du guter und treuer Knecht! Über weniges warst du treu, über vieles werde ich dich setzen; geh ein in die Freude deines Herrn".

Dieselbe Antwort wurde dem zweiten Sklaven, der zwei Talente hinzugewonnen hatte, zuteil. Der dritte Knecht hingegen, der sein Talent vergraben hatte, statt es für seinen Herrn auszunutzen, muß sich „böser und fauler Knecht" schelten lassen (V. 26). Er wird *nicht* eingeladen, die Freude seines Herrn zu teilen, und bekommt auch keine weitere Gelegenheit, sein Talent zu nutzen.

Interessanterweise tat dieser dritte Sklave überhaupt nichts Unmoralisches. Er tat gar nichts, das war alles.

Sollte unser Leben im Moment keine guten Taten aufzuweisen haben, so liegt die Lösung nicht darin, umtriebig zu werden. Die Lösung muß tiefer gehen, weil auch das Problem tiefer reicht. Sie muß eine Veränderung in unserem Herzen umfassen. Sowohl böse Taten als auch ein Mangel an guten Werken entspringen daraus, daß wir falsche Ziele verfolgen.

Im nächsten Kapitel wollen wir uns mit den Zielsetzungen unserer Herzen befassen.

6 Ultimativer Erfolg

Stellen Sie sich vor, ich wäre ein Basketballspieler, der beim Meisterschaftsspiel auf der Reservebank sitzt. Wir liegen zwei Punkte zurück, und es sind noch drei Minuten zu spielen, als mein Trainer die letzte Gelegenheit einer Auszeit nutzt und mich einwechselt. Bedauerlicherweise weiß er nicht, daß ich, der ich ein hochgewachsener Mann bin, mir während der Halbzeitpause im Umkleideraum den Schädel an einer Wasserleitung gestoßen habe, die unter der Decke verlief, und jetzt ein bißchen durcheinander im Kopf bin, so daß ich es nicht mehr länger als Ziel des Spiels begreife, Körbe zu werfen, sondern meine, es komme darauf an, mit den Füßen so oft wie möglich die Linien zu berühren, die auf den Hallenboden gemalt sind.

Der Schiedsrichter pfeift. Ich werde zum Energiepaket, und die Zuschauer jubeln. Mehr und mehr Bodenlinien berühre ich, und der Jubel wird immer ohrenbetäubender.

Als das Spiel zu Ende ist, gehe ich erschöpft vom Platz. Zeitungsreporter und TV-Kameramänner schubsen die anderen Spieler zur Seite und umringen mich, halten mir Mikrophone vor die Nase. „Ich weiß ja, daß ich 'n gutes Spiel gemacht habe", denke ich, „aber daß ich sooo gut war ..." Dann stellt mir ein Reporter die erste Frage: „Was um Himmels willen haben Sie eigentlich da draußen gemacht?"

Am nächsten Tag haben mein Trainer und ich einen freundschaftlichen Austausch. Er zeigt mir die Kameraaufnahmen des Spiels, und ich rufe aus: „Trainer, ich hab mehr Linien berührt als jeder andere da auf dem Platz!" Doch mein Trainer scheint irgendwie überhaupt nicht erfreut über meine Leistung. Er murmelt bloß irgendwas über Tabellenpunkte und stützt den Kopf in die Hände.

Zugegeben, das ist eine einigermaßen dämliche Geschichte – Fakt aber ist, daß Gott uns um eines Zwecks willen auf die Erde gesetzt hat. Gerade jetzt, in diesem Moment, können wir Luft holen, weil unser Leben für etwas da ist, nämlich dazu, daß wir ihn preisen und verherrlichen. Sollten unsere Absichten auf etwas anderes gerichtet sein – wie zum Beispiel darauf, Reichtümer anzuhäufen oder Eindruck bei anderen zu schinden –, dann werden unsere Handlungen genauso absurd sein, als sollten wir Basketball spielen und würden nur auf die Linien am Fußboden achten. Mag sein, daß wir das durchaus gut hinkriegen – vielleicht stellen wir sogar einen neuen Weltrekord im Bodenlinien-Berühren auf. Doch solange wir unsere Zielsetzung nicht berichtigen, vertun wir unser ganzes Leben. Womöglich werden wir so ausgelastet, daß wir nicht einmal mehr darüber nachdenken, wozu wir eigentlich da sind. Die Bibel sagt:

> Es „ist ... ein Gott, der Vater, von dem alle Dinge sind und wir auf ihn hin."
>
> (1. Kor. 8,6)

Ferner:

> „... du hast alle Dinge erschaffen, und deines Willens wegen waren sie und sind sie erschaffen worden."
>
> (Offb. 4,11)

Folgen wir einem anderen, einem falschen Zweck, so empfinden wir vielleicht gar nicht einmal, daß etwas verkehrt läuft, immerhin haben wir morgens einen Grund zum Aufstehen. Hochmotiviert und emsig arbeiten wir auf unser Ziel hin. Doch was nützt es uns, in irgendeinem Bestreben erfolgreich zu sein, wenn wir es versäumen, dem Einen zu gefallen, um dessentwillen wir überhaupt existieren?

Sich beschenken oder sich beschützen – beides ist tödlich

Mir geht es so wie vielen Leuten: Manchmal habe ich Angst, zu kurz zu kommen, wenn ich zu Gottes Wohlgefallen und nicht zu meinem eigenen lebe. Zu derlei Zeiten habe ich kein Vertrauen in die Güte Gottes.

Hat ein Schaf einen guten, weisen und starken Hirten, dann muß es nicht auf sich selbst achtgeben. Sein Herz darf vertrauen. Es wird nicht auf eigene Faust losziehen und nach neuen Weidegründen suchen, weil es denkt, sein Hirte enthalte ihm vielleicht etwas Gutes vor. Auch braucht es keine Strategien zu entwerfen, um sich vor Raubtieren zu schützen. Alles, was es tun muß, ist, nah beim Hirten zu bleiben, auf ihn zu hören und ihm zu gehorchen.

Das zu tun, ist keine Zumutung! Das Schaf liebt den Hirten. Könnten wir seine Gedanken hören, so klängen sie in etwa folgendermaßen: *„Er lagert mich auf grünen Auen; er führt mich zu stillen Wassern; er erquickt meine Seele; mein Becher fließt über!“*

Bei Jesaja heißt es:

> „Er [der Herr] wird seine Herde weiden wie ein Hirte, die Lämmer wird er in seinen Arm nehmen und in seinem Gewandbausch tragen ...“
>
> (Jes. 40,11.)

Sobald ich aufhöre, Gott zu Gefallen zu leben, und statt dessen ichorientiert werde, werde ich das Gegenteil von dem finden, was ich suche. Statt Glück finde ich dann Elend. Lebe ich hingegen im Wohlgefallen Gottes und gebe mein Leben im Dienst für andere hin, so erfahre ich tiefe Erfüllung. In beiden Fällen trägt mein Erleben die Wahrheit der Worte Jesu aus:

> „Wer sein Leben findet, wird es verlieren, und wer sein Leben verliert um meinetwillen, wird es finden."
>
> (Mt. 10,39)

Wenn es mir in erster Linie darum geht, mir etwas zu nehmen, wird das Vergnügen zu meinem Gott. Ich werde verwundbar, gleich einem Kind, das alles tun wird, um an Süßigkeiten zu gelangen – sogar allen Warnungen seiner Eltern zum Trotz ins Auto eines Fremden steigen.

Ichorientiertes Leben kann zwei Grundformen annehmen: die der Habsucht oder die des überzogenen Selbstschutzes. Deswegen warnt Jesus uns auch davor, zuviel auf die Bewahrung unseres eigenen Lebens zu geben:

> „Denn wenn jemand sein Leben erretten will, wird er es verlieren; wenn aber jemand sein Leben verliert um meinetwillen, wird er es finden."
>
> (Mt. 16,25)

Stellen Sie sich vor, Sie würden in der Haut eines Schadrach, Meschach oder Abed-Nego stecken! König Nebukadnezar hat ein riesiges Götzenbild aus Gold anfertigen lassen und bekanntgemacht: „Wer ... nicht niederfällt und anbetet, der soll sofort in den brennenden Feuerofen geworfen werden" (Dan. 3,6).

Es war keine Überraschung, daß alle Welt niederfiel und anbetete – jeder außer Schadrach, Meschach und Abed-Nego. Ihr Mut und die wunderbare Errettung, die Gott ihnen schenkte, haben Generationen des Volkes Gottes inspiriert. Und das alles geschah, weil sie nicht darauf achteten, ihr eigenes Leben zu bewahren, sondern es ihnen darauf ankam, ihrem Gott zu gefallen und ihn zu ehren.

Ebenso traf auch Paulus den Entschluß, nicht zu leben, um seine eigene Haut zu retten. Er ahnte im voraus, wie es sein würde, vor dem Herrn zu stehen, und wollte das ohne Scham tun können. Deshalb schrieb er:

> „Darauf warte und hoffe ich, daß ich in keiner Hinsicht beschämt werde, daß vielmehr Christus in aller Öffentlichkeit – wie immer, so auch jetzt – durch meinen Leib verherrlicht wird, ob ich lebe oder sterbe."
>
> (Phil. 1,20; Einheitsübersetzung)

Es muß nicht einmal sein, daß unser Leben physisch bedroht ist, damit wir uns diesem falschen Ziel verschreiben. Werde ich kritisiert, so geht es mir häufig mehr darum, mich selbst zu verteidigen, als Gott zu gefallen. Mein Herz wird dann hart, und meine Worte dienen mir als Schutzschild. Bin ich aber weise genug, meine Zielstellung zu berichtigen, dann kommt es gar nicht mehr darauf an, mein zerbrechliches Ego zu beschützen. Dann erscheint es mir nur noch wichtig, Gott zu gefallen und die Persönlichkeit zu sein, die er in mir haben möchte.

Selbstschutz kann eine Reihe verschiedener Ausprägungen annehmen. Es kann zur obersten Priorität unserer Existenz werden, uns selbst vor Schmerz zu schützen, vor allem dann, wenn wir in der Vergangenheit tief verletzt wurden. Ein halbwüchsiges Mädchen sagte mir einmal: „Seit ich neun war, hab ich niemanden mehr an mich rangelassen. Damals verließ mein Vater meine Familie, und ich entschloß mich, nie wieder so verletzt werden zu wollen. Wenn irgendwer mir zu nahe kommen will, zieh' ich mich zurück." Und so lebte sie in emotionaler Isolation – einem selbstgemachten Gefängnis.

Andersherum wird ein Schuh daraus: Wirkliches Leben entsteht nur da, wo wir uns liebend hingeben – Gott und dem Nächsten. Wenn also unser erstrangiges Ziel darin besteht, uns selbst zu gefallen oder unser eigenes Dasein zu schützen, schneiden wir uns vom Leben ab.

Als meine Kinder noch klein waren, hatte ich manchmal das Gefühl, ich müsse alles daran setzen zu überleben – nämlich dann, wenn ich mich über längere Zeit allein um sie zu kümmern hatte. *(„Ich muß überleben, bis Marcy nach Hause kommt!")* Dann verlor ich alle Kreativität, und jegliche Initiative ging mir ab. Ich tat nichts anderes mehr, als auf

Situationen, die entstanden, zu reagieren. Meine Gedanken waren nicht auf die Interessen meiner Kinder, sondern auf meine eigenen gerichtet. Alles ging mir auf die Nerven. Das Leben war ein einziges Elend. Doch als ich damit aufhörte, einfach nur überleben zu wollen, und mich entschloß, Gott zu gefallen, indem ich mein Leben für meine Kinder hingab, wurde alles anders. Ich dachte nicht mehr: *„Könnte ich doch bloß mal fünf Minuten für mich selbst haben, ohne daß sie mir wegen irgendwas in den Ohren liegen!“*, sondern: *„Was würde ich gerne tun, wenn ich zwei Jahre alt wäre? Oder fünf? Oder acht?“*

In dem Maße, wie ich danach zu trachten begann, meinen Kindern zum Segen zu werden, erfuhr ich die Freude Gottes. Ja, wirklich, nur allzuoft bin ich begeistert über die Verwandlung, die sich vollzieht, einfach weil ich meine Zielsetzung verändert habe.

Unsere verborgenen Absichten

So wie ein Ruder den Kurs eines Schiffes bestimmt, so hängt die Richtung, die unser ganzes Leben nimmt, von den Absichten oder Zielsetzungen unseres Herzens ab. Deshalb ist die Absicht unseres Herzens das entscheidende Kriterium für Gott, wenn es um den Richterstuhl geht:

> „So verurteilt nichts vor der Zeit, bis der Herr kommt, der auch das Verborgene der Finsternis ans Licht bringen und die Absichten der Herzen offenbaren wird, und dann wird jedem sein Lob werden von Gott.“
>
> (1. Kor. 4,5)

Alles, was wir tun, geschieht auf ein Ziel hin. Das Ziel, das wir uns gesetzt haben, bestimmt unser Verhalten. Wenn unsere Triebkraft darin liegt, daß wir Gott gefallen möchten, werden wir kaum lügen, stehlen oder auf Rache sinnen, oder? Das ist klar. Erlauben wir einer anderen Zielsetzung, das Ziel eines gottwohlgefälligen Lebens zu verdrängen, so liefern wir uns der Sünde aus. Also schützt es uns davor, den rechten

Kurs zu verlieren, wenn wir am Ziel der Gottwohlgefälligkeit festhalten.

Ein Schiffsführer hält sein Fahrzeug dadurch auf Kurs, daß er immer wieder nach Bedarf die Ruderlage korrigiert. Genauso können wir als Christen nur auf Kurs bleiben, wenn wir unser Ruder stetig nachstellen, nämlich die Absichten unserer Herzen.

Diese Absichten untersuchen wir zuerst, indem wir fragen: *„Was treibt mich zu dem, was ich tue? Worauf will ich wirklich hinaus?"* Vielleicht entdecken wir dann, daß wir vom Kurs abgekommen sind, weil wir es zugelassen haben, daß sich unsere Gedanken um ungöttliche Wünsche drehen, um Fragen wie: *„Wodurch kann ich in dieser Situation gut dastehen?"* Wo das geschieht, laufen wir Gefahr, unser Leben zu vergeuden – so lange, bis wir unseren Kurs berichtigen. Wozu ist es gut, wenn ein Schiff gute Fahrt macht und prima vorankommt, bloß leider in die verkehrte Richtung?

Liegen unsere Absichten nicht darin, Gott gefallen zu wollen, so verplempern wir nicht bloß Zeit, sondern begehren gegen Gott auf, ob uns das nun bewußt ist oder nicht. Wir werden Buße tun müssen. Viele Leute tun Buße über verkehrtes Verhalten, nicht aber über die falschen Ziele, die das Verhalten überhaupt erst hervorgerufen haben. Wen überrascht es dann, daß sie sich alsbald wieder ganz genauso verhalten?

Selbst wenn gegen unser Verhalten gar nichts einzuwenden ist, haben wir keine Garantie dafür, daß unsere Herzen vor Gott in Ordnung sind. Denn um Verhalten geht es gar nicht. Worauf es wirklich ankommt, ist, ob es in der Absicht unseres Herzens liegt, ihm zu gefallen. Um unseren Kurs zu berichtigen, müssen wir es uns in unseren Herzen zum Ziel setzen, Gott wohlzugefallen.

Bei J. C. Ryle lesen wir von Menschen, die danach eifern, Gott zu gefallen:

> „Ein Mensch, der eifert ..., zeichnet sich vor allem durch eines aus. Es reicht nicht, ihn ernsthaft, aufrichtig, kompromißlos,

> dauerhaft, entschieden, brennend im Geist zu nennen. Er sieht nur eines, strebt nur nach einem, wird verzehrt von einer einzigen Sache, und diese Sache ist, Gott zu gefallen.
>
> Ob er lebt oder umkommt, reich ist oder arm, Menschen gefällt oder ihnen zum Anstoß wird, ob man ihn für weise hält oder für töricht, ob er Ruhm erntet oder Schande, Ehre oder Verachtung – all dies schert den eifernden Menschen nicht im geringsten. Er brennt für eine einzige Sache, nämlich dafür, Gott zu gefallen und Gottes Ehre zu fördern" (J. C. Ryle, Practical Religion; zit. n.: Packer, Knowing God, 1973, S. 156 f.).

Solchen göttlichen Eifer verkörperte der Apostel Paulus. In 2. Korinther 5,9 beschreibt er, wofür sein Leben brannte:

> „Deshalb setzen wir auch unsere Ehre darein, ob einheimisch oder ausheimisch, ihm [dem Herrn] wohlgefällig zu sein."

Vor einigen Jahren wurde das mein Lieblingsvers. Eines Tages schlug ich ihn wieder einmal auf und kriegte den Mund nicht mehr zu, als ich den darauffolgenden Vers entdeckte:

> „Denn wir müssen alle vor dem Richterstuhl Christi offenbar werden, damit jeder empfange, was er durch den Leib vollbracht, dementsprechend, was er getan hat, es sei Gutes oder Böses."
>
> (2. Kor. 5,10)

7 Verantwortung übernehmen – aber nicht zu viel!

Wenn ich vor dem Richterstuhl Christi stehe, dann werde ich allein dort stehen. Ich werde nicht mit dem Finger auf die Verfehlungen anderer zeigen können. Gott wird mich nicht für das zur Rechenschaft ziehen, was andere getan haben, sondern allein für das, was ich getan habe. Im Gericht wird „jeder Mund verstopft“ werden (Röm. 3,19). Es wird kein Raum für Entschuldigungen sein, keine Chance für Selbstrechtfertigungen. Ich werde nichts auf andere schieben können. Wir sind verantwortlich dafür, Gott zu gehorchen, ohne Rücksicht darauf, was andere tun oder lassen.

In diesem Kapitel werden wir uns mit den Fragen beschäftigen, die darum kreisen, daß wir sowohl zu viel als auch zu wenig Verantwortung übernehmen können.

Übernehmen Sie keine Verantwortung, die Ihnen nicht zukommt ...

Gott macht uns ausschließlich dafür verantwortlich, wie wir unser eigenes Leben leben.

Zuzeiten mögen wir uns für Dinge verantwortlich fühlen, für die wir gar keine Verantwortung tragen. Womöglich würden wir am liebsten das Leben anderer Leute an deren Stelle führen. Auch ich mache mich dieser Fehlhaltung mitunter schuldig, und das Ergebnis ist stets Frustration oder aber Zorn. (Und auch die Person, um die es geht, wird dabei nie allzu glücklich!)

Würde ich Ihnen sagen, ich hätte mir zum Ziel gesetzt, daß es morgen regnet, so würden Sie mich für plemplem erklären. Wozu soll es gut sein, sich Ziele zu setzen, die außerhalb unseres Einflußbereiches liegen?

Im Blick auf das Wetter machen natürlich kaum Leute diesen Fehler – doch wie oft setzen sich Leute das Ziel, jemand anders solle so oder so handeln oder mit ihnen selbst auf eine bestimmte Weise umgehen?

Genausowenig, wie wir das Wetter bestimmen können, können wir jemand anderen dahin bringen, sich auf eine bestimmte Weise zu verhalten. Nur unser eigenes Handeln können wir vollauf kontrollieren. Es ist anmaßend, Ziele für andere zu setzen, so als hätten wir es in der Hand, wie sie handeln werden. Folglich müssen unsere Zielsetzungen auf unser eigenes Handeln gründen und nicht darauf, welche Taten wir von anderen erhoffen.

Versperrte Ziele lösen Frust aus

Im Frühjahr 1991 lagen meine Großeltern mütterlicherseits im Sterben. Meine Mutter zog von Maryland in ihr Elternhaus in Connecticut um, um zu versuchen, ihnen während ihrer letzten paar Monate auf Erden zum Segen zu sein. Unglücklicherweise gelang es ihr nicht, sie froh zu machen, was sie gewaltig frustrierte. Eines Abends am Telefon sagte sie mir, wie es ihr dabei ging. Ich schlug ihr vor, sie solle prüfen, ob sie nicht etwa dabei sei, sich Ziele zu setzen, die außerhalb ihrer Kontrolle lagen.

„Du kannst nicht mehr tun, als du tun kannst, Mutter", sagte ich ihr. „Was außerhalb deiner Möglichkeiten liegt, mußt du ruhen lassen."

Ein paar Wochen später rief sie mich wieder an.

„Ich hab mir zum Ziel gesetzt, bestimmte Dinge für sie zu tun", sagte sie, „aber ich verfolge nicht mehr das Ziel, daß sie darauf in einer bestimmten Weise reagieren müssen. Sobald ich meine Zielsetzung veränderte, fiel diese ganze Spannung im Nu von mir ab!"

Dieses Prinzip habe ich aus Larry Crabbs Buch *The Marriage Builder*[3] gelernt. Falls Sie verheiratet sind und dieses Buch noch nicht kennen, sollten Sie sich den Gefallen tun, es zu erstehen. Es ist eines der hilfreichsten Bücher, die ich je gelesen habe.

Michelle, die Empfangsdame in meinem Sportclub, vertreibt selbstgemachten christlichen Schmuck. Vergangenen November veranstaltete sie am Empfangstresen des Clubs eine kleine Ausstellung. Sie verkaufte nicht viel, um es gelinde zu sagen, und war ganz und gar nicht zufrieden.

„Niemand kauft meinen Kram", sagte sie entrüstet, als ich eines Nachmittags zum Spielen kam. „Lieber gehen die Leute in Foleys Juwelierladen und kaufen die gleichen Sachen doppelt so teuer!"

„Das hört sich so an, als ob Sie versuchten zu kontrollieren, was andere tun, statt sich um Ihr eigenes Handeln zu kümmern", erwiderte ich. „Den Fehler hab ich auch gemacht, und zwar viele Male. Es kann fürchterlich frustrierend sein, wenn wir etwas unter Kontrolle zu bekommen versuchen, was außerhalb unserer Reichweite liegt."

Daraufhin fing Michelle an, sich auf Dinge zu konzentrieren, die in ihrer eigenen Macht standen.

„Wissen Sie“, sagte sie bei einer späteren Gelegenheit, „wenn ich selber den Schmuck trage, weckt das Aufmerksamkeit, und manchmal verkaufe ich dann auch etwas. Ich glaube, während der Weihnachtssaison werde ich jeden Tag ein anderes Stück aus meiner Kollektion tragen. Und die Ausstellungsvitrine stell' ich vielleicht besser da drüben hin.“

Erinnern Sie sich an eine Gelegenheit, zu der Sie frustriert oder zornig waren. Können Sie ein Ziel benennen, das Sie verfolgten, aber durch irgend jemanden oder irgendwelche Umstände nicht erreichen konnten? Versperrte Wege lösen fast immer Frustration und Zorn aus. Ein „versperrbares Ziel“ ist ein Ziel, dessen Verwirklichung von jemand oder etwas anderem abhängt. Wenn uns unser Ziel versperrt werden kann, haben wir uns das falsche Ziel gesetzt! Wir sollten uns ausschließlich für nicht versperrbare Ziele entscheiden – Ziele, deren Erreichung wir selbst kontrollieren können.

Dieser Grundsatz entlastet uns nicht davon, die Verantwortung wahrzunehmen, die mit Fug und Recht von uns erwartet werden kann, aber er befreit uns davon, uns Verantwortung aufzuladen, die uns nicht zukommt, und befähigt uns, uns auf Dinge zu konzentrieren, die wir selbst kontrollieren können.

Mehr als zwei Jahre arbeitete ich mit einem Freund daran, ein Traktat zu entwerfen, das das Evangelium in einer gewinnenden, persönlichen Weise nahebringen sollte. Es trug den Titel *Auf der Suche nach Befriedigung?* Das Konzept war, zunächst so eingehend von Gottes herrlicher Wesensart zu reden, bevor wir den Heilsplan entfalteten, daß der Leser nicht umhin kommen würde, Gott kennenlernen zu *wollen*.

Ich hoffte darauf, daß die Amerikanische Traktatgesellschaft das Traktat herausbringen würde, wußte ich doch, daß damit eine weite Verteilung gesichert wäre. Doch als wir unsere Arbeit dem Programmdirektor präsentierten, wies er sie mit der Begründung zurück, die Traktatgesellschaft habe beschlossen, nur noch neue Verteilschriften zu publizieren, die von aktuellen Geschehnissen ausgingen, also Themen anrissen, die den Leuten sowieso schon im Kopf herumschwirrten. Und da unser Traktat nicht ein aktuelles Ereignis zum Thema machte, lehnte er das Projekt ab.

Acht Monate später entschloß ich mich, das Traktat über den Kopf des Programmdirektors hinweg direkt an dessen Chef, den Verleger der Amerikanischen Traktatgesellschaft, zu senden. Gedacht, getan – und dem Verleger gefiel der Text. Doch als er ihn dem Programmdirektor vorlegte, wollte der ihn immer noch nicht. Der Verleger rief mich an und sagte: „Keine Ahnung, warum er sich so querstellt. Nur möchte ich, obwohl ich sein Vorgesetzter bin, nicht in seine Kompetenzen eingreifen. Und die Entscheidung liegt nun mal bei ihm. Rufen Sie mich in acht Tagen wieder an. Inzwischen red' ich nochmal mit ihm und sage Ihnen dann, wie die Sache steht."

Eine Woche darauf tippte ich mit klopfendem Herzen die Nummer der Traktatgesellschaft in mein Telephon ein. Ich war so nervös, daß ich erstmal wieder auflegte, bevor ich noch mit dem Wählen fertig war.

„Wieso bin ich bloß so nervös?" fragte ich mich. Dann ging mir auf, daß ich mir zum Ziel gesetzt hatte, *sie*, die anderen, sollten etwas Bestimmtes tun. Und was sie tun würden, konnte ich nicht bestimmen, obwohl ich es um jeden Preis wollte. Also entschied ich, daß mein Ziel nichts anderes sein sollte, als schlicht nachzufragen, welchen Entschluß sie getroffen hatten. Auf der Stelle fiel alle Nervosität von mir ab.

Als ich dann anrief, sagte der Verleger: „Ich hab gar nicht nochmal mit ihm geredet, aber ich habe eine Idee. Unsere Geschäftsleitung hat kürzlich einen neuen Ausschuß gebildet, dessen Aufgabe es ist, eingehende Manuskripte zu prüfen, und ich hab mich entschlossen, *Auf der Suche nach Befriedigung?* diesem Ausschuß vorzulegen. Wenn es denen gefällt, kann ich dem Programmdirektor sagen: ‚Ich glaube, wir sollten das bringen.' Rufen Sie mich in zwei Wochen wieder an, dann sag' ich Ihnen, was Sache ist."

Ich wollte, ich könnte Ihnen sagen, daß ich meine Lektion gleich beim erstenmal gelernt hätte, aber zwei Wochen später war ich beim Wählen wieder so nervös, daß ich den Hörer erstmal wieder auflegte. Doch erneut war es so, daß ich mein Ziel korrigierte, woraufhin die Nervosität auf der Stelle verschwand.

Am Ende brachte die Amerikanische Traktatgesellschaft die Schrift dann doch heraus.

So ging die Geschichte also glücklich aus, aber darauf möchte ich eigentlich gar nicht hinaus. Ich bin dabei zu lernen, mich auf das zu konzentrieren, was ich selber unter Kontrolle habe, anstatt meine Zeit und Kraft zu vergeuden, indem ich Dinge zu bestimmen versuche, die außerhalb meiner Reichweite liegen. So schmerzhaft und mühselig diese Erfahrung auch war, ich bin froh, daß ich sie gemacht habe.

Dieses Prinzip hilft mir, anderen gegenüber kühner zu werden, ohne sie unter Druck zu setzen – etwas, das von ganz besonderem Nutzen ist, wenn es ums Zeugnisgeben geht. Unser Ziel sollte sein, Christus mitzuteilen, nicht, Menschen dazu zu bringen, daß sie Christus annehmen. Ihre Reaktion ist eine Sache zwischen ihnen und Gott. Wenn ich mir Sorgen um ihre Reaktion mache – etwas, das außerhalb meiner Reichweite liegt –, macht das Zeugnisgeben mich nervös. Ist mein Ziel, die Leute dazu zu bringen, daß sie Christus annehmen, so mache ich auch *sie* nervös. Vermutlich empfinden sie dann haargenau so wie wir alle, wenn wir mit einem nervigen Handelsvertreter zu tun haben, der sich aufdrängt, um uns etwas zu verkaufen. Sobald Verkäufer sich das verkehrte Ziel setzen – nämlich versuchen, unter Kontrolle zu bekommen, was der Kunde tun soll, und nicht, was sie selber tun können –, werden sie manipulativ statt hilfreich. Beim Zeugnisgeben setzt es uns frei, zu klären, was in unserer Verantwortung liegt und was nicht, was zugleich die Menschen freisetzt, denen wir von Christus erzählen – freisetzt, ihre Verteidigungshaltung aufzugeben und unbeeinflußt über die *Sache* nachzudenken.

Gott möchte, daß wir liebevoll, vollmächtig und kühn reden, nicht, daß wir Druck ausüben. Er sagt:

„... du sollst meine Worte zu ihnen reden, mögen sie hören oder es lassen!“

(Ez. 2,7)

Ein wertvoller Vorsatz

Über unserem Leben sollte ein überragendes Ziel stehen: Gott zu gefallen. Dieses Ziel kann uns niemand versperren. Weder irgendeine Person noch irgendwelche Umstände können uns davon abhalten, Gott zu gefallen; denn was auch immer uns widerfährt, wir sind unter allen Umständen frei, so zu reagieren, wie es ihm gefällt.

Nachdem Frustration und Zorn durch versperrte Ziele ausgelöst werden und Gott zu gefallen ein Ziel ist, das uns nicht versperrt werden kann, sind Frustration und Zorn Alarmzeichen, die uns zu erkennen geben, daß wir dem falschen Ziel nachjagen. Da ich möchte, daß mein Leben Gott gefällt, sind diese Alarmzeichen mir sehr wertvoll geworden. Sie zeigen mir an, wo ich auf falschen Kurs geraten bin und meine Zielsetzungen auf den Prüfstand müssen.

Nehmen wir mal an, ein Pastor ist frustriert, weil so viele seiner Gemeindeglieder nicht regelmäßig die Gottesdienste besuchen. Das rote Alarmlämpchen beginnt zu blinken. Er hat jetzt die Wahl, entweder seine Kraft zu verschwenden, indem er sich darauf konzentriert, was andere tun sollten, oder sich mit dem zu beschäftigen, was in seiner eigenen Macht steht. Folgendermaßen sollte er denken: *Ich kann die Leute in die Gottesdienste einladen. Ich kann für sie beten, sie besuchen und mich anständig vorbereiten. Aber ich kann nicht sie dazu bringen, daß sie kommen. Ich kann nicht mehr tun, als ich tun kann. Zum Glück kann ich immer noch Gott gefallen, egal, was irgendwelche anderen Leute tun.*

... aber übernehmen Sie *Ihre* Verantwortung!

Bis jetzt haben wir von der Gefahr gesprochen, die darin besteht, sich für Dinge verantwortlich zu fühlen, die gar nicht in unserer Verantwortung liegen. Doch es gibt eine zweite Gefahr: nämlich daß wir es versäumen, verantwortlich zu handeln, wo wir tatsächlich verantwortlich *sind.*

Denken Sie einen Augenblick über das Wort „Verantwortung" selbst nach: Es hat etwas mit „antworten" zu tun. Von einem Verantwortlichen kann die Fähigkeit erwartet werden, die richtigen Antworten zu geben. Sage ich zu jemandem: „Du gehst mir total auf die Nerven!", so drücke ich damit eigentlich aus: „Du kontrollierst nicht bloß, was du selbst tust, sondern auch *meine* Reaktion darauf." So gesehen, wäre mein Anwurf ohne Zweifel lächerlich. Ich verleugne damit, daß ich die Fähigkeit zur richtigen Antwort habe. Ich habe mich dazu hinreißen lassen zu denken, daß der andere meine Reaktionen kontrollieren kann. Kein Wunder, daß mir zum Heulen zumute ist!

Wir dürfen Menschen keine Macht über uns unterstellen, die sie letztlich gar nicht besitzen. Andere sind vor Gott verantwortlich für das, was sie tun, ebenso wie wir selbst für unsere Reaktionen auf ihr Handeln Verantwortung tragen.

Jemand erzählte mir von einer Mutter, die es tief verletzt hatte zu hören, daß ihre Tochter mit ihrem Freund durchgebrannt war. Schließlich heiratete die junge Frau ohne Wissen ihrer Eltern und ohne deren Segen einen Mann, der wesentlich älter war als sie selbst. Zwei Wochen nach der Hochzeit lud die Tochter ihre Mutter zum Essen ein. Die Mutter fürchtete, sie werde vor der Tochter ihre ablehnenden Gefühle nicht verbergen können, und bat ihren Pastor um Rat. Nachdem er ihr seelsorgerlich gedient hatte, ermutigte der Pastor sie, noch im Gemeindesaal zu bleiben, um zu beten. Im Gebet zeigte ihr der Herr die Kraft des Blutes Christi, von aller Sünde zu reinigen. *„Es raubt dir nicht den Frieden"*, sagte er ihr, *„wenn jemand anders sich versündigt. Nur deine eigene Sünde kann dir den Frieden nehmen."*

Niemals können wir kontrollieren, was andere tun oder was uns widerfährt, immer aber, wie wir darauf reagieren. Diese Erkenntnis macht uns frei, nicht mehr über negative Umstände zu klagen oder zu bejammern, wie schlecht andere uns behandeln. Statt dessen können wir uns darauf konzentrieren, Gott zu gefallen, was auch immer geschieht.

Das Kriterium der Reife ist die Einsicht, daß das, was uns passiert, nicht annähernd so bedeutsam ist wie unsere Reaktion darauf.

Joseph widerfuhr mehr Feindschaft, als die meisten von uns jemals erleben werden: von seinen eigenen Brüdern in die Sklaverei verkauft, in den Kerker geworfen für ein Verbrechen, das er nicht begangen hatte, schließlich vergessen vom Mundschenk des Pharao, der doch versprochen hatte, sich für ihn einzusetzen, damit er wieder freikäme. Joseph hätte ein ausgeprägtes Opfersyndrom entwickeln und als verbitterter alter Mann sterben können. Dann wären Gottes atemberaubende Pläne für sein Leben ewig unerfüllt geblieben. Doch Joseph hatte sein Herz darauf gerichtet, Gott zu gefallen. Er ließ keine Unversöhnlichkeit in seinem eigenen Leben zu, indem er darauf verwiesen hätte, in welchem Ausmaß gegen ihn gesündigt worden war. Er vergab. Er ließ sich nicht von Entmutigung und Selbstmitleid verschlingen, sondern erkannte an, daß sein liebender Gott allezeit mit ihm und hinter den Kulissen am Werk war, um aus üblen Situationen Gutes werden zu lassen. Weil Joseph sich entschied, in seinen Reaktionen Gott zu gefallen, wurden aus seinen Stolpersteinen Sprungbretter.

Wenn wir auf Widerstand stoßen, sollten wir diesen nicht verfluchen, nicht denken, er werde uns den Tag verderben – um nicht zu sagen, unser ganzes Dasein. Diese Macht haben unsere Gegner nicht. Vielmehr schafft Widerstand Gelegenheiten, dem Herrn Jesus Christus ähnlicher zu werden – ihm, der sagte, daß er jederzeit das tue, was dem Vater gefalle (s. Joh. 8,29).

Große Leute wie Joseph sind nicht solche, die es irgendwie fertiggekriegt haben, ein Leben ohne Gegnerschaft zu führen. Große Leute sind solche, die sich entschieden haben, Gott zu gefallen, ohne auf Widerstand zu achten.

Diese Fragen unserer Verantwortung begriffen zu haben, kann ungeheuer befreiend sein und uns dabei helfen, uns auf den Tag vorzubereiten, an dem keine einzige Entschuldigung mehr gelten wird. Hebr. 4,13 sagt:

> „... kein Geschöpf ist vor ihm unsichtbar, sondern alles bloß und aufgedeckt vor den Augen dessen, mit dem wir es zu tun haben.“

8 Menschenfurcht

Was mit am meisten dazu beiträgt, daß wir vom rechten Kurs abkommen, ist, nach der Anerkennung von Menschen zu schielen, statt um die Anerkennung *Gottes* zu ringen. Sprüche 29,25 warnt uns: „Menschenfurcht stellt eine Falle." In diesen Fallstrick gehen wir nicht nur dann, wenn wir fürchten, daß Menschen uns verletzen, erniedrigen oder zurückweisen könnten, sondern auch, wenn wir es darauf anlegen, andere zu beeindrucken.

In diese Falle tappt man nur allzuleicht. Allein der Gedanke *„Was denken die anderen von mir?"* genügt, um sie zuschnappen zu lassen, und es kommt gar nicht darauf an, ob wir den Leuten gute oder schlechte Gedanken über uns unterstellen. Die Gebundenheit resultiert nicht daraus, daß wir die Frage falsch stellen, sondern daraus, daß wir sie überhaupt im Herzen haben.

Während ich als Studienberater an einer christlichen Hochschule tätig war, erklärten verblüffend viele Studienanfänger, daß sie entweder das medizinische oder das juristische Grundstudium aufnehmen wollten. Ich schlug mich damit herum, daß ich mir bei den meisten nicht über die

Motive im klaren war, die sie zu diesem Entschluß bewogen hatten. Ohne Zweifel waren einige darunter, die Ärzte oder Anwälte werden wollten, weil sie es auf dem Herzen hatten, Menschen zu helfen, ihre Begabungen zur Ehre Gottes einzusetzen und anderen Gutes zu tun. Doch andere entschieden sich vermutlich für diese Fächer, weil sie hohes Sozialprestige versprachen.

Menschenfurcht verseucht Entscheidungsprozesse. Wenn es etwa um Berufsfindung geht, kann sie dazu führen, daß wir Fragen wie: *Was hat Gott mit meinem Leben vor?* oder *Wie kann ich anderen Menschen am besten zum Segen werden?* gar nicht mehr wirklich beachten und statt dessen unsere Gedanken um die Frage kreisen: *Welcher Berufsweg würde mich am besten dastehen lassen?*

Menschenfurcht ist auch eine wesentliche Ursache für finanzielle Gebundenheit. Wie leicht leben wir über unsere Verhältnisse, um uns ja ein Haus oder Auto zu kaufen, mit dem wir mehr Eindruck schinden! Die Reklame zielt häufig direkt auf dieses Bedürfnis nach sozialem Prestige. Ein typischer Werbespot für einen Autotyp schärft uns ein, wie groß wir rauskommen würden, wenn wir genau diesen Wagen führen. Unsere Nachbarn würden ihre Gartenarbeit unterbrechen und mit offenem Mund über den Zaun starren, sobald wir zum erstenmal dieses Auto vor unserer Garage parkten! Geht es um ein „männliches" Auto, so darf der Käufer – glaubt er denn der Werbung – damit rechnen, daß er am Steuer dieses Gefährts für die Damenwelt vollends unwiderstehlich sein wird. Unweigerlich wird schon im Werbefilm eine betörende Schöne auf dem Beifahrersitz plaziert sein. Doch wenn wir dann ein Haus bewohnen, das andere neidisch macht, und ein Auto fahren, nach dem alle die Köpfe verdrehen – und selbstverständlich in Designerkleidung einherstolzieren –, werden wir wahrscheinlich zugleich tiefrote Zahlen schreiben.

Ein Student, der mit einer Oberschülerin ging, die drei Jahre jünger war als er, suchte meinen Rat. Ihn selber störte der Altersunterschied nicht, aber seine Kommilitonen im

Wohnheim zogen ihn gnadenlos damit auf. „Wir wollen eines Tages heiraten“, sagte er, „und wen wird es in zehn Jahren noch kratzen, daß wir drei Jahre auseinander sind? Das Problem liegt nicht zwischen meiner Freundin und mir. Das Problem sind meine Mitbewohner, die mich ständig damit hänseln.“

In Wirklichkeit waren nicht seine Mitbewohner das Problem, sondern die Angst, die er vor ihnen hatte. Seine Angst war wie ein riesiges Gummiband, das mit einem Ende um seine Taille gelegt war, während seine Freunde nach Belieben am anderen Ende zogen.

Wenn unsere Kollegen, Kameraden oder Altersgenossen uns unter Druck setzen, haben wir es in der Hand, das Gummiband durchzuschneiden, indem wir sagen: „Ich lebe, um Gott zu gefallen und nicht euch.“

Gottes Heilmittel gegen Heuchelei

An der christlichen Hochschule, wo ich unterrichtete, gab es ein ungewöhnliches Ritual unter einigen Studenten. Schlag zehn Uhr dreißig an Sonntagmorgenden standen diese Herrschaften auf und bevölkerten die Duschräume. Die Herren der Schöpfung gönnten sich eine frische Rasur, die Damen legten Rouge auf und sprühten sich die Haare ein. Darauf legten sie ihren Sonntagsstaat an und marschierten in die Mensa, um am gemeinsamen Essen teilzunehmen. Obwohl sie nicht rechtzeitig aus den Federn kamen, um den Gottesdienst zu besuchen, schien es ihnen sehr darauf anzukommen, den Eindruck zu erwecken, sie seien in der Kirche gewesen.

Die Pharisäer legten Wert darauf, gerecht vor den Menschen zu erscheinen. Sie machten viel Aufhebens um ihre frommen Taten, ihr Fasten, Beten und Almosengeben – alles so, daß möglichst viele es mitbekamen. Ihnen ging es nicht darum, Gott zu gefallen oder Menschen Gutes zu tun – sie wollten die Leute beeindrucken. Diese Pharisäer ging Jesus scharf an:

> „Ihr seid es, die sich selbst rechtfertigen vor den Menschen, Gott aber kennt eure Herzen; denn was unter den Menschen hoch ist, ist ein Greuel vor Gott."
>
> (Lk. 16,15)

Im folgenden Abschnitt macht Jesus warnend darauf aufmerksam, daß Gott nicht *alle* guten Taten belohnen wird. Vielmehr schaut er bei jeder Tat hinter die Kulissen und untersucht die Motive des Herzens:

> „Habt acht, daß ihr eure Gerechtigkeit nicht übt vor den Menschen, um von ihnen gesehen zu werden; sonst habt ihr keinen Lohn bei eurem Vater, der in den Himmeln ist. Wenn du nun Almosen gibst, sollst du nicht vor dir her posaunen lassen, wie die Heuchler tun in den Synagogen und auf den Straßen, damit sie von den Menschen geehrt werden. Wahrlich, ich sage euch, sie haben ihren Lohn dahin."
>
> (Mt. 6,1 f.)

Von anderen Menschen gesehen zu werden ist keine Gewähr für ewigen Lohn. Im Gegenteil: Ewiger Lohn wird verwirkt, wenn jemand gute Taten tut, *um* von anderen dabei gesehen zu werden.

Manche Leute geben den Armen oder spenden für Zwecke der Reichsgottesarbeit, um Menschen zu helfen und Gott zu dienen. Solche werden ewigen Lohn empfangen. Doch andere geben so, daß ihre Großzügigkeit öffentlich hinausposaunt wird. Von ihnen sagt Jesus: „Sie haben ihren Lohn dahin." Sie sind schon belohnt – durch die Bewunderung der Menschen. Herzlichen Glückwunsch!

Wenn wir verstehen, was es mit dem Richterstuhl auf sich hat, wird jedes Motiv zerstört, etwas vorzuspiegeln, was wir nicht wirklich sind. In Lukas 12,1 warnt Jesus uns:

> „Hütet euch vor dem Sauerteig der Pharisäer, das heißt vor der Heuchelei."

In den darauffolgenden zwei Versen stellt Jesus uns dann Gottes Heilmittel gegen Heuchelei vor, und zwar indem er eine äußerst ernüchternde Wahrheit über unsere Zukunft offenbart:

> „Es ist aber nichts verdeckt, was nicht aufgedeckt, und verborgen, was nicht erkannt werden wird; deswegen wird alles, was ihr in der Finsternis gesprochen haben werdet, im Licht gehört werden, und was ihr ins Ohr gesprochen haben werdet in den Kammern, wird auf den Dächern ausgerufen werden."
>
> (Lk. 12,2 f.)

Nichts ist verdeckt, was nicht aufgedeckt werden wird: Von dieser Wahrheit erzählte ich meiner Tochter Jennifer, als sie ungefähr sechs Jahre alt war. Ein paar Wochen später fragte ich sie, ob sich dadurch irgend etwas in ihrem Leben verändert habe. Sie überlegte und antwortete dann: „Ich glaub', ich lüge nicht mehr sehr viel." Ich fragte, wieso nicht, und sie sagte: „Es bringt ja doch nichts!"

Die Furcht Gottes führt zu Integrität – auch dann, wenn uns niemand sieht. Was soll eine Lüge, wenn doch Gott derjenige ist, der unsere Herzen beurteilt? Ehrlichkeit und Integrität sind Charakterzüge von Menschen, die in der Furcht Gottes leben.

Die meisten unehrlichen Leute versuchen gar nicht mal, Gott hinters Licht zu führen – sie haben ihn überhaupt nicht erst auf der Rechnung. Ihnen geht es mehr darum, was andere Menschen meinen, als um das, was Gott denkt.

Bei J. I. Packer lesen wir:

> „Vor Menschen kann ich mein Herz, meine Vergangenheit und meine Zukunftspläne verbergen, vor Gott aber läßt sich nichts verstecken. Ich kann so reden, daß ich meine Mitgeschöpfe über das hinwegtäusche, was ich wirklich bin, aber nichts, was ich sage, vermag Gott zu täuschen. ... Er kennt mich, wie ich wirklich bin, ja, kennt mich besser, als ich mich selbst kenne. ... Das Leben wird zu einer ehrfurchtgebietenden Angelegenheit, wenn wir uns klarmachen, daß wir jeden Augenblick unseres Lebens im Blickfeld und in der Gesellschaft eines allwissenden, allgegenwärtigen Schöpfers zubringen" (J. I. Packer, Knowing God, S. 76).

Schauen wir auf Menschen als unsere Richter, dann haben wir Richter, denen man etwas vorspiegeln kann. Menschen urteilen nach Augenschein, und deshalb können sie übertölpelt werden. Auf menschliche Urteile aus zu sein, bringt Verlogenheit, Heuchelei und Kulissenschieberei hervor.

Wen fürchten Sie?

Menschenfurcht spielte eine maßgebliche Rolle beim Sündenfall. In Eden wurde „nicht ... Adam verführt, sondern die Frau ließ sich verführen und übertrat das Gebot" (1. Tim. 2,14; Einheitsübersetzung). Wieso aß Adam von dem Baum, wenn er nicht er der Verführte war und wenn er wußte, daß Ungehorsam zum Tod führte? Schlicht gesagt: Adam wollte Eva gefallen.

Als die Menschheit unter den Fluch kam, sagte Gott zu Adam:

> „Weil du auf die Stimme deiner Frau gehört und gegessen hast von dem Baum, von dem ich dir geboten habe: Du sollst davon nicht essen! – so sei der Erdboden verflucht um deinetwillen ..."
> (1. Mose 3,17)

Gott machte Adam dafür verantwortlich, daß er sich durch einen anderen Menschen davon hatte abbringen lassen, Gottes Willen zu folgen. Auch uns wird Gott zur Verantwortung ziehen. Wenn er uns etwas sagt und eine dritte Person – und wenn es auch tausend Leute wären – uns etwas anderes sagt, sind wir dafür verantwortlich, daß wir Gott gehorchen und nicht Menschen. In den Worten des mittelalterlichen Mystikers Thomas a Kempis: „Wir sollten es lieber in Kauf nehmen, die ganze Welt gegen uns zu wissen, als Gott zu verletzen."

Jesus hat gesagt, daß auf solche, die willens sind, um seinetwillen Ablehnung und Zurückweisung von Menschen auf sich zu nehmen, im Himmel besonderer Lohn wartet:

> „Glückselig seid ihr, wenn die Menschen euch hassen werden und wenn sie euch absondern und schmähen und euren Namen als böse verwerfen um des Sohnes des Menschen willen; freut

> euch an jenem Tag und hüpft, denn siehe, euer Lohn ist groß in dem Himmel; denn ebenso taten ihre Väter den Propheten."
> (Lk. 6,22 f.)

Wenden wir einmal diese Worte Jesu auf den folgenden Textabschnitt an:

> „Dennoch aber glaubten auch von den Obersten viele an ihn; doch wegen der Pharisäer bekannten sie ihn nicht, damit sie nicht aus der Synagoge ausgeschlossen würden; denn sie liebten die Ehre bei den Menschen mehr als die Ehre bei Gott."
> (Joh. 12,42 f.)

Jesus sagte: „Glückselig seid ihr, wenn die Menschen euch hassen", aber diese Prominenten hatten keine Lust, Haß auf sich zu ziehen. Jesus sagte: „Glückselig seid ihr, wenn sie euch absondern", aber diese Personen des öffentlichen Lebens wollten nicht aus der Gesellschaft ausgeschlossen sein.

Gottes Propheten hingegen war mehr an der Zuneigung Gottes gelegen als an der von Menschen. Sie waren entschieden, ihm zu gefallen, was immer andere denken oder meinen mochten. Groß ist ihr Lohn im Himmel! Ebenso sprach Jesus über diejenigen, die um seiner Sache willen Ablehnung erfahren: Sie werden vor Freude hüpfen, wenn ihr himmlischer Lohn vor ihnen enthüllt wird.

Schließlich sagte Jesus denen, die ihr Leben danach ausrichten, anderen Menschen zu gefallen, folgendes zur Warnung:

> „Wehe, wenn alle Menschen wohl von euch reden, denn ebenso taten ihre Väter den falschen Propheten."
> (Lk. 6,26)

Sauls Streben nach menschlicher Anerkennung

In dem Maß, in dem wir Zurückweisung von unseren Mitmenschen fürchten, sind wir an Menschenfurcht gebunden. König Saul zum Beispiel buhlte um menschliche Anerkennung und wurde zum Sklaven seiner Angst vor Zurückweisung.

Gott hatte Saul den Befehl erteilt, in der Stadt der Amalekiter nach deren Niederringung keinerlei Beute zu machen – ein, wie Sie sich denken können, überaus unpopulärer Befehl, so daß Saul nicht über alle Beutestücke den Bann verhängte. Als Samuel ihn später deswegen zur Rede stellte, gestand der König schließlich seine Sünde ein und verhehlte auch nicht, wie es dazu gekommen war:

> „Ich habe gesündigt, ... denn ich fürchtete das Volk und hörte auf seine Stimme."
>
> (1. Sam. 15,24)

Saul wurde von Gott als König verworfen, weil ihm mehr an dem gelegen war, was das Volk meinen mochte, als an dem, worum es Gott ging.

Daniels unbeugsame Hingabe an Gott

Betrachten wir eine andere Gestalt des Alten Testaments, so sehen wir das Beispiel eines Mannes, der von Menschenfurcht völlig frei war. Daniel lebte zum Wohlgefallen Gottes. Er war drauf und dran, Vizekönig in Babylonien zu werden, ein hochangesehener, einflußreicher Staatsmann:

> „Da übertraf dieser Daniel die Minister und die Satrapen, weil ein außergewöhnlicher Geist in ihm war. Und der König beabsichtigte, ihn über das ganze Königreich einzusetzen."
>
> (Dan. 6,4)

Von Eifersucht getrieben, rotteten sich die anderen Machthaber gegen Daniel zusammen und brachten den König dazu, per Dekret anzuordnen, daß jedermann, der während der nächsten dreißig Tage eine Bitte vor irgendeinen Gott oder einen Menschen außer dem König selbst bringen würde, in die Löwengrube geworfen werden sollte.

> „Und als Daniel erfuhr, daß das Schriftstück ausgefertigt war, ging er in sein Haus. Er hatte aber in seinem Obergemach offene Fenster nach Jerusalem hin; und dreimal am Tag kniete

> er auf seine Knie nieder, betete und pries vor seinem Gott, wie er es auch vorher getan hatte."
>
> (V. 11)

Hätte Daniel Furcht vor Menschen gehabt, so wäre es ihm ein leichtes gewesen, sich dafür zu rechtfertigen, daß er dem königlichen Dekret Folge leistete – schließlich ging es um sein Leben, und das war es ja wohl wert. Eine andere Möglichkeit wäre gewesen, dem Dekret in unauffälliger Weise zuwiderzuhandeln, zum Beispiel, indem Daniel sich beim Beten nicht hingekniet oder einen zurückgezogeneren Platz gewählt hätte.

Selbst wenn Daniel eingeknickt wäre und dem Dekret Folge geleistet hätte, hätte er im Verlauf seiner Karriere noch zu einiger Bedeutung für das Reich Gottes gelangen können. Weil er freilich Gottes Anerkennung derjenigen der Menschen vorzog, waren die Auswirkungen seines Lebens phänomenal.

Nachdem Gott Daniel aus der Löwengrube errettet hatte, erließ der König ein neues Dekret:

> „Von mir ergeht der Befehl, daß man in der ganzen Herrschaft meines Königreichs vor dem Gott Daniels zittere und sich fürchte! Denn er ist der lebendige Gott und bleibt in Ewigkeit; und sein Königreich wird nicht zerstört werden, und seine Herrschaft währt bis ans Ende. Er, der errettet und befreit und Zeichen und Wunder im Himmel und auf der Erde tut, er hat Daniel aus der Gewalt der Löwen errettet."
>
> (Vv. 27 f.)

Die richtige Reaktion auf falsche Anschuldigungen

Ist es Ihnen jemals so ergangen, daß falsche Anschuldigungen gegen Sie erhoben wurden? Wenn wir es lernen, zum Wohlgefallen Gottes zu leben, sollten wir damit rechnen, fälschlich beschuldigt zu werden. Sosehr die Enthüllungen, die uns vor dem Richterstuhl bevorstehen, den Heuchler erschrecken müssen, so freudig darf der zu Unrecht Beschuldigte ihnen entgegensehen. Wer Verleumdungen über sich ergehen lassen mußte, kann nur froh sein, wenn die Wahrheit ans Licht kommt.

Je mehr es uns auf menschliche Anerkennung ankommt, um so mehr werden uns falsche Anschuldigungen stören. Vielleicht ist uns die Anerkennung anderer ja regelrecht zum Götzen geworden. Sobald man uns verleumdet, stehen wir vor einer Weggabelung: Entweder steuern wir auf innere Tumulte zu, indem wir darum ringen, unseren Ruf zu bewahren; oder aber wir finden Trost in der Gewißheit, daß Gott sich nicht von menschlichen Lügen hinters Licht führen läßt.

Jesus selbst wurde als Säufer, Fresser, Bastard und Besessener verleumdet. Bei einer Gelegenheit wurde er von einer Gruppe Juden gefragt: „Sagen wir nicht recht, daß du ein Samariter bist und einen Dämon hast? Jesus antwortete: Ich habe keinen Dämon, sondern ich ehre meinen Vater, und ihr verunehrt mich. Ich aber suche nicht meine Ehre: Es ist einer, der sie sucht und *der richtet*" (Joh. 8,48 ff.; Kursivsetzung vom Vf.).

Jesu Trost angesichts falscher Anschuldigungen war die Besinnung auf den, der wirklich und wahrhaftig richten wird.

> „Er wurde geschmäht, schmähte aber nicht; er litt, drohte aber nicht, sondern überließ seine Sache dem gerechten Richter."
>
> (1. Pt. 2,23; Einheitsübersetzung)

Jesus hat auch gesagt:

> „Wenn sie den Hausherrn Beelzebub genannt haben, wieviel mehr seine Hausgenossen! Fürchtet euch nun nicht vor ihnen. Denn es ist nichts verdeckt, was nicht aufgedeckt, und nichts verborgen, was nicht erkannt werden wird."
>
> (Mt. 10,25 f.)

Es kann uns zum Trost werden, ein Verständnis vom Richterstuhl zu haben. Es tut gut zu wissen, daß „nichts verdeckt [ist], was nicht aufgedeckt ... werden wird". Die Urteile eines menschlichen Gerichts haben nur kurze Zeit Bestand – Gottes Urteil wird ewig bestehen. Vor dem Richterstuhl werden verkehrte, weltliche Einstellungen abgetan werden.

Jedermann, nah oder fern, wird Gottes Sicht von uns übernehmen, denn die Wahrheit wird offensichtlich sein.

Sind wir ob unseres Einstehens für Christus verleumdet worden, so dürfen wir uns freuen; denn Jesus sagt:

> „Glückselig seid ihr, wenn sie euch schmähen und verfolgen und alles Böse lügnerisch gegen euch reden werden um meinetwillen. Freut euch und frohlockt, denn euer Lohn ist groß in den Himmeln."
>
> (Mt. 5,11 f.)

Die Verheißung großen Lohns ruft große Hoffnung und überschwengliche Freude hervor.

Gottes Heilmittel gegen falsche Scham

Schielen wir nach menschlicher Anerkennung, so mag es uns so gehen, daß wir uns dessen schämen, was doch richtig ist, statt des Verkehrten. Diese Art von Scham mindert nicht bloß unsere Nützlichkeit für das Reich Gottes, solange wir auf der Erde sind, sondern auch unseren Lohn im künftigen Leben. Wenn wir uns anderen gegenüber Christi schämen, wird er sich auf dem Richterstuhl unserer schämen:

> „Denn wer sich meiner und meiner Worte schämt unter diesem ehebrecherischen und sündigen Geschlecht, dessen wird sich auch der Sohn des Menschen schämen, wenn er kommen wird in der Herrlichkeit seines Vaters mit den heiligen Engeln."
>
> (Mk. 8,38)

Gottes Heilmittel für diese Art Scham wird uns in einer Passage von John Bunyans meisterhafter Allegorie *Pilgerreise zur ewigen Seligkeit* nahegebracht, und zwar in einer Szene, wo die Gestalt *Getreu* seinem Freund *Christ* davon erzählt, wie er von *Scham* angegangen wurde, einem der raffiniertesten Handlanger des Feindes:

> „*Getreu.* [Ich traf] einen namens *Scham*; aber niemand trägt seinen Namen weniger mit Recht als er. Denn alle anderen, die ich auf meiner Pilgerschaft traf, ließen sich doch endlich von

mir abschütteln; aber mit diesem frechen *Scham* konnte man wirklich zu keinem Ende kommen.

Christ. Wieso? Was sagte er denn zu dir?

Getreu. ... ‚Es ist‘, sagte er, ‚für einen Mann durchaus eine entehrende Sache, sich um das Christentum zu kümmern; ein zartes Gewissen ist etwas Unmännliches; wer über alle seine Worte und Werke wachen und seine edel Freiheit verleugnen wollte, würde sich zum Spott und Gelächter der Welt machen. Von jeher sind nicht viel Mächtige, nicht viel Reiche und Weise diesen Weg gegangen. ... Die Pilger sind jederzeit die geringsten, unwissendsten und verachtetsten Leute gewesen. ... Schämen sollte man sich, unter einer Predigt zu weinen und dann seufzend und schluchzend nach Hause zu kommen; den Nachbarn um eines kleinen Fehlers willen um Verzeihung zu bitten und das wiederzuerstatten, was man ihm entwendet.‘ Er sagte auch: ‚Durch das Christentum wird man der vornehmen Welt und ihren höheren Genüssen – wie er deren Laster nannte – entfremdet, indem man mit geringen Leuten Brüderschaft macht – und das ist doch fürwahr eine Schande.‘

Christ. Nun, und was antwortetest du hierauf?

Getreu. Anfangs wußte ich nicht, was ich sagen sollte. Ja, er setzte mir so zu, daß mir das Blut ins Gesicht stieg, und er hätte mich beinahe überwunden. Endlich gedachte ich des Spruches: ‚Was hoch ist unter den Menschen, das ist ein Greuel vor Gott‘ (Luk. 16,15). *Scham* aber, so sagte ich mir, redet nur von Menschen und nicht von Gott und Gottes Wort, und am Jüngsten Tag wird das Urteil zum Leben oder zum Tod sich nicht nach den stolzen Geistern der Welt richten, sondern nach der Weisheit und dem Gesetz des Höchsten. Was Gott für gut erklärt, dachte ich, das ist gut, und wenn alle Welt dawider wäre. Indem ich nun wohl erkannte, daß Gottesfurcht und ein zartes Gewissen der Herr liebt, daß die, die in den Augen der Welt für Narren gelten, die Weisesten sind im Reich Gottes, und daß der Arme, der Christus liebt, reicher als der angesehenste Mann ist, der Ihn haßt, so rief ich in der Kraft des Herrn: ‚*Scham*, weiche von mir, du Feind meiner Seligkeit! Sollte ich dir nachgeben gegen den Willen des Herrn! Wie dürfte ich Ihm bei Seiner Wiederkunft ins Angesicht schauen! Wollte ich mich jetzt der Wege des Herrn und Seiner Diener schämen, wie könnte ich dann auf den verheißenen Segen hoffen?‘“

> (J. Bunyan, Pilgerreise zur ewigen Seligkeit, 7. Aufl. 1967, S. 88 ff.)

Genauso sollten wir uns verhalten, wenn *Scham* an uns herantritt. Wir sollten uns von dem abwenden, was die Menschen denken, und uns auf das konzentrieren, was Gott denkt. In Jesaja 2,22 heißt es:

> „Laßt ab vom Menschen, in dessen Nase nur ein Hauch ist! Denn wofür ist er zu achten?"

Einer der Gründe, die den Apostel Paulus so effektiv machten, war, daß er sich nicht damit abgab, was Menschen über ihn dachten, so daß er schreiben konnte:

> „Mir aber ist es das Geringste, daß ich von euch oder von einem menschlichen Gerichtstag beurteilt werde. ... Der mich aber beurteilt, ist der Herr."
>
> (1. Kor. 4,3 f.)

Ironischerweise ist es so, daß wir, je mehr wir es lernen, Gott mehr zu fürchten als die Menschen, in eine neue Freiheit hineinwachsen, ebendiese Menschen zu lieben. Können wir denn andere überhaupt ehrlich lieben, solange wir darauf aus sind, sie zu beeindrucken, oder Angst haben, von ihnen abgelehnt zu werden? Die Sorge um unser eigenes Prestige hält uns davon ab, mit ganzem Herzen ihr Bestes zu suchen. Erst wenn wir unsere ichbezogenen Handlungsmuster ablegen, sind wir innerlich frei, andere wirklich zu lieben.

Gefallen oder nicht gefallen?

Ist es richtig oder verkehrt, wenn man versucht, Menschen zu gefallen? Falsch ist es, wenn unser Motiv darin besteht, andere beeindrucken zu wollen oder uns keine Ablehnung zuzuziehen. Paulus gesteht ein, daß er in früheren Zeiten versuchte, aus verkehrten Beweggründen heraus vor anderen Eindruck zu schinden. In Galater 1,10 sagt er:

> „Wenn ich noch Menschen gefiele, so wäre ich Christi Knecht nicht."

Auf der anderen Seite ist es richtig, wenn wir Menschen gefallen möchten – soweit unser Motiv darin liegt, ihnen wohltun zu wollen. Paulus schreibt auch:

> „... wie ich auch in allen Dingen allen zu gefallen strebe, dadurch daß ich nicht meinen Vorteil suche, sondern den der vielen, daß sie errettet werden."
>
> (1. Kor. 10,33)

Wir wollen versuchen, diesen scheinbaren Widerspruch aufzulösen, indem wir die Beweggründe zweier Frauen betrachten, die es beide lieben, aufwendige Parties zu geben. In den Augen ihrer Gäste sind alle beide ganz besondere Gastgeberinnen, die sich großzügig und charmant um ihre Gäste kümmern.

Während die erste unserer beiden Frauen damit beschäftigt ist, die Vorbereitungen zu ihrer Party abzuschließen, trifft sie den Entschluß, ihre Gäste so zu behandeln, wie sie selbst sich gern behandelt sähe. Sie prägt sich nochmals ihre Gästeliste ein, damit sie auch jeden mit Namen begrüßen kann. Sie nimmt sich vor, Neuankömmlinge den anderen Gästen vorzustellen, damit sie sich nicht so fremd fühlen. Sie hat die Hoffnung, den einen oder anderen ihrer Gäste ermutigen zu können, von dem sie weiß, daß er gerade schwierige Zeiten durchmacht. Als es an der Tür klingelt, macht sie mit lächelndem Gesicht auf.

Auch die zweite Frau geht ihre Gästeliste wieder und wieder durch, aber bei ihr geschieht das aus Angst, sie könnte den Namen eines wichtigen Gastes vergessen. Sie ärgert sich über die Eheprobleme von Bob und Janet, weil sie fürchtet, die zwei könnten ihr die Party verderben, indem sie eine Szene machen. Gleich morgens staucht sie ihren Sohn zusammen, der sein Zimmer nicht aufgeräumt hat. „Wenn unsere Gäste dein Zimmer in diesem Zustand sehen", sagt sie, „werden sie uns ja für asozial halten!" Ein letztes Mal durchstreift sie das ganze Haus und sieht sich mit Argusaugen um, ob auch ja alles in perfekter Ordnung ist. Als es an der Tür klingelt, macht sie mit lächelndem Gesicht auf.

Beide Parties verlaufen gut, und beide Gastgeberinnen sind zufrieden: die erste, weil ihre Gäste sich wohlgefühlt haben; die zweite, weil der Abend ihr Prestige gefördert hat. Die erste Frau dürfte sich Hoffnungen auf ewigen Lohn machen, die zweite hat ihren Lohn schon erhalten.

Wenn wir nach ewigem Lohn trachten, müssen wir uns darin üben, Gott mehr zu fürchten als die Menschen. Gottesfurcht setzt frei, Menschenfurcht legt einen Fallstrick. Unsere Menschenfurcht kann uns davon abhalten, so zu handeln, wie es für die Menschen am besten ist. So erging es Eli, der sich vor seinen eigenen beiden Söhnen fürchtete (s. 1. Sam. 2,22-36). Gott bestrafte Eli, „denn er hat gewußt, daß seine Söhne Gott in Verachtung bringen, und er ist ihnen dennoch nicht entgegengetreten“ (1. Sam. 3,13; Menge). „Du ehrst deine Söhne mehr als mich“ (1. Sam. 2,29) – mit diesem Wort schalt Gott den Eli.

Paulus liefert uns ein Gegenbeispiel: Seine Freiheit von jedweder Menschenfurcht machte ihn erstaunlich kühn „trotz aller Widerstände“ (1. Thess. 2,2; Hoffnung für alle). Er hörte nicht auf zu tun, was für die Menschen zum besten war, predigte die Gute Nachricht trotz eifernder Verfolgung. Er verrät uns sein Geheimnis:

> Wir reden, „nicht um Menschen zu gefallen, sondern Gott, der unsere Herzen prüft“. Wir suchten nicht „Ehre von Menschen, weder von euch noch von anderen ...“
>
> (Vv. 4.6)

9 Sich das Herz eines Dieners aneignen

Hinter der Tür sind Herzensfriede und stetige Freude zu Hause. Hinter der Tür leben Freundlichkeit, Zuwendung und Fruchtbarkeit. Diejenigen, die hinter dieser Tür wohnen, erleben einen Reichtum des Lebens, wie ihn sich die meisten Menschen in ihren kühnsten Träumen nicht vorstellen können. Sie werden „reich ... in guten Werken“ (1. Tim. 6,18). Sie entzücken ihren Herrn und Meister. Ihm sind sie nützlich. Sie werden groß sein in seinem ewigen Reich, für alle Zeit ihm nahe.

Welche herrliche Tür ist das? Die Tür der Demut.

Unglücklicherweise wird der Gedanke der Demut häufig mißverstanden. Jedenfalls in meinem Leben war es so. Drei Monate nachdem ich als Oberschüler Jesus Christus mein Leben übergeben hatte, nahm ich zum erstenmal an einer christlichen Freizeit teil, wo ich einen wohlmeinenden Prediger sagen hörte: „Die Straße zur Demut heißt Demütigung." Ich ging davon aus, daß er wußte, wovon er sprach, und dachte, noch nicht begriffen zu haben, was das Geheimnis geistlichen Wachstums sei. So dachte ich über diverse Techniken der Selbsterniedrigung nach und fand schließlich eine Methode, mit der ich mich vor vielen Leuten zum Narren machen konnte: Ich entschloß mich, in den Unterrichtspausen, während in den Korridoren des Schulhauses Hochbetrieb herrschte, freiwillig den Müll vom Fußboden aufzusammeln.

Meine Klassenkameraden kriegten den Mund nicht wieder zu, als sie sahen, was ich da machte. Mitunter war mir das Ganze so peinlich, daß ich irgendwelches Papier, das ich aufgehoben hatte, schnell wieder fallenließ, wenn sich einer meiner Freunde näherte. Danach hatte ich Schuldgefühle und marschierte oft den ganzen Weg durch die langen Korridore wieder zurück, um das Stückchen Papier erneut aufzusammeln, das ich wieder weggeworfen hatte.

Heute bin ich froh, sagen zu können, daß Gott eine bessere Methode kennt! Die Straße zur Demut heißt eben nicht Demütigung. Wenn wir in Peinlichkeiten geraten, denken wir mehr und nicht weniger über uns selber nach. Das hat nichts mit echter Demut zu tun.

Bevor wir anfangen, uns selbst demütigen zu wollen, sollten wir besser einen Blick auf Gottes Handlungsanweisungen werfen. Wenn wir uns selbst dadurch klein machen, daß wir ständig auf unserem Zukurzkommen und Versagen herumreiten, mögen wir vielleicht demütig erscheinen, in Wirklichkeit aber drehen sich unsere Gedanken endlos um uns selbst.

Nicht wenn wir uns selbst entwürdigen, sind wir demütig, sondern wenn wir unseren Blickpunkt ganz von uns selbst wegschieben. Wahre Demut besteht nicht darin, geringschätzig von sich selbst zu denken, sondern darin, weniger an sich selbst zu denken. In den Worten von C. S. Lewis:

> „Der wahrhaft demütige Mensch erweckt keineswegs *den* Eindruck von Demut, den wir mit dem Wort verbinden. Er ist kein schmieriger, kriecherischer Typ, der uns ständig erzählt,

daß er – natürlich – völlig unbedeutend sei. Im Gegenteil! Er wird auf uns eher den Eindruck eines aufgeschlossenen und heiteren Menschen machen, der sich wirklich für das interessiert, was andere ihm erzählen. Wenn wir ihn nicht mögen, dann deshalb, weil wir ein bißchen neidisch sind auf jeden, der das Leben so scheinbar leichtnimmt. Er wird nicht über die Demut nachdenken, er wird sich selbst nicht so wichtig nehmen." (C. S. Lewis, Pardon, ich bin Christ, 1988, S. 119).

Eine nach außen gewandte Blickrichtung zu bekommen ist von vitalem Interesse dafür, daß wir geistlich wachsen und fruchtbar sind. Gewisse Probleme werden wie Kletten an uns haften, solange wir uns zu sehr um uns selbst drehen: Probleme wie Furchtsamkeit, Niedergeschlagenheit, Langeweile und Einsamkeit. In diesem Kapitel wollen wir uns damit beschäftigen, wie wir jedes einzelne dieser Probleme unter die Füße bekommen können. Jede Form der vorrangigen Beschäftigung mit uns selbst – mag sie im konkreten Fall aussehen, wie sie will – ist Stolz.

Stolz hat viel mehr auf sich, als daß wir uns schlicht überlegen fühlen oder arrogant auftreten. Stolz ist in unseren eigenen Herzen angelegt. Manche Leute sind voll von sich selbst, indem sie ständig denken, was für tolle Typen sie doch sind. Andere sind voll von sich selbst, indem sie sich für absolut bemitleidenswert halten. Einige bringen Stunden um Stunden damit zu, sich durchzustylen, und bewundern sich dann selbst vorm Spiegel, während andere voll Abscheu auf ihr Spiegelbild starren. Doch bei allen diesen Menschen ist das Denken unweigerlich aufs eigene Ich gerichtet.

Als Gott dem Mose auftrug, sein Volk aus der Gefangenschaft hinauszuführen, erwiderte Mose: „Wer bin ich, daß ich zum Pharao gehen und die Söhne Israel aus Ägypten herausführen sollte? ... Ich bin kein redegewandter Mann, weder seit gestern noch seit vorgestern, ... denn unbeholfen ist mein Mund und unbeholfen meine Zunge. ... Ach, Herr! Sende doch, durch wen du senden willst!" (2. Mose 3,11; 4,10.13.) Moses Antwort mag demütig klingen, doch im nächsten Vers heißt es: „Da entbrannte der Zorn des HERRN gegen Mose ...“ *Wieso wurde Gott so böse? Schauen wir genauer hin.*

Auf mindestens dreierlei Weise hob Mose sich selber hoch. Als erstes antwortete er so, als wisse er besser Bescheid als Gott: *Herr, du hast das vielleicht noch nicht so richtig mitgekriegt, aber ich bin noch nie ein guter Redner gewesen. Ich will dir ja nicht reinreden, weißt du, aber du hast auf jeden Fall den falschen Mann ausgesucht. Hättest du bloß meinen Rat eingeholt, dann wüßtest du's jetzt besser und hättest dir das Ganze hier sparen können.*

Zweitens verließ Mose sich auf sich selbst und seine eigenen Fähigkeiten. Einwand auf Einwand brachte er vor, weil er meinte, der Aufgabe nicht genügen zu können. Und mochte Gott sich noch so sehr mühen, ihm eine wichtige Wahrheit begreiflich zu machen – daß es nicht nämlich darauf ankommt, wer wir sind, sondern, daß er mit uns sein möchte –, Mose nahm Gottes Unterweisung nicht auf. Er blieb dabei, auf seine eigene Unzulänglichkeit zu schauen. Weil er sein Vertrauen nicht auf Gott setzte, wurde sein Herz von Furcht ergriffen.

Drittens wollte Gott, daß Mose zwei Millionen Menschen aus der Sklaverei befreite. Doch Mose scherte sich nicht um die zwei Millionen. Ihn interessierte nur einer: Mose. Das ist nicht Demut, sondern verkappter Stolz. Gott wollte Moses Blick auf die richten, denen zu helfen er gesandt war.

Wie werden wir frei von Ichbezogenheit?

Also: Wie können wir uns davon befreien, uns immer nur um uns selbst zu drehen? Auf zweierlei Weise: indem wir unsere Sorgen auf den Herrn werfen und uns auf die Belange anderer Menschen konzentrieren. Sehen wir uns beide Punkte genauer an.

1. Unsere Sorgen auf den Herrn werfen

Im 1. Petrusbrief offenbart Gott den ersten Weg, um unseren Blick von uns selbst wegzubekommen. Dieser Bibeltext hat mein Leben verändert. Irgendwann zeigte mir jemand, daß zwei vertraute Verse in 1. Petrus 5 gedanklich zusammenhängen. Im ersten dieser Verse befiehlt uns Gott, uns zu demütigen, und im zweiten sagt er uns, wie das geschehen kann:

> „Demütigt euch nun unter die mächtige Hand Gottes, damit er euch erhöhe zur rechten Zeit, indem ihr alle eure Sorge auf ihn werft; denn er ist besorgt für euch."
>
> (Vv. 6 f.)

Ich hatte vorher nie begriffen, daß Stolz und Furchtsamkeit zusammenhängen. Und doch ist es so: Solange Ängste und Sorgen uns im Kopf herumschwirren, sind wir in unserer eigenen kleinen Welt gefangen. Anderen gegenüber können wir nicht einfühlsam sein, weil wir gar nicht erst an andere denken. Deshalb befiehlt Gott uns, unsere Blickrichtung zu korrigieren, indem wir unsere Sorgen auf ihn werfen. Dadurch wird unsere Selbstfixierung aufgebrochen, und wir werden frei, uns wieder auf Gott und andere Menschen zu konzentrieren.

Das war das Geheimnis geistlichen Wachstums, das ich gesucht hatte! Als ich diese Wahrheit begriff, erfuhr ich den ersten Boom geistlichen Wachstums in meinem Leben. Bis dahin hatte in meiner Gedankenwelt ein ständiger Krieg getobt. So aufgewühlt und verwirrt war ich, daß ich manchmal zum Herrn sagte: „Herr, ich müßte mal Urlaub von meinen Gedanken machen!" Doch sobald ich anfing, meine Sorgen auf ihn zu werfen, zeitigte das erstaunliche Folgen: In mein Hirn und mein Herz zog Friede ein. Und als ich gelernt hatte, fortwährend meine Sorgen abzuwerfen, legte sich der ganze Aufruhr meiner Seele.

Durch diesen einen Text, 1. Petrus 5,6 f., segnete Gott mich nicht bloß mit Frieden in meinen Gedanken, sondern schenkte mir auch Klarheit des Denkens.

Ich möchte noch einflechten, daß mich während dieser ersten paar Jahre meines Christseins häufig ein Gedanke beschlich, der „unwerfbar" zu sein schien. Ich versuchte wohl, ihn auf den Herrn zu werfen, aber er schien nur gegen die Decke zu prallen und in meine Gedanken zurückzufallen – eine Erfahrung, die mir so lange den Frieden raubte, bis mir der Herr zeigte, was sich hinter den Kulissen abspielte: Satan hatte einen Brandpfeil auf mich abgeschossen. Das Problem war nicht mehr nur die Ängstlichkeit selbst, sondern auch eine subtile Lüge, die ich in mich aufgenommen hatte: *Diese Last kannst du nicht auf den Herrn werfen* – ein Gedanke, der doch offenkundig Gottes Befehl zuwiderlief, „alle" unsere Sorgen auf ihn zu werfen. Was immer uns Gott zu tun befiehlt, das zu tun gibt er uns auch die Befähigung. Als ich die Lüge erkannte und als solche entlarvte, hatte ich erneut die Freiheit, die Bürde auf den Herrn zu werfen.

Eines Sonntagmorgens sollte ich in einer großen Gemeinde predigen. In der vorangegangenen Woche hatte ich nicht gerade viel Zeit mit Gottes Wort zugebracht, weswegen ich mich schuldig fühlte. Ich fürchtete, Gott würde vielleicht zu mir sagen: „Du hast dich ja nicht um mein Wort gekümmert, also sieh mal zu, wie du heute morgen alleine klarkommst, ohne meine Salbung! Vielleicht lernst du was aus dieser Erfahrung."

Während ich die Botschaft, die ich mir zurechtgelegt hatte, im Kopf nochmal durchging, dachte ich: *Das wird ein Fiasko geben! Ich werde mich total zum Narren machen!*

Doch Gott dachte überhaupt nicht, was ich vermutet hatte, daß er denken würde. Ungefähr eine halbe Stunde, bevor ich mich morgens auf den Weg machte, drang er zu mir durch und sagte schlicht: „Mein Sohn, wirf alle deine Sorgen auf mich." Erleichtert seufzte ich auf, und der Friede Gottes begann in mein Herz zu strömen.

Ich erzähle diese Geschichte wegen dem, was als nächstes passierte. Mein Blick wandte sich denen zu, denen ich predigen wollte, und ich fing an, darüber nachzudenken, wie ich ihnen zum Segen sein konnte. Bis dahin hatten sich meine Gedanken ganz und gar um mich selbst gedreht – so lange, bis ich meine Sorgen auf den Herrn warf.

An diese Lehre kann sich eine Gefahr knüpfen, die wir erkennen müssen. Ein Student zum Beispiel könnte sagen:

„Hey, das mit dem Sorgen-auf-den-Herrn-Werfen gefällt mir! Herr, am Freitag hab ich 'ne wichtige Prüfung, die leg' ich in deine Hand. Ich werde nicht dafür üben, sondern einfach dir vertrauen. Du verfügst ja über alles Wissen. Es ist ein *Multiple-choice*-Test, weißt du, das sollte dir eigentlich keine Schwierigkeiten machen. Führ mir einfach die Hand, Herr."

Oder ein Familienvater – er könnte sagen: „Das ist 'ne wundervolle Sache, unsere Sorgen auf den Herrn zu werfen! Herr, ich leg' dir die finanzielle Situation meiner Familie in die Hände. Ich hab keine Lust mehr zu arbeiten. Matthäus 6 sagt, daß du die Vögel des Himmels ernährst, ohne daß sie säen oder ernten oder in Scheunen sammeln – also muß ich das auch nicht! Herr, ich übergeb' dir all meine Verantwortung."

Natürlich würde der Herr dazu sagen: „Und ich geb' sie dir postwendend zurück!" Gott will unsere Sorgen haben, nicht unsere Verantwortung.

Und irren Sie sich nicht: Seine Anweisung, die Sorgen abzuwerfen, ist nicht bloß ein Vorschlag. Der Gott des Universums *befiehlt* uns, unsere Sorgen auf ihn zu werfen. Mag es uns auch als läßliche Sünde vorkommen, eine Sorge zurückzubehalten – für Gott ist eine große. Achten Sie einmal darauf, in welcher Gesellschaft sich diese spezielle Sünde im folgenden Text befindet:

> „Hütet euch aber, daß eure Herzen nicht etwa beschwert werden durch Völlerei oder Trunkenheit und Lebenssorgen und jener Tag plötzlich über euch hereinbricht. ... Wacht nun und betet zu aller Zeit, daß ihr würdig geachtet werdet, diesem allem, was geschehen soll, zu entfliehen und vor dem Sohn des Menschen zu stehen."
>
> (Lk. 21,34.36)

Ängste festzuhalten ist die Sünde eines nicht an Gott ausgelieferten Herzens. Stolz aber ist etwas, was Gott verabscheut. Der Vers, der direkt vor der lebensverändernden Passage in 1. Petrus 5 steht, lautet:

> „Gott widersteht den Hochmütigen, den Demütigen aber gibt er Gnade.“
>
> (V. 5)

Deswegen sollten wir Gottes Befehl genaunehmen. Sorgen sind nicht zu tolerieren. Im Hinblick auf die Wiederkunft Jesu drängt uns das Wort Gottes:

> „... befleißigt euch, unbefleckt und tadellos vor ihm im Frieden erfunden zu werden.“
>
> (2. Pt. 3,14)

„Gott, damit werd' ich schon allein fertig!“

Als meine Frau Marcy und ich im Hauptstudium waren, klopfte eines Tages eine Freundin namens Vicky an unsere Wohnungstür. Kaum hatten wir aufgemacht und sie hereingebeten, als sie schon in Tränen ausbrach und anfing, davon zu erzählen, daß sie sich Sorgen machte, die Beziehung zu ihrem Freund könne in die Brüche gehen. Sie hatte Angst, sich eine Zukunft ohne ihn vorzustellen.

Wir luden Vicky ein, mit uns zu essen, und nachdem sie mit ihrer Geschichte fertig war, ermutigten wir sie, ihre Sorgen auf den Herrn zu werfen. Sie tat es. Freund oder kein Freund, sie entschied sich, ihre Zukunft in die Hände eines weisen, liebenden Vaters zu legen. Man konnte an ihrem Gesicht ablesen, wie sich ihr Inneres veränderte. Sie erlebte Freisetzung im Herrn.

Sie blieb noch eine Stunde oder so, unterhielt sich mit uns und war fröhlich. Doch als sie aufbrechen wollte, fiel alle Fassung wieder von ihr ab. Ich fragte, was ihr gerade in den Kopf gekommen sei, und sie antwortete: „Ich hab gerade Angst gekriegt, daß der Friede, den ich jetzt habe, vielleicht nicht bleibt.“

Verstehen Sie, was der Feind zu tun versuchte? Noch ehe sie aus unserer Wohnung wieder fort war, flüsterte er ihr ein: „Hier, noch 'ne Sorge für dich!“

Sorgen zeigen an, daß wir nicht im Vertrauen auf Gott leben, sondern die Dinge in unsere eigenen Hände nehmen wollen. Doch Gott in seiner großen Liebe befiehlt uns, *alle* unsere Sorgen auf ihn zu werfen: Sorgen um unsere Beziehung, um die Arbeit, unser geistliches Leben, unsere Ehe, die Kinder, ums Geld und die Zukunft. Ängstlichkeit ist in keinem Falle zu rechtfertigen, weil sie auf Stolz basiert. Bleiben wir ängstlich, so entscheiden wir uns, die Hebel in der Hand zu halten. Wir wollen selbst „Gott" über der betreffenden Situation sein, die Dinge auf eigene Faust regeln – so, als würden wir am Schaltpult unseres Lebens bessere Arbeit leisten können als der Herr!

Wenn das Vertrauen schwerfällt

Finden wir es schwierig, unsere Sorgen auf den Herrn zu werfen und die Kontrolle aus der Hand zu geben, so könnte das daran liegen, daß wir noch nicht wirklich glauben, was im zweiten Teil von 1. Petrus 5,7 steht: „Er ist besorgt um euch." Das ist er wirklich!

Manche Leute halten Gott für so groß, daß sie glauben, er habe nur das große Ganze im Auge: Galaxien, aber nicht einzelne Menschlein. Das ist ein Gottesbild, welches Gott verkleinert! In Wahrheit ist Gott *so* groß, daß er uns mit Namen kennt; und aufgrund seiner gewaltigen, tiefen Liebe zu uns berührt ihn alles, was uns berührt. Kein einziges Problem ist ihm zu groß oder zu klein.

Was für ein mächtiger Wegbegleiter! Nichts wird Gott jemals aus dem Konzept bringen oder einschüchtern können. Jedes Problem durchschaut er und weiß, wie es zu lösen ist. Er ist unübertrefflich darin, aus nachteiligen Situationen Gutes erwachsen zu lassen. Und er ist stets und ständig für uns da, nie nachlassend in seiner Treue. Mögen auch wir ihm manchmal den Rücken kehren, er wendet sich nie von uns ab.

Warum also sollten wir ihm nicht vertrauen, nicht unsere Köpfe an seine Brust legen? Er heißt uns an diesem Platz willkommen. Er möchte, daß wir ihm „anhangen" (Jos. 22,5).

Gibt es einen Bereich, in dem wir uns vor dem Willen Gottes fürchten, so werden wir ihm diesen Bereich nicht anvertrauen. Doch Mangel an Vertrauen betrübt Gott und ist ein massives Hindernis unseres Wachstums in Christus. Hinter dem Mangel an Vertrauen verbirgt sich eine Lüge, die Gottes Güte leugnet. In Wahrheit macht sich Gott weitaus mehr Gedanken um unser Lebensglück und unsere Erfüllung, als wir selbst es jemals tun könnten. Er will das Allerbeste für uns.

Manchmal beten wir wegen einer Sorge, und doch kehrt die Furcht zurück. Das geschieht oft, wenn wir Gott bitten, unsere eigenen Pläne gelingen zu lassen, und fürchten, er könnte uns womöglich nicht geben, was wir wollen. („Mein Reich komme, mein Wille geschehe ...“) *Wenn wir etwas in Gottes Hände abgeben, müssen wir seine Güte anerkennen. Es mag angehen, daß wir unsere Pläne nicht erfüllt sehen, aber das ist in Ordnung. Wenn er einen anderen Plan hat, dann ist es ein besserer Plan.*

Hannah Whitall Smith schrieb:

> „Er ist unser Vater, Er liebt uns und weiß, was am besten für uns ist. Darum ist Sein Wille unter allen Umständen das Beste, was uns begegnen kann. Ich verstehe nicht, wie es kommt, daß so viele Christen für diese Tatsache blind sind. Aber es scheint wirklich so, als ob Gottes Kinder sich mehr vor Seinem Willen fürchten, als vor allem andern im Leben – vor Seinem liebenden Willen, der nur Liebe, Freundlichkeit und Barmherzigkeit und unaussprechlichen Segen für ihr Leben bedeutet! Ich wünschte nur, ich könnte jedem Gotteskind die grenzenlose Güte des Willens Gottes zeigen. Der Himmel ist ein Ort unendlicher Seligkeit, weil dort Sein Wille vollkommen erfüllt wird. Wir erleben diese Seligkeit in dem Maße, in dem wir Seinen Willen ganz tun. Er liebt uns – Er *liebt uns*, sage ich, und der Wille der Liebe ist immer zum Segen für den Geliebten“ (H. W. Smith, Das Geheimnis eines glücklichen Christenlebens, 1988, S. 35).

Je mehr wir über die Wahrheit nachsinnen, wie Gott wirklich ist, um so tiefer wird unser Vertrauen, und es wird uns eine Lust sein, unsere Sorgen – und unser ganzes Leben – in seine Hände zu legen.

2. Das Gute des Nächsten suchen

Der zweite Weg, auf dem wir von Ichbezogenheit frei werden, besteht darin, sich auf die Bedürfnisse anderer Menschen zu konzentrieren. Gott zu dienen, indem man anderen hilft, läßt uns das Geheimnis des Lebens entdecken! Jesus sagt:

> „Wer sein Leben verliert um meinetwillen, wird es finden."
> (Mt. 10,39)

Auf diesem Wege entdecken wir das Leben, so wie Gott es sich gedacht hat.

Ich hörte von einem Arzt, der die Teilhaberschaft an einer einträglichen Gemeinschaftspraxis in Kalifornien aufgab, um Missionsarzt in Afrika zu werden. Hinter seinem Rücken machten einige seine Partner keinen Hehl daraus, daß sie diese seine Entscheidung unbeschreiblich töricht fanden. Als er davon durch den Brief eines Freundes Wind bekam, schrieb er zurück: „Sag ihnen, daß ich jetzt endlich entdeckt habe, was es wirklich heißt zu leben."

In seinem Buch *The Kingdom of God Is a Party* erzählt Anthony Campolo von einem Erlebnis, das er machte, als er nach Hawaii unterwegs war, wo er auf einer christlichen Konferenz sprechen sollte. Um von seiner Heimat, Pennsylvania, dorthin zu gelangen, hatte Tony eine Menge Zeitzonen durchqueren müssen, so daß seine innere Uhr völlig durcheinander war. Eines Morgens wanderte er um halb vier durch die Straßen Honolulus, um ein Café zu finden, in dem er frühstücken konnte. Schließlich stieß er auf ein kleines Restaurant, das noch geöffnet hatte. Er setzte sich hin und bestellte.

Plötzlich rauschte eine Gruppe von Frauen herein und nahm Platz. Aus ihrem Aufzug und ihren Redensarten konnte er schließen, daß es sich um Prostituierte handeln mußte. Tony schnappte auf, wie eine der Frauen den anderen erzählte, daß sie am nächsten Tag Geburtstag habe. Ihre Freundinnen antworteten ihr voller Zynismus, sie wolle doch bloß die Aufmerksamkeit auf sich ziehen. Nachdem die Frauen gegangen waren, fragte Tony den Wirt hinter der Theke, ob er den Namen der betreffenden Frau kenne. Dann traf er in der Hoffnung, sie etwa um dieselbe Zeit am nächsten Morgen in der Kneipe wiederzusehen, seine Vorkehrungen.

Tatsächlich kam sie wieder und war völlig verblüfft, auf ihrem Tisch einen Geburtstagskuchen mit ihrem Namen darauf vorzufinden, ein Essen, das für sie vorbereitet war, und eine ganze Gaststube voller Prostituierter, die von ihrer Geburtstagsfeier gehört hatten.

Als Tony mit den Frauen *Happy Birthday* anstimmte, rannen dem Geburtstagskind die Tränen über die Wangen. Wie sich herausstellte, hatte die Frau noch nie in ihrem Leben einen Geburtstagskuchen bekommen, und niemand hatte ihr je an ihrem Geburtstag ein Ständchen gesungen (A. Campolo, The Kingdom of God Is a Party, 1990, S. 3-8).

Diese Geschichte inspiriert mich. Ich möchte ein Mensch sein, den Gott gebraucht. Ich möchte, daß mein Leben für andere eine Quelle von Segen ist. Ich wage zu sagen, daß jene Frau an ihrem Geburtstag dem Reich Gottes ein Stück näher gekommen ist.

Wodurch erkannte Tony Campolo diese Gelegenheit? Was beschäftigte seine Gedanken? Ich glaube fast, er hatte über einige Bibelverse nachgedacht, die uns herausfordern, aus unserer Ichbezogenheit auszubrechen.

Wenn uns daran gelegen ist, außergewöhnlich liebevolle Menschen zu werden, sollten wir auf die verschiedenen Wege achten, die die Bibel uns weist, um das Herz eines Dieners zu erlangen. Drei davon wollen wir uns vor Augen halten.

Liebe deinen Nächsten wie dich selbst

Manchmal fühle ich mich gar nicht danach, die Armen, die Leidenden oder die Unerretteten zu lieben. Woher kann mir die Motivation zufließen, die ich brauche, um mich um sie zu kümmern? Sollte ich vielleicht versuchen, mich selbst anzustacheln, indem ich Schuldgefühle entwickle?

Gott hat einen anderen Zugang, und zwar einen weitaus wirksameren. Die Motivation, derer wir bedürfen, fließt aus unserem Gehorsam gegenüber Jesu Wort:

> „Du sollst deinen Nächsten lieben wie dich selbst."
>
> (Mk. 12,31)[4]

Dieses Prinzip illustriert Jesus mit der Geschichte vom guten Samariter. Sagte Jesus, der Samariter habe mitmenschliche Gefühle bekommen, als er den verwundeten Mann am Straßenrand liegen sah, und das habe ihn bewogen, dem Opfer zu helfen? Im Gegenteil, das Geheimnis des Samariters hatte Jesus ja bereits enthüllt: Er liebte seinen Nächsten *wie sich selbst*. Er dachte also, anders ausgedrückt: *Wenn ich es wäre, der verprügelt und ausgeraubt worden wäre, und jetzt halbtot im Straßengraben läge, was wollte ich, daß jemand für mich täte?* Seine Motivation zu helfen entsprang aus der Einstellung, die er sich willentlich zu eigen gemacht hatte. Die zwei Leute, die an dem Verwundeten vorbeikamen, bevor der Samariter ihn erreichte, hätten auch helfen können, aber sie versäumten es, sich in seine Lage zu versetzen.

Denselben Grundsatz entdecken wir in Hebräer 13,3, einem Vers, der uns ermahnt, uns um Gefangene und körperlich Mißbrauchte zu kümmern, mithin zwei Gruppen von Menschen, die nur allzuleicht übersehen werden:

> „Gedenkt der Gefangenen als Mitgefangene!"

Dieser Vers bringt mich nicht dazu, zu denken: *Ach, ich sollte mal irgendwas Nettes für die Leute im Gefängnis tun!* Vielmehr geht mir dabei durch den Kopf: *Was würde ich wollen, daß man für mich tut, wenn ich im Gefängnis säße?*

Weiter heißt es in Hebräer 13,3:

> Und gedenkt „derer, die Ungemach leiden, als solche, die auch selbst im Leib sind".

Und wieder – will ich diesem Vers gehorchen, dann muß ich erwägen: *Wenn es mein Körper wäre, der mißhandelt würde – was würde ich mir wünschen, daß es jemand für mich täte?*

In gleicher Weise gilt: Um zur Evangelisation motiviert zu sein, brauchen wir nicht zu warten, bis uns ein Gefühl des Mitleids für die Verlorenen packt – wir müssen einfach nur unseren Nächsten lieben wie uns selbst. Wenn ich höre, daß morgen tausend Menschen sterben und in die Hölle wandern werden, kann mich das durchaus kalt lassen. Dank meines prall gefüllten Terminkalenders neige ich ohnehin dazu, mich nicht lange mit den Angelegenheiten Ungläubiger aufzuhalten. Doch wie würde es mir wohl ergehen, wenn *ich* einer von diesen tausend wäre? Wie sehr wäre mir wohl daran gelegen, daß Christen ihren Auftrag, mir mit dem Evangelium zu dienen, ernst nähmen? Ich würde wollen, daß irgend jemand an die Enden der Erde geht. Jesus sagt:

> „Alles nun, was ihr wollt, daß euch die Menschen tun sollen, das tut ihr ihnen auch!"
>
> (Mt. 7,12.)

Dem Herrn dienen, indem wir anderen dienen

Einen zweiten Weg, auf dem wir zu einer liebenden Persönlichkeit mit dem Herzen eines Dieners werden können, zeigt eine Geschichte von Edith Schaeffer.

Während der Weltwirtschaftskrise gab es eine Reihe von Männern, die per Bahn von Stadt zu Stadt fuhren, um sich nach Arbeit umzusehen. Häufig versteckten sich diese Männer in offenen Güterwagen oder sogar unter den Zügen. Mitunter sprangen diese *Hobos* von einem Zug ab und klopften an die Hintertüren von Wohnhäusern, um sich etwas zu essen zu erbetteln.

Edith und Francis Schaeffer wohnten an einer Bahnstrecke, und Edith wunderte sich darüber, wie viele Männer bei ihnen anklopften und um Essen baten. Jahre später entdeckte sie, daß an ihrem Haus genau wie an anderen Häusern entlang der Gleise eine Markierung angebracht worden war, die zu erkennen gab, daß hier Menschen wohnten, die Mitleid zu zeigen pflegten.

Wenn einer dieser Männer auf ihre Hintertür zusteuerte, dachte Edith nicht: *O nein – schon wieder einer! Wo ich doch heute so viel zu tun hab* ... Statt dessen hüpfte ihr Herz vor Freude, während sie auf einem Tablett eine Mahlzeit zubereitete. „Ich schmierte Butterbrote“, schreibt sie, „schnitt eine schöne große Tomate in gleichmäßige Scheiben, die ich mit Pfeffer bestreute und auf das Brot legte, und fügte dann meistens noch etwas Schinken hinzu, den ich anbriet und über die Tomatenscheiben legte. Schließlich kamen noch zwei Salatblätter obendrauf. Darüber hinaus gab's noch einen zweiten Sandwich, und zwar den, den ich selbst am liebsten mochte: ein Butterbrot mit halben Walnüssen. Weiter hatte ich einen Topf mit heißer Suppe auf dem Herd ...“ *(E. Schaeffer, The Hidden Art of Homemaking, 1971, S. 129).*

Ihre Kinder hielt Edith an, ihr ein paar Blumen in einem Efeublatt zurechtzumachen, mit denen sie das Tablett dekorierte. (Typische Frage ihrer Tochter: „Was wird er sich bei alledem denken, Mami?“) Als letztes wurde ein Johannesevangelium neben die Blumen auf das Tablett gelegt, und all das bekam der Mann, der auf der hinteren Veranda wartete, dann vorgesetzt. „Bitte lesen Sie das hier“, pflegte Edith ihrem Gast zu sagen, „es ist äußerst wichtig.“

Die Männer, das können Sie sich vorstellen, waren völlig verdattert. Üblicherweise nuschelten sie etwas wie: „Das ist doch nicht etwa alles für mich, Ma'am?“ Können Sie sich vorstellen, welche Auswirkungen diese schlichten Erweise von Freundlichkeit auf das Leben all dieser Männer hatten, von denen viele nie zuvor in ihrem Leben auch nur annähernd so gut behandelt worden waren? Edith Schaeffers Freundlichkeit trug dazu bei, den Boden ihrer Herzen aufnahmefähig für das Evangelium zu machen.

Doch gute Werke wie diese passieren nicht einfach so, sondern entspringen aus einer bestimmten inneren Einstellung, die Edith sich zu eigen gemacht hatte. Was bewog sie dazu, diesen Männern Gutes zu tun?

Zunächst Hebräer 13,2:

> „Die Gastfreundschaft vergeßt nicht, denn dadurch haben einige, ohne es zu wissen, Engel beherbergt.“

Edith dachte: *Welche Behandlung würde ich diesem Mann angedeihen lassen wollen, wenn er ein Engel wäre? Womöglich ist er sogar einer!*

Und dann gab es eine zweite Bibelstelle, die ebenfalls zu Ediths Haltung beitrug:

> „... mich hungerte, und ihr gabt mir zu essen; mich dürstete, und ihr gabt mir zu trinken; ich war Fremdling, und ihr nahmt mich auf; nackt, und ihr bekleidetet mich; ich war krank, und ihr besuchtet mich; ich war im Gefängnis, und ihr kamt zu mir. ... Wahrlich, ich sage euch, wenn ihr es einem der geringsten dieser meiner Brüder getan habt, habt ihr es mir getan."
>
> (Mt. 25,35 f. 40)

Edith dachte: *Wie würde ich diese Person wohl behandeln, wenn es der Herr Jesus selbst wäre?*

Was wir für „einen dieser Geringsten" tun – es sei Gutes oder Böses –, das nimmt der Herr so, wie wenn es für ihn getan wäre.

Ebendieser Vers packte auch das Herz von Mutter Teresa. Sie bezeugt:

> „Am Ende unseres Lebens werden wir nicht danach beurteilt werden, wie viele Diplome wir eingeheimst, wieviel Geld wir gemacht oder welch große Taten wir vollbracht haben. ‚Ich war hungrig, und ihr gabt mir zu essen. Ich war nackt, und ihr gabt mir Kleider. Ich war heimatlos, und ihr habt mir Obdach gegeben ...' – *danach* werden wir beurteilt werden. ... Das ist Christus, verborgen im Kleid der Not" (Mother Teresa, Words to Love By, 1984, S. 77).

Andere wichtiger nehmen als uns selbst

Ein dritter Weg, das Herz eines Dieners zu entwickeln, wird uns in Philipper 2 geoffenbart. Dort zeigt uns Gott einen weiteren Schlüssel, mit dem wir das Gefängnis des Stolzes aufschließen können. Doch zuerst müssen wir erkennen, wann wir eigentlich stolz sind. Gott sagt, wir sind stolz, wann immer wir durch unseren Tag gehen, ohne uns um die Bedürfnisse anderer Menschen zu kümmern.

„... daß in der Demut einer den anderen höher achtet als sich selbst; ein jeder sehe nicht auf das Seine, sondern ein jeder auch auf das der anderen.“

(Phil. 2,3 f.)

Wie sieht unsere innere Einstellung an Tagen aus, an denen wir nichts anderes als unsere eigenen Interessen verfolgen? Dienen wir ausschließlich uns selbst, so halten wir uns im Unterbewußtsein für wichtiger als alle anderen. Wir müssen gar keinen Stolz *empfinden*, um stolz zu sein. Wir müssen uns nicht anderen Menschen überlegen dünken, um stolz zu sein. Wir erheben uns selbst, indem wir uns von unseren eigenen Angelegenheiten und Interessen vollauf in Beschlag nehmen lassen. Deshalb befiehlt Gott uns, uns zu demütigen.

Ich weiß nicht, wie es Ihnen geht, aber wenn ich mich nicht im Einklang mit Gottes Wort willentlich demütige, indem ich meine Sorgen auf den Herrn werfe und mich auf die Bedürfnisse anderer Menschen konzentriere, verkommt mein Lebenstil hin zur Ichorientiertheit. Mein Kopf wird voll von Gedanken darüber, was ich will und wann ich es will, und meine Zeit geht für die Verfolgung meiner eigenen Interessen drauf.

Wenn ich Gelegenheiten, Menschen zu lieben, die Gott mir gibt, versäume, dann nicht, weil ich etwa ausriefe: „Nein, das mache ich nicht!“ Viel zu oft bemerke ich gar nicht erst, was andere brauchen, weil ich viel zu sehr in meine eigenen Dinge eingesponnen bin. Philipper 2,3 f. ist eine Einladung heraus aus unserer Selbstsucht.

Betrachten Sie sich einmal selbst, während Sie sich mit diesem Text beschäftigen. Fragen Sie nicht: *Sind mir diese Verse vertraut?* oder *Hab ich das nicht schon mal gehört?* Vielmehr sollten Sie sich fragen: *Tue ich das? Gehorche ich diesem Wort? Achte ich andere höher als mich selbst? Kümmere ich mich um ihre Bedürfnisse?* Wenn wir diese Verse meditieren und täglich in die Praxis umsetzen, werden wir reich werden an guten Taten und damit reich vor Gott. Das Herz eines Dieners ist kostbar in Gottes Augen. Ein dienendes Herz ist das Geheimnis der Größe im Reich Gottes

(s. Mk. 10,43) und sichert uns für alle Ewigkeit einen Platz dicht am Thron Gottes (s. Mk. 10,37-45).

Ich fürchte, vor dem Richterstuhl werden viele Gott sagen hören: „Mein Kind, jahrelang hast du mich gebeten, deine Ehebeziehung zu segnen, aber niemals hast du von deinem Stolz abgelassen. Deine Gedanken haben sich darum gedreht, was *du* wolltest und was dein Ehepartner für *dich* tun sollte. Du hast dich nicht gedemütigt, wie ich es dir gesagt hatte. Du hast nicht deinen Partner höher geachtet als dich selbst. Hättest du das getan, so hätte ich Leben und Segen über deine Ehe ausgegossen."

Viele andere werden Gott womöglich sagen hören: „Mein Kind, jahrelang hast du mich gebeten, dein Geschäft zu segnen, aber du hast dich nie von deinem Stolz getrennt. Du hast nicht deine Kunden und deine Mitarbeiter höher geachtet als dich selbst. Hättest du das getan, so hätte ich dich in deinem Geschäft gesegnet."

Es ist ungefähr zwanzig Jahre her, daß ich Philipper 2,3 f. zum erstenmal anwendete. Die schlechte Nachricht ist, daß mein Gehorsam nur etwa eine Woche lang vorhielt. Die gute Nachricht ist, daß das eine der besten Wochen meines ganzen Lebens war! Gott gebrauchte mich, und ich erlebte eine unglaubliche Freude darin, anderen Menschen seine Freundlichkeit nahezubringen.

Wieso hörte ich dann wieder damit auf? Offen gesagt, ich weiß es nicht mehr. Ich vermute, daß ich mich einfach anderen Dingen zuwandte und dadurch wieder auf die abschüssige Bahn der Ichorientierung geriet.

Doch ein, zwei Jahre später faßte ich wieder Fuß – erneut für etwa eine Woche. Tatsächlich war es so, daß ich ungefähr fünfzehn Jahre lang alljährlich ein paar Wochen einlegte, in denen mein Dienst von erstrangiger Qualität war. Dann machte Gott mir klar, daß mein Leben nicht so ausfallen würde, wie er es haben wollte, solange ich es mir nicht zum Lebensstil machte, andere höher zu achten als mich selbst.

Obwohl es mir immer noch leicht passiert, von mir selbst eingenommen zu werden, habe ich mir mittlerweile zwei hilfreiche Übungen angewöhnt, die mich Tag für Tag in eine Dienergesinnung hineinführen.

Als erstes achte ich in meinen täglichen Dankgebeten meine Frau, meine Kinder und meine Schüler höher als mich selbst. Wenn ich zum Beispiel für meine Frau bete, sage ich: „Herr Jesus, bitte lebe du in mir heute so, daß ich ein Ehemann bin, an dem das Herz des Vaters Freude hat und der Marcy so behandelt, wie du sie behandelt haben möchtest, der sie liebt, ihr dient, sie hegt und pflegt und sie höher achtet, als ich mich selbst achte." Dann nehme ich mir einen Augenblick Zeit, um meine Frau höher zu achten als mich selbst. Mit meinen Kindern mache ich genau dasselbe. Ich kann Ihnen gar nicht sagen, wie tief diese kleine geistliche Übung meine Beziehung zu Marcy und den Kindern bereichert hat.

Als zweites halte ich es so, daß ich immer wenn mein Telefon klingelt ein paar Sekunden innehalte, bevor ich den Hörer abnehme, in denen ich den Anrufer höher achte als mich selbst. Diese Übung macht mir den Philippertext jeden Tag mehrere Male neu bewußt.

Larry Crabb beschreibt eine andere Praktik, die er entwickelt hat, um sich ein dienendes Herz anzueignen:

> „Als es mir zum ersten Mal klar wurde, daß jedes Wort, das ich äußere, motiviert sein soll von dem Wunsch, anderen zu dienen, bemühte ich mich darum, meine Gedankenbänder auszuwechseln. Jeden Abend, wenn ich von der Arbeit nach Hause kam, blieb ich noch ein paar Minuten im Wagen sitzen und wiederholte mir: ‚Wenn ich durch die Wohnungstür gehe, ist es mein Ziel, meiner Familie zu dienen. Natürlich hoffe ich, daß mich eine glückliche Familie, entzückende Kinder und ein funktionierender Kühlschrank erwarten. Aber ganz gleich, was drinnen auf mich zukommt, mein Ziel ist es, meiner Familie in Liebe zu dienen.'
>
> Für viele Männer gibt es nur wenige Situationen, die schlimmer sind als der Augenblick, wenn sie von der Arbeit nach Hause kommen. Während sie müde über die Türschwelle stolpern, spielt ihr Kassettenrecorder vielleicht Sätze wie: ‚Hoffentlich ist der Hamster nicht schon wieder in die Toilette

> gefallen!‘ oder: ‚Wenn meine Frau nach so einem Tag wie heute anfängt, wieder über ihren Kleinkram zu jammern, drehe ich mich auf dem Absatz um!‘ Solche Gedanken bringen Ehemänner dazu, sich in Schutzschichten gelangweilten Schweigens, kalter Abwehr, vor den Fernseher oder hinter die Zeitung zurückzuziehen.
>
> Manipulatives Verhalten, um uns selbst zu schützen, gelingt uns automatisch; bereitwilliger Dienst nicht. Die Haltung des Dienenwollens müssen wir üben“ (L. J. Crabb/D. B. Allender, Dem andern Mut machen, 1992, S. 103).

Genauso wie wir unter Kontrolle halten müssen, was wir mit unseren physischen Augen betrachten, müssen wir auch kontrollieren, wessen Interessen wir nachgehen. Paulus macht deutlich, daß es ebendiese nach außen gerichtete Blickrichtung war, die Timotheus so wertvoll im geistlichen Dienst machte:

> „Ich hoffe aber im Herrn Jesus, Timotheus bald zu euch zu senden ... Denn ich habe keinen ihm Gleichgesinnten, der aufrichtig für das Eure besorgt sein wird; denn alle suchen das Ihre, nicht das, was Jesu Christi ist. Ihr kennt aber seine Bewährung ...“
>
> (Phil. 2,19-22)

Wie Timotheus wurde auch Hiob von Gott für viele zum Segen gesetzt, weil er sich demütigte und auf die Bedürfnisse anderer achtete:

> „Denn ich befreite den Elenden, der um Hilfe rief, und die Waise, die keinen Helfer hatte. Der Segenswunsch des Mutlosen kam auf mich, und das Herz der Witwe ließ ich jauchzen. ... Auge wurde ich dem Blinden, und Fuß dem Lahmen war ich. Ein Vater war ich für die Armen, und den Rechtsstreit dessen, den ich nicht kannte, untersuchte ich. Und ich zerschmetterte die Kinnladen des Übeltäters, und seinen Zähnen entriß ich die Beute.“
>
> (Hi. 29, 12 f. 15 ff.)

Würde es Ihnen nicht gefallen, so einen Menschen zu kennen? Würde es Ihnen nicht gefallen, solch ein Mensch zu *sein*?

Solange wir freilich nicht andere höher achten als uns selbst, laufen wir Gefahr, daß jeder Dienst, den wir tun, mißmutig, widerstrebend und freudlos geschieht. Sobald wir aber andere höher achten als uns selbst, *wollen* wir ihnen zum Segen werden. Dann wird es uns zum Genuß, ihnen zu dienen. Wir lieben es zu dienen. Wir leben, um zu dienen.

Ein Freund bat mich einmal, ihm und seiner Frau seelsorgerlich zu dienen, denn sie standen vor schwerwiegenden Eheproblemen. Die Frau wollte sich nicht länger helfen lassen, sie wollte die Scheidung. Um mir zu beweisen, daß die Lage hoffnungslos war, sagte sie: „Ich liebe meinen Mann einfach nicht mehr." Damit war der Fall für sie erledigt.

Mir für meinen Teil schien allerdings, sie wußte gar nicht, was Liebe ist. Wäre Liebe bloß ein Gefühl, so würde keine Ehe bestehen. Nun ist Liebe aber ein Entschluß – nämlich der Entschluß, eine andere Person höher zu achten als uns selbst, uns für die Bedürfnisse dieser Person hinzugeben, unseren Mann oder unsere Frau genau so zu behandeln, wie wir selbst gern behandelt würden. Liebevolle Gefühle ergeben sich, *nachdem* wir diesen Entschluß getroffen haben.

Und diese Entscheidung ist auch keine einmalige Sache. Liebe ist ein Entschluß, den wir Tausende von Malen treffen müssen – solange, bis sie zu unserer unverrückbaren inneren Haltung geworden ist.

„Ein jeglicher sei gesinnt, wie Jesus Christus auch war ..."
(Phil. 2,5; Lutherbibel 1956/64)

Wäre Jesus nur seinen eigenen Interessen nachgegangen, so wäre er vermutlich niemals aus dem Himmel zu uns herabgekommen, und ganz bestimmt hätte er sich nicht ans Kreuz nageln lassen! Doch er handelte *unseren* Bedürfnissen gemäß, hatte er sich doch entschieden, uns höher zu achten als sich selbst. Diese innere Haltung jedoch nahm er nicht plötzlich am Tage seiner Kreuzigung an. Ehe er gekreuzigt wurde, bückte er sich und wusch seinen Jüngern die Füße (s. Joh. 13,1-17), und nach seiner Auferstehung bereitete er ihnen das Frühstück zu (s. Joh. 21,9-14). Jeden Tag lebte er so, daß er andere höher achtete als sich selbst.

Demut hilft die Finsternis vertreiben

Wollen wir Jesus folgen, so müssen wir dieselbe Mentalität entwickeln. Dadurch werden wir frei von Ichorientiertheit und den vielen Problemen, die mit ihr einhergehen.

Eine demütige innere Haltung hilft nicht nur, Furcht aus unserem Leben zu vertreiben – wie wir gesehen haben –, sondern auch die Düsternis von Depressionen, Lebensüberdruß und Einsamkeit.

Die Düsternis der Depression vertreiben

Vor einigen Jahren suchte ein junger Mann einen Pastor in Dallas auf. Dieser junge Mann litt seit neun Monaten unter Depressionen. Der Pastor hörte ihm sorgfältig zu, während er seine Geschichte erzählte, doch als sein Gast fertig war, sagte er ihm keinen seelsorgerlichen Rat, sondern dankte ihm lediglich für seine Offenheit und bat ihn um einen Gefallen. Er schrieb einen Namen und die Nummer eines Krankenhauszimmers auf einen Zettel und sagte zu dem jungen Mann: „Dieser Mann *muß* heute besucht werden, aber mein Terminkalender ist so voll, daß ich es nicht schaffe. Würden Sie auf Ihrem Heimweg beim Krankenhaus anhalten und das für mich erledigen?“ Der junge Mann war verblüfft, aber er stimmte zu und machte sich Richtung Hospital auf.

Innerhalb der nächsten Stunde geschah etwas Erstaunliches. Während der junge Mann am Bett des Kranken saß, wurde die Macht seiner Depression gebrochen. Er trat aus der Dunkelheit heraus, die ihn seit neun Monaten gequält hatte. Warum? Weil er sein Augenmerk endlich einmal auf jemand anderen als sich selbst richtete.

Damit soll nicht gesagt sein, daß sich jeder Fall von Depression auf diese Weise heilen ließe. Es gibt auch Depressionen, die körperliche Ursachen haben, Ursachen, die im Bereich biochemischen Ungleichgewichts liegen. Die meisten Depressionen jedoch packen uns nur deshalb, weil wir uns auf die falschen Dinge konzentrieren. Der Pastor in Dallas hatte ein Geheimnis des Herrn Jesus begriffen: Freude fließt daraus, daß wir andere lieben – daß wir unsere Blicke von uns selbst abwenden und fragen: „Wie kann ich zum Segen werden? Wie kann ich jemand anderem helfen? Wie kann ich mein Leben weggeben?"

Bitte lesen Sie folgendes Wort Jesu sehr genau:

> „Dies habe ich zu euch geredet, damit meine Freude in euch sei und eure Freude völlig werde. Dies ist mein Gebot, daß ihr einander liebt, wie ich euch geliebt habe."
>
> (Joh. 15,11 f.)

In Hebräer 1,9 steht, daß Jesus mit „Freudenöl" gesalbt ist vor seinen Gefährten. Jesus hatte mehr Freude als irgendein anderer Mensch, weil er mehr liebte als irgend jemand sonst.[5]

Wenn ich deprimiert bin, ruht meine Aufmerksamkeit auf mir selbst: auf meinen Gefühlen. Meinen Problemen. Ich bin das Zentrum meiner Welt, ich und niemand sonst. Ich habe gelernt, mich in solchen Zeiten zu fragen: *Gibt es jemand anders, den du liebst? Kümmerst du dich um jemand anderen?* Die Antwort ist immer dieselbe: *Nein. Ich versuch' rauszukriegen, warum ich so niedergeschlagen bin.* Sowie ich meinen Blick nach außen richte, um mir wirklich Gedanken über jemand anderen zu machen, hebt sich die Depression von mir, und an ihre Stelle rückt Gottes Freude. Gott hat uns nicht geschaffen, damit wir für uns selbst leben, und solange wir das dennoch tun, geht es uns schlecht. Je mehr ich mich selbst loslasse, um so tiefere Freude erfüllt mein Leben.

Folgendes las ich in einer Zeitschrift:

> „Der berühmte Psychiater Dr. Karl Menninger hielt einmal eine Vorlesung über seelische Gesundheit und war gerade dabei, Fragen aus der Hörerschaft zu beantworten. ‚Was würden Sie einer Person zu tun raten', fragte ein Mann, ‚die spürt, daß sie auf einen Nervenzusammenbruch zugeht?'

Die meisten Leute rechneten damit, daß der Professor antworten würde: ‚Diese Person sollte einen Psychiater aufsuchen.' Zum allgemeinen Erstaunen erwiderte Menninger aber: ‚Solch ein Mensch sollte sein Haus verriegeln, auf die andere Straßenseite gehen, sich jemanden suchen, der in Not ist, und etwas unternehmen, um dieser Person zu helfen.'"

Gott sagt:

„... wenn du dem Hungrigen dein Brot darreichst und die gebeugte Seele sättigst, dann wird dein Licht aufgehen in der Finsternis, und dein Dunkel wird sein wie der Mittag."

(Jes. 58,10)

Was für ein herrliches Bild dessen, was in unseren Herzen geschieht, wenn wir unseren Blick von uns selbst abwenden, um anderen zu dienen!

Sind Sie jemals am frühen Morgen draußen gewesen, als noch der Nebel über der Landschaft hing? Haben Sie gesehen, wie die Morgensonne über den Horizont stieg und diesen Dunst wegbrannte? Genau das passiert in unseren Herzen – nur daß es nicht die Morgensonne ist, die die Nebelschleier vertreibt, sondern die Sonne *des Mittags.*

Die Düsternis der Langeweile vertreiben

Ich erwischte mich dabei, daß ich mich wie ein Verrückter durch die Fernsehkanäle zappte und verzweifelt versuchte, etwas zu finden, um meiner Langeweile abzuhelfen. Zu meinem Leidwesen war noch das Interessanteste, was ich fand, eine Sendung über Bowling – und Bowling hasse ich.

Doch mein wirkliches Problem war nicht das armselige Fernsehprogramm, sondern, daß ich mich um mich selbst drehte. Wenn ich mich langweile, spukt mir im Kopf herum, daß es mir nicht gut geht. Ausschließlich auf meine eigenen Bedürfnisse ausgerichtet, suche ich nach etwas oder jemandem, das oder der mich unterhält. Dieses Problem vervielfältigt sich noch, sobald ich versuche, meine Leere mit diversen Zerstreuungen zu füllen. Immer, wenn ich nichts anderes im Auge habe als mein eigenes Glück, meine persönliche Erfüllung, entdecke ich lediglich, wie schrecklich das Leben sein kann.

Gott hat Sie und mich zu etwas Höherem berufen: in derselben Haltung zu leben wie derjenige, der „nicht gekommen ist, um bedient zu werden, sondern um zu dienen" (Mt. 20,28). Wenn ich mich langweile, trifft das Gegenteil auf mein Leben zu: Ich trachte nicht danach zu dienen, sondern bedient zu werden. Ich will unterhalten sein.

Gott ermutigt uns zu einer völligen Umorientierung. Um von Langeweile wegzukommen, müssen wir anfangen, andere zu lieben und anderen zu dienen. Erst dann werden wir sinnerfülltes, bedeutsames Leben finden, ein Leben voller Abenteuer. Und wenn Gott uns dann in den Dienst nimmt, um sein Reich zu bauen, wird Langeweile eine Sache der Vergangenheit sein.

Die Düsternis der Einsamkeit vertreiben

Vor einigen Jahren erlebte ich einen Sommer, in dem ich mit extremen Einsamkeitsgefühlen zu kämpfen hatte. Meine berufliche Situation hatte sich verändert, so daß ich für mich allein arbeitete und nicht mehr mit einem Team. Mehrere Wochen lang befiel mich jeden Morgen eine bedrückende Einsamkeit. Tagtäglich dankte ich Gott für seine Segnungen, der Nebel hob sich, und ich fand zeitweilige Erleichterung. Doch am nächsten Morgen war alles wieder genauso wie am Tag zuvor. Meine Gedanken wurden von einer einzigen Frage beherrscht: *Wie komme ich bloß aus dieser Einsamkeit raus?*

Wer sich einsam fühlt, hat es schwer, Freundschaften aufzubauen oder auch nur Kontakt zu bereits vorhandenen Freunden aufzunehmen. C. S. Lewis nennt einsame Menschen solche, „die sich einfach nach Freunden sehnen und nie welche bekommen".

Haben Sie als Kind jemals mit Magneten gespielt, einen Magneten genommen und damit andere vor sich hergeschoben? Je verzweifelter sich ein einsamer Mensch nach Gesellschaft sehnt, um so mehr neigen andere dazu, ihm aus dem Weg zu gehen. Wenn ich einsam bin und mich um Kontakte zu anderen bemühe, ist das Problem, daß ich das falsche Ziel verfolge. Es ist ja nicht so, daß ich die anderen liebte – ich möchte sie dazu bringen, *mich* zu lieben. Platt gesagt, versuche ich sie zu benutzen, um meiner eigenen Not abzuhelfen; und Menschen mögen nun mal nicht gern benutzt werden.

Nachdem ich etwa drei Wochen in dieser Pein zugebracht hatte, ging mir plötzlich auf, daß mich kein Mensch auf der Welt interessierte außer mir selbst. Ich war zum Zentrum meines Universums geworden. Mein Lebensziel war, aus meiner Bedrückung herauszufinden. Im selben Augenblick, in dem ich das begriff, entschloß ich mich, mich um andere zu kümmern. Die Einsamkeitsgefühle verschwanden und kehrten fürs erste nicht wieder zurück.

Wenn wir uns so demütigen, gleichen wir einem Magneten, der umgepolt worden ist: Plötzlich fühlen sich die Menschen von uns angezogen, statt uns aus dem Weg zu gehen. Die Leute hassen es, benutzt zu werden, aber sie lieben es, wenn man sie liebt: ihnen zuhört, sie ermutigt, echtes Interesse daran zeigt, wie es in ihrem Leben aussieht.

Samuel Shoemaker, ein geistlicher Leiter der Nachkriegszeit, erkannte, daß „wir nicht einsam sind, weil wir nicht geliebt werden, sondern weil wir nicht lieben" (S. M. Shoemaker, By the Power of God, 1954; zit. n.: J. D. Hamilton, Faces of God, 1984, S. 76), und jemand anders sagte: „Du kannst dir in zwei Monaten mehr Freunde machen, indem du Anteil an anderen nimmst, als wenn du zwei Jahre lang versuchst, andere für dich zu interessieren."

Wenn wir mit Einsamkeit zu kämpfen haben, kommen wir uns vielleicht vor wie ein leeres Gefäß, das gefüllt werden muß. Dann sollten wir uns an etwas erinnern, von dem wir vermutlich nicht *fühlen* werden, daß es wahr ist: Gott liebt uns. Unser Bedürfnis, geliebt zu werden, ist in Christus bereits erfüllt. Das sollten wir meditieren, uns immer wieder vergewissern, daß es wahr ist. Sobald diese Erkenntnis in unser Herz durchdringt, verändert sich unsere Perspektive. Unsere Wahrnehmung schwenkt von *Das Glas ist halb leer* um auf *Das Glas ist halb voll*. Wir merken, daß wir anderen etwas zu geben haben, und erfahren die Wahrheit von 1. Johannes 4,19:

„Wir lieben, weil er uns zuerst geliebt hat."

Mehrmals während der letzten paar Jahre beschlichen mich meine Einsamkeitsgefühle wieder aufs neue. Manchmal, wenn ich an einem düsteren Tag zur Hochschule fahre, paßt sich meine Stimmung dem Wetter an. Doch sobald ich gewahr werde, was geschieht, sage ich mir selbst: *Auf diesen Weg laß ich mich nicht wieder locken! Ich muß wieder zur Einstellung eines Dieners zurückgelangen. Wem kann ich dienen? Kann ich einen Studenten mit dem Auto mitnehmen? Wie kann ich irgend jemandem etwas Gutes tun?* Je mehr ich danach trachte, jemandem zum Segen zu werden, um so rascher verfliegt die Einsamkeit.

Demut auf der Arbeit

Vor kurzem hörte ich eine Predigt des christlichen Philosophen Dr. Arthur Holmes über die Frage, warum Gott unser Leben so geschaffen hat, daß wir arbeiten müssen. Wenn wir bloß arbeiten, um unseren Unterhalt bestreiten zu können, so Dr. Holmes' Fazit, gehen wir am Sinn der Arbeit vorbei und werden kaum Befriedigung in unserer Arbeit finden. Arbeit ist nach Dr. Holmes eine Gelegenheit, anderen zu dienen.

Sein Vortrag erinnerte mich an eine Erfahrung, die zwei meiner Freunde machten.

Mit Mike Shrock bin ich seit Studententagen befreundet. Mike besitzt in Oregon eine Landschaftsgärtnerei namens *Living Color Landscaping*. Als er die Firma übernahm, gehörte zum Auftragsbestand die Grundstückspflege von 14 *Burger-King*-Filialen. Mike sah sein Geschäft von Anfang an als geistlichen Dienst und legte sein ganzes Herz in seine Arbeit. Er fuhr sogar nach *Disneyland*, nur um zu studieren, wie dort Landschaftsgestaltung und -pflege betrieben wurden. Mike setzte sich zum Ziel, die *Burger-King*-Franchisenehmer zu unterstützen, indem er das Umfeld ihrer Lokale so prägnant und farbig gestaltete, daß es vorbeikommenden Autofahrern unwillkürlich ins Auge stechen mußte. Wenn ein Betreiber Mike erzählte, daß *Burger King* seine Filiale inspizieren wolle, schickte Mike außer der Reihe ein Team hin, um frische Blumen zu pflanzen und den Rasen zu mähen – auch dann, wenn dieser gerade ein paar Tage zuvor gemäht worden war –, damit dafür gesorgt war, daß die Lokalität einen außergewöhnlich guten Eindruck machte.

Überflüssig zu sagen, daß seine Kunden von dem Service, den er ihnen bot, begeistert waren, so daß Mikes Unternehmen bald mit der Betreuung von 48 *Burger-King*-Niederlassungen betraut war und auch darüber hinaus Aufträge die Menge hatte. Mike hatte viel Freude an seiner Arbeit.

Vor etwa zwei Jahren wurde Mike, der gern im geistlichen Dienst steht, Zweitpastor einer kleinen Gemeinde. Er traf den Entschluß, diesen Dienst ehrenamtlich zu tun und weiterhin von seiner Landschaftsgärtnerei zu leben. Er fing an, in seinem Geschäft Gottes Vorkehrung für sein Leben zu sehen. Die Firma versorgte ihn mit den nötigen finanziellen Mitteln, so daß er seinen Pastorendienst in der Gemeinde tun konnte, ohne dieser Gelder zu entziehen.

Doch diese Veränderung in der Sichtweise seines Berufs als Landschaftsgärtner brachte eine unerwartete Erschwernis mit sich. Jetzt arbeitete er in seiner Firma bloß noch des Geldes wegen, und die Gärtnerei langweilte ihn unsäglich.

„Ich muß dir ehrlich sagen“, erzählte mir Mike einmal, „daß ich seit ungefähr einem Jahr meine Arbeit regelrecht hasse. Heute mach’ ich nicht mehr viel anderes, als die Auftragsabwicklung zu überprüfen, damit sichergestellt ist, daß wir halten, was wir zugesagt haben. Sonst hab ich nie die Ausführung der Aufträge überprüft, weil es selbstverständlich war, daß wir viel mehr Leistung erbrachten, als wir vorab zugesagt hatten.“

Kürzlich wurde Mike klar, daß er seine Kunden mehr benutzte, als daß er ihnen diente. Da korrigierte er seine Einstellung.

„Statt mich damit abzugeben, wie sehr ich mich bei alledem langweile“, sagt er jetzt, „überlege ich mir, was ich noch tun kann, um die Grundstücke der Leute besser aussehen zu lassen, und dadurch hab ich meine Freude am Job wiedergefunden.“

Außerdem möchte ich von James Tennison sprechen, einem anderen Freund, der sein Geld mit Porträtmalerei und als Kunstdozent an einer örtlichen Universität verdient. James malt gelungene Porträts, aber vor etwa fünf Jahren hatte er eine Motivationskrise, weil er Lust bekam, auch andere Bilder zu malen, zum Beispiel Landschaften. Doch mit Landschaftsmalerei war kein Geld zu verdienen, und so blieb es dabei, daß James ein Porträt nach dem anderen malte.

„Mehr und mehr haßte ich diese Porträtpinselei“, sagt er. „Insgeheim hoffte ich bei jedem Bild, es würde mein letztes sein. Ich sehnte mich danach, eine Erbschaft zu machen, um endlich malen zu können, was ich wollte.“

Zum Glück vollbrachte Gott ein großes Werk ins James’ Herz. Der Künstler begann seine Arbeit als Gelegenheit zum Dienen zu begreifen. Darin demütigte er sich. Aus Liebe fing er an, seine Kunden höher zu achten als sich selbst. Die Resultate waren dramatisch.

„Die Dienergesinnung veränderte alles“, sagt James. „Statt mich mit mir selbst und meinem Wunsch, mich künstlerisch zu verwirklichen, abzugeben, fing ich an, mich auf meine Kunden zu konzentrieren und mich daran zu freuen, wie glücklich ich sie machen würde, wenn ich ein gelungenes Bild von ihrem Ehepartner oder Kind malte.“

Seitdem ist die Porträtmalerei für ihn nicht mehr bloß ein Job, sondern ein Dienst. James spricht oft davon, wieviel Freude er jetzt an seiner Arbeit hat.

Diese veränderte Haltung half ihm auch in seiner Lehrtätigkeit. Früher würde James immer nervös, wenn er im Unterricht zu Demonstrationszwecken malen mußte. Schließlich wurde von ihm als Experten etwas Außergewöhnliches erwartet. Alle Studenten sahen zu. Was, wenn er es verpatzte? Wenn er etwas malte, was dann irgendwie mißlungen aussah?

„Aber dann begriff ich, daß es dabei ja nicht um mich geht, sondern um die Studenten", sagt er heute. „Ich bin dazu da, ihnen zu dienen. Damit hatte ich die Nervosität überwunden."

Demut heilt Lampenfieber

Wie wir aus James' Erfahrung an der Universität lernen können, befreit Demut noch von einem anderen Problem, das mit Ichorientiertheit zusammenhängt: Lampenfieber. Wenn wir aufstehen, um Gottes Wort zu predigen oder zu singen, und Lampenfieber macht uns zu fahrigen Nervenbündeln, dann hindert das Gottes Wirken. Lampenfieber kann unsere Effektivität mindern oder gar zerstören.

Mir ist es mehrmals so gegangen, daß ich bloß noch ein zitterndes Wrack war. Wenn mich Nervosität quält, treten widerwärtige Symptome auf: Es gelingt mir nicht, den richtigen Kontakt zu meiner Zuhörerschaft herzustellen, ich rede zu schnell, plötzlich fällt mir nichts mehr ein, und meine Witze zünden nicht. All diese Symptome ersticken den Kommunikationsprozeß. Zum Glück weiß Gott Abhilfe.

Die Nervosität, die durch Lampenfieber ausgelöst wird, gründet auf einer falschen Zielsetzung: Entweder versuche ich andere zu beeindrucken, oder ich will nicht gedemütigt werden, schon gar nicht vor einer großen Zuhörerschaft. (Bandaufnahmegeräte und Videokameras machen mich noch ein Stückchen nervöser, bedeuten sie doch, daß es dauerhaft dokumentiert wäre, wenn ich mich zum Trottel machte.) Doch wenn ich Eindruck schinden und Demütigung vermeiden will, konzentriere ich mich nicht auf die Bedürfnisse meiner Zuhörerschaft, sondern auf meine eigenen. Ich bin nicht darauf aus, Gottes Reich zu fördern, sondern mein eigenes Prestige.

Worin liegt die Abhilfe? Es gibt nur eine Lösung: Ich muß meine Zielsetzung verändern. Ich muß vom Streben nach eigenem Renommee ablassen und danach trachten, denen Gutes zu tun, die mir zuhören. „Das Ziel der Unterweisung", schreibt Paulus, „ist Liebe aus reinem Herzen, gutem Gewissen und ungeheucheltem Glauben" (1. Tim. 1,5; Einheitsübersetzung). Gott ruft uns, mit reinem Herzen und reinen Motiven zu dienen.

Neulich erzählte mir ein Jugendpastor, daß er niemals nervös sei, wenn er vor seiner Jugendgruppe sprechen müsse, aber häufig dann, wenn er mit den Eltern der Jugendlichen zu tun habe. „Jetzt ist mir klar, wieso", sagte er. „Den Kids versuche ich zu helfen, die Eltern will ich beeindrucken."

Paulus sagte den Ephesern:

> „Ihr wißt, wie ich ... die ganze Zeit bei euch gewesen bin und dem Herrn diente mit aller Demut ..."
>
> (Apg. 20,18 f.)

Seine Demut schlug sich in seinen öffentlichen Auftritten nieder; denn er fährt fort:

> „,... wie ich nichts zurückgehalten habe von dem, was nützlich ist, daß ich es euch nicht verkündigt und euch gelehrt hätte."
>
> (V. 20)

Paulus hielt nichts zurück, weil er nicht an sich selbst dachte, sondern das Beste für diejenigen wollte, zu denen er sprach.

Folgendes ist die Quintessenz dessen, was Gott mich in Hinsicht auf öffentliches Predigen gelehrt hat: *Setze dir zum Ziel, zu lieben. Konzentriere dich auf das, was die Leute brauchen – darauf, wie du ihnen helfen, ihnen am meisten Liebe erweisen kannst. So wirst du Gott wohlgefallen.*

Es ist etwas Herrliches! Jedesmal fällt die Nervosität von mir ab, sobald ich meinen Blickwinkel berichtige. Von dieser Regel hat es noch nie eine Ausnahme gegeben – wieso? Weil diese Methode im Unterschied zu anderen, die empfohlen werden, um Nervosität abzubauen – dreimal tief durchzuatmen, Meeresbrandung auf Tonband anzuhören und anderes mehr –, die Axt an die Wurzel des Problems legt. Wenn Nervosität dadurch entsteht, daß wir das verkehrte Ziel verfolgen, müssen wir unsere Zielvorstellung korrigieren, um der Nervosität zu entfliehen. Und tatsächlich verschwindet alle Nervosität, wenn wir nicht mehr Eindruck bei anderen schinden, sondern ihnen schlicht dienen wollen.

Es geht nicht darum, ob wir die unangenehmen Empfindungen vermeiden können, die mit Lampenfieber einhergehen. Es geht um etwas weitaus Wichtigeres, nämlich: Ermöglichen wir es dem Reich Gottes, durch uns in das Leben anderer Menschen hineinzufließen?

Wollen wir Leute sein, die Gott gebrauchen kann, so müssen wir die Tür der Demütigung durchschreiten. Solange unser heimlicher Antrieb darin besteht, daß wir uns selbst erheben wollen, wird der Heilige Geist sich von uns fernhalten. Doch wenn es uns darum geht, Menschen Gutes zu tun, wird der Heilige Geist uns sowohl beim Vorbereiten als auch beim Vortragen helfen.

Vor dem Richterstuhl Christi werden unser aller Motive bloßgelegt werden. Das wird ein interessanter Tag sein!

10 Bleiben Sie von seinem Stuhl weg!

Wir haben davon gesprochen, daß Stolz immer eine ichorientierte Haltung ist. Stolz tritt auch da zutage, wo wir uns Tätigkeiten anmaßen, die Gott sich ausschließlich selbst vorbehalten hat. Jack Taylor drückt es so aus: „Wenn du mit Gott gut Freund sein willst, bleib von seinem Stuhl weg!"

In diesem Kapitel wollen wir vier Arten betrachten, durch die Menschen sich selbst auf den Platz Gottes heben.

Wir erheben uns selbst, indem wir Rache suchen

Manchmal ist es schwierig, anderen zu vergeben, weil wir möchten, daß die Gerechtigkeit zum Zuge kommt. Wir möchten Rechnungen beglichen sehen. Mit einem Wort:

Wir dürsten nach Rache. Rache kann durchaus subtil geschehen. Keineswegs muß sie als brutaler Gewaltakt daherkommen. Es kann schon Rache sein, wenn wir durch jemanden hindurchschauen, Augenkontakt vermeiden oder innerhalb einer Beziehung Passivität zeigen, also keine Energie darauf verwenden, den anderen gut zu behandeln.

Sosehr wir uns auch im Recht fühlen mögen, wenn wir danach trachten, Menschen ihre Fehler heimzuzahlen, so nachdrücklich muß gesagt werden, daß Vergeltung nicht unsere Angelegenheit ist. Römer 12,19 sagt:

> „Rächt nicht euch selbst, Geliebte, sondern gebt Raum dem Zorn; denn es steht geschrieben: ‚Mein ist die Rache; ich will vergelten, spricht der Herr.'"

Wenn irgend jemand allen Grund – und beste Gelegenheit! – hatte, Rache zu nehmen, dann war es Joseph. Als er ein Junge war, waren seine Brüder so eifersüchtig auf ihn, daß sie beschlossen, ihn umzubringen. Doch als sie eben im Begriff waren, ihre Pläne auszuführen, bot sich ihnen eine interessante Gelegenheit. Eine Karawane von Sklavenhändlern zog vorbei, und Josephs Brüder witterten die Chance, nicht bloß Joseph für alle Zeit loszuwerden, sondern dabei obendrein noch ein bißchen Geld einzusacken. So kam es, daß sie ihn nach Ägypten in die Sklaverei verkauften.

Jahre später, nachdem Joseph der zweitmächtigste Mann Ägyptens geworden war, fürchteten seine Brüder die Rache:

> Josephs Brüder sagten: „Wenn nun Joseph uns anfeindet und uns gar all das Böse vergilt, das wir ihm angetan haben! ... Und ... seine Brüder gingen und fielen vor ihm nieder und sagten: Siehe, da hast du uns als Knechte. Joseph aber sagte zu ihnen: Fürchtet euch nicht! Bin ich etwa an Gottes Stelle?"
>
> (1. Mose 50,15.18 ff.)

Welch faszinierende Antwort! Joseph blickte voll durch. Er vertraute auf Gott, „der gerecht richtet" (1. Pt. 2,23). Vergeltung, das wußte Joseph, ist etwas, das Gott sich selbst vorbehalten hat, und er wagte es nicht, sich an die Stelle Gottes zu heben.

Wir erheben uns selbst, indem wir andere richten

Stellen Sie sich vor, ich würde den Vorstandsvorsitzenden einer großen Firma besuchen, und während ich mit ihm spräche, kritisierte ich seinen Generalbevollmächtigten. Vielleicht würde er mir ein paar Minuten zuhören und sich fragen, worauf ich wohl hinaus wolle. Doch schließlich würde er mit einiger Wahrscheinlichkeit etwas zu mir sagen wie: „Was glauben Sie eigentlich, wer Sie sind?“

Wenn wir jemanden richten, stellt uns die Bibel eine ganz ähnliche Frage:

> „Wer bist du, der du den Hausknecht eines anderen richtest?“
> (Röm. 14,4)

Wenn ich einen richtenden Gedanken über jemanden in mir zulasse, wird mein Herz der betreffenden Person gegenüber verhärtet. Der Heilige Geist überführt mich davon, daß ich kein Recht habe, über den Diener eines anderen zu Gericht zu sitzen. Dieser ist nicht mir rechenschaftspflichtig. Ich erhebe mich selbst, wenn ich mit kühlen Blicken von der Höhe der Richterbank auf andere hinabschaue.

Wenn ich mich hingegen entscheide, das Richten Gott zu überlassen, wird mein Herz weich. Ich sehe dann die betreffende Person mit verändertem Blick, und Gottes Freundlichkeit beginnt aufs neue durch mich zu fließen. Gebe ich es auf, über andere zu richten, so heißt das nicht, daß meine Urteile sachlich immer danebenliegen – ich gestehe lediglich ein, daß es nicht an mir ist zu richten.

Paulus fragt uns:

> „Du aber, was richtest du deinen Bruder? Oder auch du, was verachtest du deinen Bruder? Denn wir werden alle vor den Richterstuhl Gottes gestellt werden. ... Also wird nun jeder von uns für sich selbst Gott Rechenschaft geben.“
> (Röm. 14,10.12)

Ich glaube, in diesem Text sagt uns der Herr zweierlei. „Erstens“, sagt er, „brauchst du deinen Bruder nicht zu richten, weil *ich* ihn richten werde. Und zweitens solltest du sorgfältig darauf achten, wie du über deinen Bruder denkst, denn auch *dich* werde ich richten!"

Jakobus schreibt:

> „... befestigt eure Herzen, denn die Ankunft des Herrn ist nahe gekommen. Seufzt nicht gegeneinander, Brüder, damit ihr nicht gerichtet werdet. Siehe, der Richter steht vor der Tür."
>
> (Jak. 5,8 f.)

Wir erheben uns selbst, indem wir über Gott richten

Pam Moore, die einst gemeinsam mit Corrie ten Boom reiste, erinnert sich an folgende Geschichte:

> „Eine junge Frau besuchte mich zweimal. Während wir uns unterhielten, sprach sie wiederholt davon, daß Gott sie ‚grausam' behandle. Sie war Ende zwanzig und ein wenig verstört darüber, daß sie immer noch keinen Mann gefunden hatte. Als sie das Wort ‚grausam' aussprach, fühlte ich mich in meinem Herzen tief gekränkt und traurig zugleich. Sie hatte keine Ahnung vom Charakter Gottes. Ich sagte mir, ich dürfe ihr keinesfalls erlauben, weiterhin so blasphemisch zu reden. Ich hatte Angst um sie, denn eines Tages werden wir uns vor Gott für jedes Wort rechtfertigen müssen, das wir je gesprochen haben.
>
> Gottes Plan für mich sah so aus, daß er mir meinen Mann Carey erst zuführte, als ich schon 42 war. Uns wurde die glückliche Ehe geschenkt, von der ich immer geträumt hatte, und ich danke Gott für all seine Freundlichkeit und Güte. Doch selbst wenn Gottes Plan für mich gar keine Ehe vorgesehen hätte, wäre Gott *immer noch* freundlich und gütig. Gott ist *stets* freundlich und gütig."[6]

Indem sie lernte, geduldig auf einen Ehepartner zu warten, ruhte Pam in der Tatsache, daß Gott immer gut ist und unser Bestes im Sinn hat, egal, wie die Dinge uns erscheinen mögen. Das zu wissen ist kostbarer als Gold!

Wenn wir Versuchungen erleben, ist es ein leichtes, Gottes Absichten in Frage zu stellen oder ihm die Schuld für das, was in unserem Leben nicht klappt, in die Schuhe zu schieben. Wenn wir murren: „Ich verstehe nicht, wieso Gott das so gemacht [oder zugelassen] hat“, stellen wir seinen Charakter in Frage. Mit anderen Worten: Wir werfen uns zu Richtern Gottes auf. Und dadurch erheben wir uns über Gott.

Zu Hiob sagte Gott:

> „Mit dem Allmächtigen will der Tadler rechten? ... Willst du etwa mein Recht zerbrechen, mich für schuldig erklären, damit du gerecht dastehst?“
>
> (Hi. 40,2.8)

Beschuldigen wir Gott der Ungerechtigkeit oder Unfreundlichkeit, so zeigen wir uns sowohl unglaublich arrogant als auch vollkommen desorientiert.

> „Der HERR ist gerecht in allen seinen Wegen und treu in allen seinen Werken.“
>
> (Ps. 145,17)

Wenn die Menschen vor Gott stehen werden, werden ihnen die Anschuldigungen, die sie gegen ihn erheben wollten, im Halse steckenbleiben, denn sie werden die Wahrheit vor Augen sehen. In Jesaja 45,24 lesen wir:

> „Zu ihm [dem Herrn] wird man kommen, und es werden alle beschämt werden, die gegen ihn entbrannt waren.“

Alle werden sie herausfinden, daß Gott in keinem einzigen Punkt dessen schuldig ist, was sie gegen ihn vorzubringen gedachten. Diejenigen, die „gegen ihn entbrannt waren“, werden sich einem Gott gegenüber sehen, der unendlich gerecht, freundlich und heilig ist; und beschämt werden sie die Köpfe hängen lassen.

Wir erheben uns selbst, indem wir Gottes Wort auf die leichte Schulter nehmen

„Die Christen unserer Tage“, schreibt Martha Thatcher, „wissen viel und setzen wenig um. Von der Sonntagsschule bis zum Predigerseminar diskutieren wir über geistliche

Dinge" (M. Thatcher, The Freedom of Obedience, 1986, S. 65). Häufig genug scheinen wir eher das Ziel zu haben, Wissen zu vermitteln, als daß wir Menschen verändert sehen möchten. Doch Christus hat niemals gesagt: „Wenn ihr diese Dinge wißt, werdet ihr gesegnet sein." Bei ihm klang es so:

> „Wenn ihr dies wißt, glückselig seid ihr, wenn ihr es tut."
>
> (Joh. 13,17)

Paulus riet sowohl Titus als auch Timotheus davon ab, Zeit auf hohle geistliche Debatten zu verschwenden, durch die sich im Leben von Menschen nicht das geringste verändert. Ihm ging es darum, „die Erkenntnis der Wahrheit" zu fördern, *„die der Gottseligkeit gemäß ist"* (Tit. 1,1; Kursivsetzung vom Vf.). Er setzte sich ein für „Dienstleistung im Haushalt Gottes, welche im Glauben geschieht" (1. Tim. 1,4; Zürcher Bibel).

Bibellesen kann langweilig werden, wenn wir die Schrift wie unbeteiligte Zuschauer wahrnehmen, statt uns klarzumachen, daß wir verantwortlich sind, ihr zu gehorchen. Jesus mahnt:

> „Was nennt ihr mich aber: Herr, Herr! und tut nicht, was ich sage?"
>
> (Lk. 6,46)

Die Wörter „nein, Herr" sind ein Widerspruch in sich selbst. Denn wenn wir zum Herrn nein sagen, dann ist er nicht unser Herr.

Vielmehr steht es so, daß Gott sich denen offenbart, die sich vor ihm demütigen und zur Bibel greifen, um Anweisungen dafür zu erhalten, wie sie ihr Leben führen sollen. Er ist Gott, nicht wir. Der Herr sagt:

> „... auf den will ich blicken: auf den Elenden und den, der zerschlagenen Geistes ist und der da zittert vor meinem Wort."
>
> (Jes. 66,2)

11 Die Furcht Gottes – eine Quelle des Lebens

Als ich ein Babychrist war, hatte ich Gottesfurcht, aber sie war von der verkehrten Sorte: Ich hatte Angst vor Gottes Willen. *Womöglich will Gott, daß ich für immer ehelos bleibe,* dachte ich. *Oder noch schlimmer, am Ende will er mich gar als Missionar haben!* Im Ergebnis meiner Furcht hatte ich ein Herz, das nicht gerade kooperativ war. Im Unterbewußtsein dachte ich, ich sollte ja aufpassen, die Zügel meines Lebens selber in der Hand zu behalten, sonst würde Gott es noch gegen die Wand fahren.

Ich erkannte nicht, wie kränkend diese Befürchtungen waren. Ich war genau wie die junge Frau, von der im letzten Kapitel die Rede war und die Gott „grausam" fand: Meine Gedanken setzten meinen Schöpfer herab.

Nachdem viele Jahre vergangen sind, in denen ich Gott besser kennengelernt habe, ist mir heute klar, daß meine Gedanken nicht bloß kränkend waren, sondern absolut blödsinnig. Heute stehe ich voller Ehrfurcht davor, wie gut Gott all die Jahre zu mir gewesen ist.

Jede Sünde, bestehe sie nun in Gedanken, Worten oder Taten, greift Gottes Charakter an. Jede Sünde verunehrt ihn, weil sie dokumentiert, daß wir seinen Weg nicht für den besten halten. Wir stellen seine Weisheit, seine Freundlichkeit oder beides auf einmal in Frage. Sündigen wir, so sagen wir zu Gott: „Ich traue dir nicht. Ich traue auf mich selbst. Ich will, was für mich das Beste ist; bei dir bin ich mir da nicht so sicher. Ich mach's so, wie ich es für richtig halte." Auf diese Weise erheben wir uns selbst und erniedrigen Gott zugleich – ein Doppelpack, der wahrlich nicht empfehlenswert ist!

Solange wir Angst vorm Willen Gottes haben, leben wir noch nicht in biblischer Gottesfurcht. Wir respektieren ihn nicht so, wie uns das zukäme. Die gesunde, biblische „Furcht des Herrn" ist mehr, als daß wir Gott bloß um seiner gewaltigen Macht willen respektieren. Sie ist mehr, als daß wir ihn schlicht als denjenigen akzeptieren, vor dem wir einmal Rechenschaft werden ablegen müssen. Wir sollten dahin kommen, ihn auch als den zu respektieren, der vollkommen ist an Weisheit und Freundlichkeit. Wir müssen ihn als einen guten Gott anerkennen, dessen Pläne besser sind als unsere eigenen. So werden wir ihm vertrauen und ihm gehorchen – und zwar mit freudigem Herzen.

> „Der HERR hat Gefallen an denen, die ihn fürchten, an denen, die auf seine Gnade harren."
>
> (Ps. 147,11)

Bei R. C. Sproul lesen wir:

> „Daß die Welt Gott wenig Respekt entgegenbringt, springt einem ins Gesicht, wenn man sich anschaut, wie sie mit seinem Namen umgeht. Der Name Gottes wird durch den Schmutz dieser Welt gezogen. Er muß als Schimpfwort herhalten und wird mit mancherlei Obszönitäten besudelt. Da ist weder Hochachtung, noch Höflichkeit, noch Ehrfurcht vor ihm.
>
> Oft verwechseln wir [beim Vaterunser] den Wunsch ‚geheiligt werde dein Name' mit der Aussage ‚geheiligt ist dein

> Name'. Stünde es so da, dann besagte der Satz lediglich die Feststellung, daß Gott Lobpreis empfängt. Doch so hat Jesus es nicht gesagt. Er legte uns eine Bitte nahe, und es ist die erste Bitte von allen im Vaterunser. Wir sollten darum beten, daß Gottes Name geheiligt, daß Gott als heilig angesehen werde.
>
> Das Gebet hat eine gewisse Folgerichtigkeit: Gottes Reich wird niemals kommen, wo sein Name nicht geheiligt wird. Sein Wille wird nicht auf Erden geschehen, wie er im Himmel geschieht, wenn sein Name hier bei uns geschändet wird. ... Der Himmel ist ein Ort totaler Ehrerbietung für Gott. Es ist töricht, irgendwo das Reich Gottes erwarten zu wollen, wo Gott nicht verehrt wird" (R. C. Sproul, The Holiness of God, 1985, S. 19 f. Deutsch u. d. T.: *Die Heiligkeit Gottes*, 1996).

Alles Gute beginnt damit, daß man Gott Respekt entgegenbringt. Satan stellt fortwährend Gottes Charakter in Frage, weiß er doch, daß jede Sünde mit dem Argwohn anfängt, Gott sei gar nicht gut. Seitdem er sich im Garten Eden an Eva heranmachte, hat sich die Strategie des Teufels nie geändert. Kaum hatte er diesen Argwohn in ihr Denken gepflanzt, folgte der Ungehorsam auf dem Fuße. Ungehorsam ist die Folge von Respektlosigkeit.

Die Lügen, die Satan ausbrütet, um Gottes Charakter zu verunehren, sind darauf angelegt, unsere Herzen Gott abspenstig zu machen. Es liegt ja auf der Hand: Je mehr unser Bild von Gott davon befleckt ist, daß wir ihn für desinteressiert, gleichgültig, ungerecht, grausam, tyrannisch oder auch langweilig halten, um so verhaltener wird unsere Begeisterung ausfallen, ihm nachzufolgen. Menschen, die nicht den Wunsch verspüren, Gott nachzufolgen, sind Menschen, die nicht wissen, wie Gott ist. Dagegen hilft nur Erkenntnis der Wahrheit.

Sehen wir Gott, wie er ist, so werden wir ihm ebenso selbstverständlich vertrauen, wie wir Atem schöpfen. Wenn wir ihn sehen, wie er ist, schreibt Joy Dawson, „wird [es] uns absurd erscheinen, Seinem Willen nicht nachzukommen" (J. Dawson, Innige Freundschaft mit Gott, 1994, S. 18). Wir stehen in einer Schlacht, und unsere Gedanken sind das

Schlachtfeld. Wir tun gut daran, jedweden Gedanken von uns zu weisen, der Gottes Charakter verleumdet.

Der kluge Mann baute, der törichte auch – bloß wozu?

Mit den Worten Jesu, die in Matthäus 7,24-27 geschrieben stehen, werden Sie vermutlich vertraut sein:

> „Jeder nun, der diese meine Worte hört und sie tut, den werde ich einem klugen Mann vergleichen, der sein Haus auf den Felsen baute; und der Platzregen fiel hernieder, und die Ströme kamen, und die Winde wehten und stürmten gegen jenes Haus; und es fiel nicht, denn es war auf den Felsen gegründet. Und jeder, der diese meine Worte hört und sie nicht tut, der wird einem törichten Mann verglichen werden, der sein Haus auf den Sand baute; und der Platzregen fiel hernieder, und die Ströme kamen, und die Winde wehten und stießen an jenes Haus; und es fiel, und sein Fall war groß."

Dieser Text zeigt uns deutlich, welche *Folgen* es jeweils zeitigt, ob wir Jesu Worte tun oder nicht. Doch denken wir lieber über die *Ursache* des einen wie des anderen Verhaltens nach: Wie kommt es, daß manche Leute hören und gehorchen? Und wieso hören andere und gehorchen nicht? Was spielt sich in den Köpfen beider Gruppen ab? Was glauben die einen über Gott, was die anderen? Und was glauben sie über sich selbst?

Der törichte Mann gehorcht nicht, weil er weder Gott noch das, was er sagt, respektiert. Er hat einen besseren Plan. „Die Furcht des HERRN ist der Weisheit Anfang" (Spr. 9,10), aber ein Tor hat keine Gottesfurcht. Gottes Weisheit findet keinen Raum in ihm, weil er in seinen Augen schon selbst weise genug ist. Ja, Gott findet bei ihm keinen Platz, denn er hat schon einen Gott. Letztendlich sagt er zu Gott: „Schränk mich bitte nicht in meiner freien Entfaltung ein! Ich hab hier alles im Griff. Deinen Rat brauch' ich nicht."

Unterm Strich sieht es so aus, daß der törichte Mann stolz ist und sein Stolz ihn unbelehrbar macht. *Er hat mehr Achtung vor sich selbst als vor dem Gott des Universums.*

Es bringt mich auf die Palme zu denken, daß es so Woche für Woche in Tausenden von Gemeinden zugeht: Der Pastor gibt Gottes Wort weiter, aber die Leute verlassen den Gottesdienst genauso, wie sie gekommen sind – unverändert, ohne ihr Leben an das, was Gott sagt, angepaßt zu haben. Wieviel Stolz geben wir zu erkennen, wenn wir zwar das Wort Gottes hören, aber, nachdem wir es gehört haben, unser Leben genauso weiterführen, wie es von jeher war?

Der kluge Mann hingegen hört Gottes Wort und gehorcht ihm, weil er Gott respektiert. Sein Gehorsam ist nicht widerstrebend. Sein Herz nimmt Gottes Wort gern in sich auf. In Psalm 112,1 heißt es:

> „Glücklich der Mann, der den HERRN fürchtet, der große Freude an seinen Geboten hat!"

Wenn wir von der Bathseba-Uria-Episode absehen, ist David ein gutes Beispiel für einen Menschen, der Gottes Wort mit Freuden in sein Herz aufnahm. Konsequent richtete er sein Leben danach aus. „Ich habe meine Wege überdacht", schrieb er, „und meine Füße gekehrt zu deinen Zeugnissen" (Ps. 119,59).

Wenn das die Haltung unserer Herzen ist, kann Gott in unserem Leben großartige Dinge tun, kann über uns ausschütten, was in seinem Herzen ist: Segnungen, die jede menschliche Vorstellung übersteigen. Lesen wir Psalm 31,20:

> „Wie groß ist deine Güte, die du bereithältst denen, die dich fürchten ..."

Und in 5. Mose 5,29 läßt uns der Herr etwas von seiner Freude an unserem Gehorsam ahnen, wenn es heißt:

> „Möge doch diese ihre Gesinnung bleiben, mich allezeit zu fürchten und alle meine Gebote zu halten, damit es ihnen und ihren Kindern ewig gutgeht!"

Wer den Herrn fürchtet, erfährt die Richtigkeit von Sprüche 14,27:

> „Die Furcht des HERRN ist eine Quelle des Lebens ..."

Achten Sie einmal in den nachfolgend zitierten Versen auf Davids Haltung zum Wort Gottes:

> „Die Furcht des HERRN ist rein und besteht in Ewigkeit. Die Rechtsbestimmungen des HERRN sind Wahrheit, sie sind gerecht allesamt; sie, die köstlicher sind als Gold, ja viel gediegenes Gold, und süßer als Honig und Honigseim. Auch wird dein Knecht durch sie gewarnt; in ihrer Befolgung liegt großer Lohn."
>
> (Ps. 19,10 ff.)

> „Deine Zeugnisse sind auch meine Lust, meine Ratgeber sind sie."
>
> (Ps. 119,24)

> „Lieber ist mir das Gesetz deines Mundes als Tausende von Gold- und Silberstücken."
>
> (Ps. 119,72)

> „Ich freue mich über dein Wort wie einer, der große Beute macht."
>
> (Ps. 119,162)

> „Meine Seele hat deine Zeugnisse befolgt, und ich liebe sie sehr."
>
> (Ps. 119,167)

Der Königsweg zur Heiligkeit

Wenn es Ihr Wunsch ist, daß Ihr Leben Gott voll und ganz wohlgefällt, kann Ihnen die Furcht Gottes zum Ziel helfen. Paulus schreibt:

> „Da wir nun diese Verheißung haben, Geliebte, so wollen wir uns reinigen von jeder Befleckung des Fleisches und des Geistes und die Heiligkeit vollenden in der Furcht Gottes."
>
> (2. Kor. 7,1)

Unheiligkeit erwächst daraus, daß wir unser Leben selbst in der Hand behalten wollen – in Rebellion gegen einen Gott, den wir nicht respektieren. In Sprüche 16,6 lernen wir:

> „Durch die Furcht des HERRN weicht man vom Bösen."

Die Furcht Gottes schützt uns davor, auf Abwege zu geraten. Jeremia 32,40 lautet:

> „Und ich werde meine Furcht in ihr Herz legen, damit sie nicht von mir abweichen."

Solange wir dem Herrn vertrauen, werden wir nicht gegen ihn aufbegehren. Ungehorsam zeigt an, daß wir Gott für geringer halten, als er in Wirklichkeit ist. Der Text aus Sprüche 3,5 ff. bringt uns zum Kern des Problems:

> „Vertraue auf den HERRN mit deinem ganzen Herzen und stütze dich nicht auf deinen Verstand! Auf all deinen Wegen erkenne nur ihn, dann ebnet er selbst deine Pfade. Sei nicht weise in deinen Augen, fürchte den HERRN und weiche vom Bösen!"

Jeden Augenblick unseres Lebens müssen wir der Wahrheit darüber, wie Gott ist, die Ehre geben. In 1. Samuel 12,24 heißt es:

> „Fürchtet nur den HERRN und dient ihm in Wahrheit mit eurem ganzen Herzen! Denn seht, wie große Dinge er an euch getan hat!"

Häufig trug Gott den Hebräern auf, einen Gedenkstein aufzurichten, damit sie diesen oder jenen mächtigen Gnadenakt, den er an ihnen vollbracht hatte, nicht wieder vergaßen. So wies er sie beispielsweise an, Steine zum Gedenken daran aufzurichten, daß er den Jordan hatte trockenfallen lassen, damit sie hindurchziehen konnten, „damit alle Völker der Erde erkennen sollen, wie stark die Hand des HERRN ist, damit ihr den HERRN, euren Gott, allezeit fürchtet" (Jos. 4,24).

Gott war auch daran gelegen, daß die Leute ihre Kinder lehrten, Gott zu fürchten. Zu Mose sagte er:

> „Versammle mir das Volk, daß ich sie meine Worte hören lasse, die sie lernen sollen, um mich zu fürchten all die Tage, solange sie auf dem Erdboden leben und die sie ihre Kinder lehren sollen.“
>
> (5. Mose 4,10)

Als erstes kommt es darauf an, daß wir ein Vorbild an Gottesfurcht sind, indem wir Gott vertrauen und ihm in freudiger Haltung gehorchen. (Wir können schließlich nicht weitergeben, was wir nicht besitzen.) Zweitens müssen wir unsere Kinder liebevoll behandeln, sie achten und mit fester Hand leiten. Wenn sie lernen, Gott zu fürchten, und erkennen, daß seine Wege die besten sind, wird ihr Leben in Ordnung sein – und mehr als das. Fürchten sie aber Gott nicht, so fürchte ich um ihre Zukunft!

Ein Herzeingriff, den Sie selbst durchführen können

Respektieren wir Gott nicht, so verhärten wir unsere Herzen gegen ihn. Beachten wir Sprüche 28,14:

> „Glücklich der Mensch, der beständig in der Gottesfurcht bleibt! Wer aber sein Herz verhärtet, wird ins Unglück fallen.“

Ein hartes Herz und Achtung für Gott – das hat nicht beides auf einmal in derselben Person Platz.

In John Bunyans Buch *Der heilige Krieg* versucht Diabolos die Menschen dazu zu drängen, daß sie Gott widerstehen, und sagt ihnen auch, wie sie das tun sollen. Mehr als alles andere empfiehlt er ihnen, eine bestimmte Brustwehr anzulegen. „Dies ist eine eiserne Brustwehr“, sagt er, „nämlich ein hartes Herz! Tragt sie, wo ihr geht und steht, und Barmherzigkeit wird an euch abprallen, das Gericht euch nicht mehr schrecken!“

Wenn ich vom Weg Gottes abkomme und Buße tun muß, bediene ich mich häufig der Wahrheit, um der Härte meines Herzens abzuhelfen. Lassen Sie mich als Beispiel Unversöhnlichkeit anführen. Sobald jemand mich verletzt, mache ich mir zwei Dinge neu klar: als erstes, daß Gott gut ist und deshalb all seine Wege gut sind, eingeschlossen das Gebot zu vergeben. Und als zweites, daß er der Chef ist und nicht ich. Diese Wahrheiten memoriere ich mehrere Male, so lange, bis sie mir ins Herz gefallen sind.

Wenn ich Gott in dieser Weise Anerkennung zolle, bringt er mich wieder auf geraden Kurs oder, biblisch gesagt, „macht meine Pfade gerade".

Tue ich Buße, so muß ich mich nicht nur von falschen Verhaltensweisen abwenden, sondern auch von falschen Vorstellungen über Gott, die dieses verkehrte Verhalten erst hervorgebracht haben. In Sprüche 16,6 heißt es:

> „... durch die Furcht des HERRN weicht man vom Bösen."

Achtung vor Gott ist der Schlüssel.

Gott selbst faßt trefflich zusammen, was geschehen wird, wenn sein Gericht zutage tritt:

> „Denn die mich ehren, werde auch ich ehren, und die mich verachten, sollen wieder verachtet werden."
>
> (1. Sam. 2,30)

12

Gott gefallen auf der Arbeit

Ed verdiente nur vier Dollar fünfundzwanzig die Stunde und war darüber nicht gerade sehr glücklich. Von seinem Vorarbeiter im Straßenbau mit Ausschachtungsarbeiten beauftragt, schwang er die Schaufel ohne allzugroßen Enthusiasmus. Als der Schachtmeister Ed bei dessen halbherzigen Anstrengungen beobachtete, sagte er: „Ich glaub', ich muß dir mal Beine machen, damit du die Schaufel ein bißchen flotter bewegst!"

„Für vier Dollar fünfundzwanzig die Stunde", antwortete Ed, „geht's nun mal nicht schneller."

„Dann komm rüber ins Baubüro", sagte der Schachtmeister, „ich mach' dir die Papiere fertig."

Sprüche 18,9 stellt klar:

> „Wer sich auch nur lässig zeigt bei seiner Arbeit, der ist ein Bruder des Verderbens."

Wenn wir nicht Gottes Befehl gehorchen, mit ganzem Herzen bei der Arbeit zu sein, ist uns vielleicht unsere Motivation abhanden gekommen. Doch was uns die Motivation stiehlt, sind nicht widrige Umstände, sondern ist unser falsches Denken über diese Umstände.

Falsche Gedanken, die die Motivation untergraben

1. „Ich krieg' nicht genug Geld. Man bezahlt mir nicht, was mir von Rechts wegen zustünde, also streng' ich mich auch entsprechend weniger an. Ich will mich ja gar nicht beklagen – meine Firma kriegt halt das, wofür sie bezahlt."

2. „Ich krieg' von meinen Vorgesetzten nicht die Anerkennung, die ich verdiene. Es fällt schwer, dabei nicht bitter zu werden. Ist es nicht entmutigend, sein Bestes zu geben, ohne jemals 'nen Klaps auf die Schulter oder ein Wort der Dankbarkeit zu kriegen, geschweige denn 'ne Prämie oder 'ne Beförderung? Ich will ja gar nicht halbherzig arbeiten, aber wenn selbst das Beste, was ich bringen kann, nicht anerkannt wird, was soll's dann alles?"

3. „Ich arbeite in einem weltlichen Beruf. Ja, wenn ich im geistlichen Dienst stünde, dann wäre ich motiviert, aber wie soll man sich für eine Arbeit begeistern, die keinerlei Ewigkeitswert hat?"

4. „Mein Chef ist ein ... Sicher, wenn ich hart arbeiten würde, würde mein Boss gut dastehen, aber ehrlich gesagt will ich gar nicht, daß er gut dasteht. Ich hab darüber mit meinen Kollegen gesprochen, und glauben Sie mir, ich bin wahrhaftig nicht der einzige, der die Sache so sieht."

Gottes Lösung, wie sie in folgendem Text deutlich wird, verjagt diese Motivationsdiebe und verwandelt unser Arbeitsleben. Es ist eine Lösung, die unseren Alltag lebendiger macht und uns unsere täglichen Aufgaben mit Freude angehen läßt.

> „Ihr Sklaven, gehorcht in allem euren Herren nach dem Fleisch, nicht in Augendienerei, als Menschengefällige, sondern in Einfalt des Herzens, den Herrn fürchtend. Was ihr auch tut,

> arbeitet von Herzen als dem Herrn und nicht den Menschen, da ihr wißt, daß ihr vom Herrn als Vergeltung das Erbe empfangen werdet; ihr dient dem Herrn Christus."
>
> (Kol. 3,22 ff.)

Dieser Text ist keine für sich allein stehende Ermahnung, die nur Sklaven betrifft. Vielmehr sagt er, wie ein gottgemäßer Lebenswandel in der Arbeitswelt aussieht.

An anderen Stellen der Bibel finden wir ähnliche Anweisungen. Als König Joschafat Richter einsetzte, ermahnte er sie wie folgt:

> „So sollt ihr es machen in der Furcht des HERRN, in Treue und mit ungeteiltem Herzen."
>
> (2. Chr. 19,9)

Ähnlich berichtet uns die Bibel von König Hiskia:

> „Und er tat, was gut und recht und treu war vor dem HERRN, seinem Gott. Und bei jedem Werk, das er im Dienst für das Haus Gottes und im Gesetz und im Gebot begann, um seinen Gott zu suchen, handelte er mit ganzem Herzen; und er hatte Gelingen."
>
> (2. Chr. 31,20 f.)

Es fällt schwer, sich widrigere Umstände vorzustellen als diejenigen, unter den die Sklaven, die Paulus anspricht, leben mußten; und doch wies Paulus sie an, Gott wohlzugefallen, indem sie mit ganzem Herzen bei der Arbeit blieben. Wer immer denkt, er könne nicht mehr Motivation aufbringen, solange er nicht besser bezahlt werde, sollte sich klarmachen, daß diese Sklaven überhaupt keine Bezahlung erhielten.

Und wer dadurch demotiviert ist, daß er einer weltlichen Arbeit nachgeht, sollte zur Kenntnis nehmen, daß Paulus hier nicht an Pastoren schrieb, sondern an Sklaven. Keine Arbeit ist weltlich, wenn sie zur Ehre Gottes getan wird! Welcher Aufgabe auch immer wir nachgehen, wir können darin Gott gefallen und uns ewigen Lohn verdienen!

Und wenn es schließlich um diejenigen geht, die nicht recht motiviert sind, weil sie ihren Chef nicht mögen oder weil sie nicht genug Anerkennung erfahren, dürfen wir Paulus ebenfalls zu Rate ziehen, denn er drückt ja aus: „Ihr arbeitet für den verkehrten Boss! Arbeitet nicht so, als ob es für Menschen wäre! Arbeitet als Leute, die Gott gefallen wollen! Vom Herrn werdet ihr euren Lohn empfangen."

Menschengefällige legen bei der Arbeit einen Zahn zu, wenn ihr Chef in der Nähe ist. Ihnen fehlt es in ihrer Arbeit an Integrität, und sie werden auch Mangel an ewigem Lohn haben, der ihnen aus ihrer Arbeit zufließt. „Verhalte dich so, wie es sich gehört, auch wenn dein Chef dir nicht über die Schulter schaut", hat jemand geschrieben, „denn es geht nicht um deinen Chef. Der wirkliche Boss steht jede Sekunde deines Lebens neben dir!"

Epheser 6,5 ermahnt uns, „mit Furcht und Zittern ... als dem Christus" zu arbeiten. Würden wir nur in Wahrheit erkennen, welch atemberaubende Gelegenheit uns die tägliche Arbeit bietet – nämlich dem lebendigen Gott selbst zu dienen –, so mag uns das tatsächlich zum Zittern bringen! Paulus geht davon aus, daß wir Grund genug hätten zu zittern, wenn Christus selbst uns eine Aufgabe übertrüge. Jetzt fordert er uns auf, genauso zu zittern, wenn Christus uns indirekt eine Aufgabe stellt, nämlich durch einen irdischen Vorgesetzten. Sie und ich dienen dem Herrn Jesus Christus! Welch eine Ehre!

Gottes Richtlinien für unsere Arbeit

Die meisten Leute haben bei ihrer Arbeit bestimmten Vorgaben zu entsprechen. Manche von uns haben ein ausgezeichnetes Händchen für jede beliebige Art von Arbeit. Andere machen ihre Sache ordentlich, wieder andere entsprechen den Erwartungen. Und dann gibt es Leute, die tun gerade so viel, daß sie über die Runden kommen. Ebenso ist es im Hochschulleben: Manche Studenten sind und bleiben Einserkandidaten, manche sind durchschnittlich in ihren Leistungen, eine dritte Gruppe bleibt hinterm Durchschnitt zurück, und eine vierte kann man eigentlich gar nicht als Studenten bezeichnen.

Gottes Richtlinien jedoch sehen anders aus. Seine Wege sind nicht unsere Wege. Nach Kolosser 3,23 geht es Gott in erster Linie um unsere Antworten auf zwei Fragen: Hast du dein Herz in deine Arbeit investiert? Und: Tust sie für mich?

In seinem Buch *The Fight* beschreibt John White, wie sein Arbeitsleben am College verwandelt wurde:

> „Ich weiß noch, wie erleichtert ich mich fühlte, als ich endlich aufhören konnte, mir um die Prüfungen Sorgen zu machen. Seinerzeit studierte ich Pathologie. ... Mit halber Aufmerksamkeit las ich ein Buch, während die andere Hälfte meiner Gedanken sich mit Fragen herumschlug wie: Kapiere ich das Zeug hier auch wirklich? Wie wahrscheinlich ist es, daß das in der Prüfung drankommt? Komme ich vielleicht zu langsam voran? ... Warum ist das bloß so langweilig?
>
> Da flog mich von irgendwoher der Gedanke an: Wieso liest du dieses Kapitel nicht wie für den Herrn?
>
> Wie jetzt – ich sollte gar nicht ans Examen denken? Ich hielt den Atem an. Etwas in mir wußte, daß das für mich eine Erleichterung wäre und ich mich so aufs neue an meiner Arbeit erfreuen könnte. Doch ein anderer Teil von mir begehrte auf. Die Anregung kam mir gefährlich vor. Meine Prüfer waren nicht an einer properen geistlichen Haltung interessiert, sondern daran, daß ich den Stoff beherrschte.
>
> Doch der Kampf war kurz, und die Entscheidung fiel zugunsten Gottes aus. Die ganze Plackerei für die Prüfungen hatte ich satt bis obenhin. ... ‚Herr, für dich' – das wurde meine Motivation.
>
> Zu meiner großen Freude entdeckte ich, daß sein Joch leicht und seine Last nicht schwer war, so daß ich fortan mit Ruhe in meiner Seele studierte. Pathologie wurde auf einmal interessant. ... Der Druck schwand, und an seine Stelle trat ein Empfinden von Befriedigung und Dankbarkeit. Examen oder kein Examen, ich wollte für Gott arbeiten. Ich nahm mir sogar Zeit zum Tennisspielen und tat es mit sorglosem Geist.
>
> Doch war ich jetzt natürlich verantwortlich dafür, meine Studierzeiten auch so zu nutzen, wie es Gott gefiel. Und wirklich: ich genoß, was ich tat. Bestimmt lernte ich eine Menge

> mehr, obwohl ich nicht sagen kann, ob und wie meine Noten dadurch beeinflußt wurden. Aber darauf kam es auch nicht an. Ich arbeitete jetzt nicht mehr für Zensuren und Qualifikationen, sondern für Christus. Studieren war für mich zur Berufung geworden. ... Sicher, von Zeit zu Zeit fiel ich wieder in meine früheren Gewohnheiten zurück. Christus durch mein Studium zu ehren war wie das Erlernen eines neuen Schwimmstils: Es mußte geübt werden. Doch auf jeden Fall war es so, daß mein Studentendasein nie wieder so trostlos war wie zuvor" (J. White, The Fight, 1976, S. 205 f.).

Der Segen des Gehorsams

Was geschieht, wenn wir Gottes Anweisungen in unserem Arbeitsleben ernst nehmen? Unsere Arbeit wird zur praktizierten Liebe zu Gott. Weil wir ihn so sehr lieben, arbeiten wir in Einfalt des Herzens, „als dem Christus" (Eph. 6,5). Wir arbeiten mit reinen Motiven und in reiner Hingabe.

Das wird unsere Perspektive verändern. Unsere Anstrengungen hören auf, anstrengend zu sein. Ob wir nun zu Hause oder anderswo arbeiten, wir werden anfangen, unsere Mühe als Vorrecht zu betrachten, und statt schwerer Verantwortung werden wir lauter Gelegenheiten wahrnehmen.

Wäre es unter Christen weit verbreitet, Gehorsam zu leisten, so würde das nicht nur uns als Individuen, sondern unsere ganze Gesellschaft verändern. Arbeiteten wir von ganzem Herzen als dem Herrn, so würden wir Christen beruflich vorankommen. Wenn Sie Arbeitgeber wären, wie würden Sie einen Beschäftigten einstufen, der mit Hingabe und Sorgfalt arbeitet, auch wenn niemand zuschaut? Der stets hilfsbereit ist, eine freudige Dienstgesinnung an den Tag legt? Immer zufrieden und ehrlich ist? Es fällt nicht schwer, sich vorzustellen, daß solch ein Mitarbeiter Karriere machen würde. Wenn nun ein geistlicher Lebensstil auf der Arbeit uns in Positionen von größerem Einfluß aufsteigen lassen würde, so könnten wir diesen Einfluß nutzen, um mehr Menschen zum Segen zu werden und Gottes Reich zu fördern.

Deswegen sollten wir dem Ratschlag Beachtung schenken, den Gott dem Asa gab:

> „Ihr aber, seid stark und laßt eure Hände nicht schlaff werden! Denn es gibt einen Lohn für euer Tun. Als aber Asa diese Worte ... hörte, faßte er Mut."
>
> (2. Chr. 15,7 f.)

13 Die Zeit auskaufen

Einer der Wege, die wir gehen sollten, um uns auf den Richterstuhl Christi vorzubereiten, besteht darin, jedem einzelnen Tag eine Bedeutung für das Reich Gottes zu geben. Wir lesen in Epheser 5,15 ff.:

> „Seht nun genau zu, wie ihr wandelt, nicht als Unweise, sondern als Weise. Kauft die gelegene Zeit aus, denn die Tage sind böse. Darum seid nicht töricht, sondern versteht, was der Wille des Herrn ist."

Ständig laufen wir Gefahr, uns von Dingen einnehmen zu lassen, auf die es gar nicht ankommt – Dingen, die keine Ewigkeitsbedeutung haben oder nicht im Willen Gottes liegen. Um unsere Zeit optimal nutzen, müssen wir die Kontrolle darüber gewinnen, wie wir sie füllen: „die Zeit auskaufen". Da Gott uns gebietet, das zu tun, können wir es auch tun, selbst wenn wir bis heute desorganisiert gewesen sind. Was Gott uns zu tun befiehlt, dazu befähigt er uns auch.

Die Zeit auszukaufen beinhaltet, unser Leben besser zu beherrschen und das Beste aus den Gelegenheiten zu machen, die sich uns bieten. Die Zeit auszukaufen bringt enormen Gewinn: Unser Leben wird effektiver, erfreulicher und weniger aufreibend. Und was das Wichtigste ist: es wird mehr zur Ehre Gottes ausschlagen.

Es beginnt mit einer Vision

Gutes Zeitmanagement beginnt mit einer Vision. Machen Sie eine Bestandsaufnahme aller Gaben und Talente, mit denen Gott Sie ausgestattet hat. Öffnen Sie sich für jedwede Berufung, von der Sie glauben, daß sie über Ihrem Leben ausgesprochen ist, egal, wie alt Sie sind. Gibt es einen bestimmten Menschen oder eine Gruppe von Leuten, denen zum Segen zu werden Gott Sie berufen hat? Sagen Sie ihm, daß Sie gern effektiv sein möchten für sein Reich, daß Sie entschlossen sind, seinen Willen zu tun. Was meinen Sie: Was möchte Gott durch Sie verwirklichen? Nach dieser Zielbestimmung sollten Sie sich ein wenig Zeit zum Überlegen und Träumen nehmen. Während Sie das tun, werden Sie anfangen, künftige Möglichkeiten zu erkennen. Schreiben Sie Ihre Ideen auf. Machen Sie sich keine Sorgen, wenn diese unrealistisch klingen. Wenn Gott Sie beruft, etwas zu tun, dann hat er auch alle Möglichkeiten, es durch Sie zu verwirklichen.

Eine klare gedankliche Schau dessen zu erlangen, was Gott durch Sie tun möchte, wird Ihnen ungemein helfen, es in der Wirklichkeit umzusetzen. Wollen Sie etwas Bedeutsames verwirklichen, so müssen Sie zunächst etwas Bedeutsames vor Augen haben. Großen Erfolgen gehen große Visionen voraus, doch Vision ohne Aktion wird bloß ein Traum bleiben. Ebenso wahr ist freilich die Umkehrung: Aktion ohne Vision ist nichts als Zeitvertreib. Vision plus Aktion hingegen können die Welt verändern.

Der nächste Schritt freilich besteht nicht darin, sich in die Tat zu stürzen, sondern darin, daß wir Vorbereitungen treffen. Gott muß uns formen und vorbereiten, wie der Töpfer ein Gefäß formt. Bevor wir tun können, wovon Gott möchte, daß wir es tun, müssen wir das werden, wovon Gott möchte, daß wir es sind.

Selbst wenn wir eine deutliche Vorstellung der Vision Gottes für unser Leben besitzen, ist es gefährlich, ihm vorauszueilen. Mose begriff die Vision – nämlich daß Gott die Hebräer aus der ägyptischen Sklaverei hinausführen wollte –, aber er wurde zu früh aktiv: Erst vierzig Jahre später war er hinreichend vorbereitet (s. Apg. 7,23 ff. 30). Ebenso verhielt es sich mit Abraham und Sarah: Auch sie verstanden die Vision – Abraham sollte zum Vater vieler Nationen werden. Doch sie warteten nicht Gottes Zeitpunkt ab. Sarah brachte Hagar ins Spiel, und die ganze Zeit seither hat der Nahe Osten unter den Zwistigkeiten zwischen den Nachfahren Ismaels und Isaaks zu leiden gehabt.

Solange wir nicht zuerst lernen, im Kleinen treu zu sein, wird Gott uns keinen größeren Einflußbereich unter seiner Herrschaft einräumen. Da, wo wir gepflanzt sind, sollten wir blühen. Welche Aufgaben hat Gott Ihnen schon jetzt gegeben? Erfüllen Sie sie gut. Und was wichtiger ist als alles andere: passen Sie auf, daß Ihre persönliche Beziehung zu ihm stetig wächst und tiefer wird. Mit den Worten Peter Lords: „Sie haben auf den Tiefgang Ihres Lebens zu achten – dann wird Gott sich um die Breitenwirkung Ihres Dienstes kümmern."

Wie können wir es anstellen, daß jeder Tag, den wir leben, für Gottes Reich zählt? Beschäftigen wir uns mit den Grundbegriffen guten Zeitmanagements.

Die Unterscheidung von Vorsätzen und Zielen

Gegen Silvester nahm sich ein Mann Zeit zum Träumen und Formulieren einer Vision für das neue Jahr. „Ich möchte ein besserer Ehemann sein", schrieb er auf ein Blatt Papier. „Ich will ein besserer Vater werden. Ich möchte geistlich wachsen." Das sieht aus wie eine beachtliche Liste von Zielen, doch eigentlich handelt es sich überhaupt nicht um Ziele. Es handelt sich um Vorsätze: löbliche Absichtserklärungen. Bedauerlicherweise tangieren unsere guten Vorsätze nicht immer unseren tatsächlichen Alltag. Und an dieser Stelle müssen Ziele auf den Plan treten.

Vorsätze sind allgemeine Kursbestimmungen: Sie geben die Richtung an, in die wir unser Leben entwickelt sehen möchten. *Ziele* dagegen sind konkrete Festlegungen, deren Erreichung objektiv meß- und überprüfbar ist. In dem Buch *Living in Light of Eternity* von Stacy und Paula Rinehart heißt es:

> „Sobald Sie die Grundrichtung Ihres Lebens bestimmt haben, ist der nächste Schritt, der naturgemäß auf dem Fuße folgt, die Festlegung von Zielen. *Ziele* sind ... meßbare Projekte, die die grundlegende Bestimmung Ihres Leben widerspiegeln. Zielsetzungen befähigen Sie, Überflüssiges zu meiden und sich auf die Richtung zu konzentrieren, in die Gott Sie leitet. Durch Zielsetzungen wird es möglich, daß ein Lebenszweck nicht mehr nur aus Buchstaben auf Papier besteht, sondern in Ihnen zu leben beginnt" (a.a.O. S. 90).

Doch zurück zu dem Mann, der ein besserer Ehemann und Vater werden wollte. Welche handlungsorientierten Ziele könnte er sich setzen? Er hat es nötig, aus dem Nebel des Vagen herauszukommen und das Reich des genau Definierten zu betreten. Je präziser er seine Ziele formuliert, um so sicherer wird er seine Richtung bestimmen können.

Besserer-Ehemann-Ziele könnten zum Beispiel sein:

- *binnen Jahresfrist mit meiner Frau eine Einkehrfreizeit für Ehepaare besuchen;*
- *innerhalb der nächsten zwei Monate Larry Crabbs Buch* In guten wie in bösen Tagen *lesen;*
- *eine Wochenendreise ohne Kinder fest einplanen.*

Besserer-Vater-Ziele könnten folgendes beinhalten:

- *binnen eines Monats mit jedem Kind einzeln etwas Besonderes unternehmen;*
- *im nächsten Vierteljahr Eberhard Mühlans Buch* Bleib cool, Papa *lesen;*
- *ein Zeltwochenende mit meinem Sohn konkret einplanen.*

Wohlüberlegte Ziele lassen das Leben besser gelingen. Sobald Sie ein Ziel verfolgen, ist das Leben ganz anders. Mag sein, daß es Sie nicht begeistert, wo Sie gerade stehen – dann kann es Sie wenigstens begeistern, wohin Sie unterwegs sind.

Etwa drei Jahre lang hegte ich eine gute Absicht, die ich nie in die Tat umsetzte. Obwohl ich meinen Kindern eine Hochschulausbildung ermöglichen möchte, hatte ich noch nicht einen Penny dafür gespart. Mehrmals während der drei Jahre habe ich mich darüber geärgert, aber unternommen habe ich nie etwas. Gute Absichten haben nicht die Kraft, uns zu konstruktivem Handeln zu bewegen, aber Ziele haben sie. So war es bei mir: Die Dinge kamen in Fluß, als ich meinen guten Vorsatz endlich mit einem konkreten Ziel verband.

Ich setzte mir zum Ziel, eine Verabredung mit einem Finanzberater zu treffen. Sobald ich mir dieses Ziel zu eigen gemacht hatte, fühlte ich mich total anders. Nach wie vor hatte ich keinen Penny gespart, aber die die Bürde drückte mich nicht mehr. Der Finanzberater half mir dabei, ein eigenständiges Konto einzurichten, das wir als Ausbildungsfonds bezeichneten und das allmonatlich per Dauerauftrag von meinem Gehaltskonto gespeist wurde. Es war zwar nur eine kleine Summe, aber der Anfang war gemacht.

Eine Zielsetzung wendet unseren Blick von den momentanen Umständen ab und richtet ihn auf zukünftige Möglichkeiten. Ein wohlüberlegtes Ziel bewegt uns zum Handeln.

Sechs Eigenschaften wohlüberlegter Ziele

1. Wohlüberlegte Ziele sind zu Papier gebracht

Mag sein, daß Sie jemand sind, der seine Ziele nicht aufzuschreiben pflegt und dennoch effektiv ist. Doch womöglich könnten Sie noch effektiver sein, wenn Sie Ihre Ziele schriftlich festhalten würden. Eine solche Verfahrensweise hat folgende Vorteile:

1.1 Ziele aufzuschreiben schärft den Blick.

Wer seine Ziele aufschreibt, schleift sein Denken. In Habakuk 2,2 sagt Gott: „Schreib das Gesicht auf, und zwar deutlich auf die Tafeln, damit man es geläufig lesen kann.“

Niedergeschriebene Ziele sind wie Richtungspfeile auf einer Fahrbahn: Sie zeigen uns, in welche Richtung wir uns bewegen müssen. Sobald wir einen schriftlich festgelegten Plan haben, sind wir startbereit. Wir haben uns Zeit genommen zu überlegen, wohinein wir unser Leben investieren möchten und sind jetzt auf dem Sprung, den Weg einzuschlagen, der in die richtige Richtung führt. Ohne Richtungspfeile wäre es viel wahrscheinlicher, daß wir Zeit verlieren oder uns in die falsche Richtung orientieren würden.

Charles Hughes sagt: „Erst nachdem wir die Ziele festgelegt haben, die wir zu erreichen suchen, können wir ermessen, ob das, was wir tun, Sinn macht oder nicht. Solange das noch nicht geschehen ist, gibt es keinerlei Sicherheit dafür, daß die Mühe, die wir aufwenden, nicht letztlich vergebens ist" (aus: R. A. Mackenzie, The Time Trap, 1971, S. 39).

1.2 Aufgeschriebene Ziele vergißt man nicht so leicht.

Jemand hat mal gesagt: „Blasse Tinte ist besser als ein scharfes Gedächtnis."

Wenn Sie in eine Stadt fahren, in der Sie nie zuvor gewesen sind, brauchen Sie eine Karte. Genauso ist es, wenn Sie einen Tag durchleben, den Sie nie zuvor durchlebt haben. Das Leben kann dermaßen drunter und drüber gehen, daß wir nur allzuleicht vergessen, was um alles in der Welt wir eigentlich erreichen wollten. Eine Zieleliste hilft uns, durch unseren Tag hindurchzufinden, ohne uns zu verirren.

Kluge Reisende haben ihre Karten immer griffbereit und ziehen sie zu Rate, wenn es zu überprüfen gilt, ob sie auf der richtigen Straße sind, und wenn sie wissen müssen, was als nächstes kommt. Dieselben Funktionen erfüllt eine Zieleliste. Haben Sie diese Liste griffbereit! Verlieren Sie nie Ihre Ziele aus den Augen!

Fangen Sie damit an, sich einige Langzeitziele zu setzen, die sich aus Ihren Grund-Lebensorientierungen ergeben. Ihre täglichen Ziele sollten Schritte sein, die Ihnen auf dem Weg zur Erreichung Ihrer Langzeitziele voranhelfen.

1.3 Aufgeschriebenen Zielen fühlen wir uns eher verpflichtet.

Wir neigen dazu, Ziele, die wir niedergeschrieben haben, ernster zu nehmen, weil das Aufschreiben der erste Schritt zur seriösen Verpflichtung ist. Der zweite Verpflichtungsschritt besteht darin, sich für die Erreichung jedes Ziels eine Frist zu setzen. Darauf werden wir noch zurückkommen.

1.4 Aufgeschriebene Ziele kann man abhaken.

Es ist ungemein befriedigend, im vorhinein zu entscheiden, was wir erreichen möchten, und dann diese Punkte als erledigt auszustreichen, wenn sie erfüllt sind.

2. Wohlüberlegte Ziele sind vernünftig und erreichbar

Manche Leute programmieren Frustration in ihr Leben hinein, indem sie sich auf Ziele hin orientieren, die unvernünftig hochgesteckt sind, oder zu viele Ziele auf einmal anpeilen.

3. Wohlüberlegte Ziele sind meßbar und präzise

Wir sollten unsere Ziele so definieren, daß wir genau wissen, wann wir jedes einzelne Ziel erreicht haben. Wohlüberlegte Ziele stellen sich in Form von Ergebnissen, nicht in Form von Aktivitätskurven dar.

Ich fing vor etwa 14 Jahren damit an, mir meine täglichen Ziele aufzuschreiben. Damals war ich Dozent für Ökonomie. Um meinen Unterricht vorzubereiten, bezog ich häufig das Ziel „Ökonomie-Bücher lesen“ in meine Tagesplanung ein. Bedauerlicherweise war das jedoch weder ein meßbares noch ein präzises Ziel. Wieviel hatte ich zu lesen, um mein Ziel zu erreichen? Dieses oder jenes Buch ganz? Oder nur bestimmte Seiten? Wo konnte ich aufhören? Das war absolut nicht klar. Weitaus effektiver wäre es gewesen zu schreiben: „Kapitel 14 lesen“ oder „Seiten 205-228 lesen“. Ist ein Ziel in meßbarer Quantifizierung ausgedrückt, so haben wir größere Chancen, es auch wirklich erfolgsorientiert zu verfolgen.

Ich erhielt einmal die Einladung eines Dozenten, in einem seiner Seminare einen Vortrag über Zielmanagement zu halten. Ich legte den Studenten nahe, das, was sie erreichen wollten, in meßbarer und präziser Manier zu formulieren. Nach dem Seminar, während die Studenten hinausgingen, zog mich der Dozent beiseite und sagte: „Ich habe ein tolles Beispiel für Sie! Als ich an meiner Dissertation arbeitete, setzte ich mir während der ersten paar Monate tagtäglich das Ziel: ‚Heute fünf Stunden an der Dissertation arbeiten.' Doch selbst wenn ich wirklich fünf Arbeitsstunden einlegte, schaffte ich so gut wie nichts. Dann änderte ich meine Zielsetzung auf: ‚Heute fünf Seiten schreiben.' Es war ein Unterschied wie Tag und Nacht. Plötzlich kam ich im Sauseschritt voran! An manchen Tagen brauchte ich zwei Stunden, um fünf Seiten zu schreiben, an anderen waren es zwölf; aber der Unterschied lag darin, daß ich jetzt ergebnisorientiert arbeitete, statt einfach einen Zeitabschnitt im Kalender zu blocken."

Wir müssen sorgfältig darauf achten, daß wir nicht Aktivität mit Zielerfüllung verwechseln. Geschäftigkeit kann täuschen. Wir können uns emsig damit beschäftigen, Dinge zu tun, die uns bloß von wichtigeren Dingen abhalten. Wir können mit Dingen beschäftigt sein, die wir überhaupt nicht tun sollten. Lewis Timberlake schreibt: „Ziele können uns aus der endlosen Tretmühle der tausend und abertausend Verrichtungen herausholen und uns auf die Straße bringen, die zur tatsächlichen Erfüllung führt" (L. Timberlake, Born to Win: You Can Turn Your Dreams into Reality, 1986, S. 138).

Vermeiden Sie Dauerziele wie: „Jeden Tag fünf Kilometer laufen" oder „Jeden Tag eine Stunde mit dem Herrn verbringen". Das Problem an Dauerzielen ist, daß man sie nicht innerhalb einer definierten Zeitspanne erfüllen kann. So, wie diese Ziele formuliert sind, können Sie sie niemals erreichen und nie als erfüllt abhaken. Dadurch sind Fehlschläge und Frustrationen geradezu unvermeidlich. Selbst wenn Sie von heute an bis zum Tag Ihres Todes nach diesen Vorgaben leben, wird es dann zu spät sein, sie noch als erfüllt auszustreichen!

Es liegt auf der Hand, daß ich niemanden davon abbringen will, regelmäßig Sport zu treiben oder täglich seine Zeit mit dem Herrn zu haben. Aber sorgen Sie dafür, daß Ihre Ziele innerhalb einer festgesetzten Zeit erreichbar sind! Eine einfache Lösung liegt darin, Ihre Terminologie zu ändern und Ihr Ziel einfach neu zu definieren. So könnten Sie zum Beispiel sagen: „Ich habe die *Gewohnheit*, jeden Tag fünf Kilometer zu laufen, aber mein *Ziel* ist, *heute* fünf Kilometer zu laufen."

4. Wohlüberlegte Ziele sind mit einer selbstgesetzten Frist versehen

Fristsetzungen haben Macht in sich. Wie kommt es, daß wir so viel schaffen, sobald eine Frist abzulaufen droht? Fristen helfen uns, Verzögerungstaktiken, Ablenkungen und Untätigkeit zu überwinden. Deshalb sollten Sie sich eine Zeit vorgeben. Langzeitziele sollten mit einem Erfüllungsdatum versehen sein, Tagesziele mit einer festgelegten Uhrzeit.

Wenn ich ein Ziel habe, aber keine Frist, dann sage ich mir nichts weiter, als daß ich dieses Ziel irgendwann in der Zukunft zu erreichen gedenke. Das aber ist eine lange Zeit! Fristsetzungen sind die Fundamente ernsthaften Engagements. Rede ich mit meinem Sohn, dann macht es einen Riesenunterschied, ob ich zu ihm sage: „Timmy, irgendwann geh' ich mit dir zelten" oder „Timmy, noch diesen Monat gehen wir beide zelten". Eine Frist ändert alles! Jetzt *muß* ich mein Vorhaben in die Tat umsetzen.

Für viele von uns sind Fristen eine unangenehme Angelegenheit. Fristen bringen Druck mit sich. Warum sollten wir sie uns dann selbst auferlegen? Glücklicherweise können sie sogar unseren Streß reduzieren, wenn wir bei unseren Fristfestsetzungen bestimmte Prinzipien beachten. Das erste dieser Prinzipien kennt schon der gesunde Menschenverstand – und doch birgt es eine Herausforderung.

4.1 Schätzen Sie die Zeit realistisch ein, die Sie brauchen, um eine Aufgabe zu erfüllen.

Das Zweite Murphysche Gesetz stellt fest: „Alles dauert länger, als man denkt.“

4.2 Geben Sie Zeit für unerwartete Probleme wie auch Gelegenheiten hinzu.

Mir sind drei Theorien zu Ohren gekommen, die zu begründen versuchen, wieso manche Leute gewohnheitsmäßig zu spät dran sind. Diese Theorien interessieren mich, weil ich selbst zu diesen Zeitgenossen gehöre.

Die erste Theorie klingt nicht gerade nett. Sie besagt, daß gewohnheitsmäßige Zu-spät-Kommer sich deshalb verspäten, weil sie keinen Respekt vor den Menschen haben, die sie warten lassen. Widerstrebend gestehe ich ein, daß da durchaus etwas Wahres dran sein mag. Denn seien wir ehrlich: Hätten wir eine Verabredung mit dem Präsidenten, so wären wir wahrscheinlich pünktlich auf die Minute zur Stelle. (Andererseits kommen wir manchmal deswegen zu spät zu einer Verabredung, weil wir uns zuviel Zeit genommen haben, dem Menschen zu helfen, mit dem wir zuvor verabredet waren.)

Die zweite Theorie geht dahin, daß notorische Zu-spät-Kommer sich nicht so sehr wie andere Leute darum bemühen, pünktlich zu sein. Dieser Theorie messe ich wenig Wert bei; denn manchmal bin ich wie ein Berserker darauf aus, pünktlich zu sein, und schaffe es trotzdem nicht.

Die dritte Theorie halte ich für die einleuchtendste und hilfreichste: Gewohnheitsmäßige Zu-spät-Kommer verspäten sich deshalb, weil sie ständig versuchen, pünktlich zu sein. Pünktliche Leute hingegen sind pünktlich, weil sie versuchen, immer ein paar Minuten eher da zu sein.

Sagen wir, ein gewohnheitsmäßiger Zu-spät-Kommer hat einen Termin um zwei Uhr. *Zwanzig Minuten brauche ich dahin,* überlegt er, *also fahr' ich um ein Uhr vierzig los ... Au weia! Ich fahr' ja schon auf Reserve! Ich muß unbedingt tanken, sonst komm' ich da überhaupt nicht hin! Und ... schon wieder zu spät!*

Weil sie versuchen, pünktlich zu sein, ruft jede unerwartete Verzögerung Verspätung hervor. Freilich haben diese Mitmenschen immer einen Grund: „Hätte ich nicht tanken müssen, hätt' ich's pünktlich geschafft." Doch in aller Regel können's Zu-spät-Kommer nie lassen, pünktliche Leute zu bewundern. („Du meine Güte, dessen Auto braucht ja wohl nie im Leben Sprit, oder wie?")

Unerwartete Verzögerungen betreffen jeden mal, bloß daß manche Leute gelernt haben, mit solchen Zwischenfällen zu rechnen, und von vornherein Reserven einzuplanen pflegen. Sie üben sich darin, immer ein paar Minuten früher anzukommen. Welch gute Methode, eine Frist einzuhalten – und welch vortreffliche Streßbremse!

4.3 Setzen Sie Ihren persönlichen Endtermin früher an, als die Umstände ihn für Sie setzen.

Der 31. Mai ist das Schlußdatum für die Einreichung der persönlichen Einkommensteuer-Erklärung beim Finanzamt. Wieso setzen Sie nicht für sich selbst einen früheren Termin an?

Ich wünschte, ich hätte dies früher in meinem Leben gelernt. In einem Jahr kam ich am 31. Mai um Mitternacht ins Postamt gehechelt (das heißt, genaugenommen um 0.05 Uhr, weil ich ja versucht hatte, pünktlich zu sein). Und siehe da: ich war nicht der einzige. Vor der Post stand eine lange Reihe Autos. Wir alle miteinander brachen sämtliche Blutdruck-Rekorde.

4.4 Wenn es um größere Projekte geht, setzen Sie für jeden Abschnitt ein Extra-Schlußdatum fest.

Wenn Ihnen jemand eine Anderthalb-Kilo-Salami in die Hand drückte – könnten Sie sie auf einmal herunterschlingen? Immer wenn ich diese Frage meinen Studenten stelle, gucken die meisten mich an, als wäre ich ein Radio. Wahrscheinlich denken sie: *Wenn ich überhaupt 'ne ganze Salami zu verschlingen versuchte, würd' ich dran ersticken.*

Doch jedesmal gibt es ein paar, die auf der Stelle die Hand heben, um anzuzeigen, daß sie die Salami sehr wohl verschlucken könnten. Ich erinnere mich an einen Studenten, der ein verschlagenes Grinsen im Gesicht hatte, während er sich meldete. Ich nahm ihn dran, und er sagte: „Sie haben ja nicht gesagt, ich müßte das Teil mit einem einzigen Bissen runterkriegen. Also würde ich die Salami in Scheiben schneiden und mit Salzcrackern verzehren. Ich liebe Salzcracker, wissen Sie."

Stehen Sie vor einem umfangreichen Projekt, das Ihnen Angst einjagt? Schleichen Sie drumherum wie die Katze um den heißen Brei? Macht die Angst Ihnen Beine, oder lähmt sie Sie? Wenn Sie sich unfähig fühlen, die Sache zu packen, benutzen Sie die Salamitaktik! Teilen Sie das riesige, schwierige Projekt in kleine, handhabbare, mundgerechte Bissen ein. Und dann versehen Sie jeden Arbeitsschritt mit einem Schlußdatum.

Ohne die Salamitaktik würden Sie nie im Leben diese Zeilen lesen, denn ich hätte sie nicht geschrieben. Die ersten 33 Jahre meines Lebens verabscheute ich es zu schreiben. Im Englisch-Unterricht riet mir mein Lehrer, einen Aufsatz immer damit zu beginnen, daß ich einen Rohentwurf erstellte; ich aber dachte mir: *Wozu Zeit verschwenden?* Ich sparte mir lieber ein paar Arbeitsschritte und machte mich gleich ans endgültige Exposé. Doch jeder einzelne Absatz meines Textes brachte mich fast um – so wie eine Anderthalb-Kilo-Salami am Stück –, weil ich alles auf einmal zu machen versuchte: schreiben, überarbeiten und die Endfassung erstellen. Mittlerweile indes habe ich gelernt, wie man es machen muß, und zwinge meine Gedanken, wie ungeordnet sie auch immer sein mögen, in einen Rohentwurf, ohne mir Gedanken darüber zu machen, wie unfertig sie vielleicht noch klingen. Später lege ich einen zweiten Arbeitsgang ein und mache meinen Text schlüssiger, präziser und interessanter.

Was ist das Geheimnis? Die Aufgabe in mundgerechte Bissen aufzuteilen.

Wir müssen nicht Berge überspringen, wenn wir große Dinge verwirklichen wollen. Wir müssen lernen, immer einen Schritt zur Zeit zu machen.

5. Wohlüberlegte Ziele bauen auf Ihrem eigenen Verhalten auf

Gründen Sie Ihre Ziele nicht auf das, was Sie von anderen erhoffen. Sich Ziele zu setzen, deren Verwirklichung außerhalb unserer eigenen Kontrolle liegt, mündet in Frustration. (Bitte schauen Sie sich dazu noch einmal Kapitel 7 an.)

6. Wohlüberlegte Ziele haben hohe Priorität

In seinem Buch *The Time Trap* erzählt Alec Mackenzie eine Begebenheit aus den zwanziger Jahren: Charles Schwab, Präsident des Stahlkonzerns *Bethlehem Steel*, rief eines Tages einen Managementberater namens Ivy Lee zu sich und sagte: „Mr. Lee, falls Sie mir zeigen können, wie ich mehr geschafft kriege, zahle ich Ihnen jedes einigermaßen vertretbare Honorar."

Ich kann mir vorstellen, daß der Verlauf, den das Gespräch nahm, Mr. Lee durchaus zusagte. Er bat Mr. Schwab, alles zu Papier zu bringen, was er am nächsten Tag zu schaffen gedenke. Mr. Schwab listete diverse Punkte auf. Daraufhin fragte ihn Mr. Lee: „Stellen Sie sich vor, Sie führen morgen abend von der Arbeit nach Hause, und nur einer dieser Punkte wäre erledigt. Welcher sollte es dann sein?".

Mr. Schwab kennzeichnete den betreffenden Punkt mit einer Eins.

Mr. Lee fuhr fort: „Und wenn Sie nun nur zwei Punkte schaffen könnten, welcher sollte der zweite sein?"

Mr. Schwab schrieb eine Zwei vor den betreffenden Punkt auf der Liste.

Und so machten sie weiter.

Als sie fertig waren, sagte Mr. Lee: „Wenn Sie morgen

früh in Ihr Büro kommen, fangen Sie mit dem Punkt an, der die oberste Priorität innehat, und bleiben stur bei dieser Arbeit, bis sie erledigt ist. Dann – und erst dann – fangen Sie mit Punkt Nr. 2 an. Und sollten Sie am Ende des Tages nicht Ihre ganze Liste abgearbeitet haben, so macht das gar nichts. Zumindest haben Sie sich dann mit den Dingen beschäftigt, auf die es am meisten ankommt, und zwar ohne Ablenkung durch Angelegenheiten von geringerer Wichtigkeit. Wenn das bei Ihnen funktioniert, geben Sie die Methode an Ihre Angestellten weiter, und dann schicken Sie mir einen Scheck über den Betrag, dessen Sie die Idee für wert halten."

Ein paar Monate später fand Ivy Lee in seiner Post einen Scheck über 25 000 Dollar.

Im Laufe der nächsten zwei Jahrzehnte machte Charles Schwab aus *Bethlehem Steel* den größten unabhängigen Stahlproduzenten der Welt. In späteren Jahren bekundete er, die Lektion, die Ivy Lee ihm beigebracht habe, habe zu den wertvollsten Erkenntnissen seiner gesamten geschäftlichen Laufbahn gehört (A. Mackenzie, The Time Trap, 1997, S. 41 f.).

Ich empfinde, daß es für mich einen gewaltigen Unterschied macht, ob ich mich an dieses Prinzip halte oder nicht. Überraschenderweise ist es so, daß ich immer mit einem guten Gefühl nach Hause gehe, wenn ich meinen Punkt Nr. 1 auf der Prioritätenliste erledigt habe, selbst wenn ich zu nichts anderem gekommen sein sollte. Stürze ich mich hingegen in die Arbeit, ohne mir zuerst Gedanken über die Rangfolge der zu bewältigenden Aufgaben zu machen, dann mache ich häufig Feierabend, ohne richtig zufrieden zu sein, selbst wenn ich eine Menge Aufgaben geringer Dringlichkeit abgearbeitet haben sollte. In diesem Falle komme ich mir immer wie ein Hamster in einem Laufrad vor.

Zuweilen steige ich in meinen Arbeitstag ein, indem ich versuche, rasch einige Anliegen von geringer Dringlichkeit vom Schreibtisch zu bekommen. Manche dieser „kleinen, kurzen" Sachen stellen sich als ganz und gar nicht klein und kurz heraus. Häufig packt mich eine solche Verrichtung am Fußknöchel und ringt mich in null komma nichts auf den Boden nieder. Erst die Nebensächlichkeiten vom Tisch bekommen zu wollen ist ein Weg, der unweigerlich in die Frustration führt.

Als ich jung im Glauben war, hielt ich meine Stille Zeit mit dem Herrn immer am Ende des Tages, dann, wenn alles andere erledigt war und ich Ruhe hatte, so daß ich mich wirklich konzentrieren konnte. Ich kann Ihnen nicht sagen, wie oft es vorkam, daß meine Stille Zeit irgendwie hinten runterfiel. Wenn ich endlich zu diesem letzten Punkt auf der Tagesordnung kam, hatte ich entweder keine Zeit mehr oder war schon zu erschöpft.

Das Wort „Priorität" (Erst- oder Vorrangigkeit) bezeichnet nicht nur allgemein etwas, was wichtig ist, sondern auch das, was *vor* anderem in Angriff genommen werden sollte. Ihre Prioritäten sollten sich in den Schlußterminen, die Sie festsetzen, widerspiegeln. Wo immer möglich, sollten Sie der Top-Priorität auf Ihrer Aufgabenliste die kürzeste Frist zur Erledigung zuordnen.

Gott möchte, daß wir unser Leben für die Dinge einsetzen, auf die es am meisten ankommt. Um ein Leben zu führen, das sich lohnt, müssen wir uns lohnenden Zielen verschreiben. Und um auf den Richterstuhl Christi vorbereitet zu sein, müssen wir unser Leben um Ziele herum anordnen, deren Bedeutung bis in alle Ewigkeit reicht. Diesen Tag heute müssen wir im Blick auf *jenen* großen Tag leben.

Mehr erreichen, indem man sich weniger vornimmt

Im Garten des ersten Hauses, das Marcy und ich kauften, standen zwei riesige Pfirsichbäume. Eines Tages fiel mir auf, daß diese Bäume Hunderte von Pfirsichblüten hervorgebracht hatten. Auf der Stelle dachte ich an Pfirsichkuchen, und mir lief das Wasser im Mund zusammen. Nach ein paar Wochen war an die Stelle jeder einzelnen Blüte ein kieselgroßer Pfirsich getreten. Wieder ein paar Wochen darauf hatten die Früchte die Größe von Golfbällen. Und so sahen sie immer noch aus, nachdem wiederum einige Wochen ins Land gezogen waren. Dann wurden sie braun.

Unseren hochgespannten Hoffnungen zum Trotz brachte uns jenes Jahr nicht einen einzigen Pfirsich ein, den man hätte essen können. Zwar hatten wir die Bäume begossen und mit Ungezieferspray besprüht, aber eine lebenswichtige Sache hatten wir vergessen: Wir hatten sie nicht beschnitten, was zur Folge hatte, daß sich die Nährstoffe, die die Wurzeln aufnahmen, auf viel zu viele Zweige verteilen mußten. Äste hatten wir die Menge, Pfirsichkuchen nicht.

Diese Geschichte bringe ich hier, weil sie ein interessantes Bild für unser Leben ist. Gleichen wir beschnittenen oder unbeschnittenen Bäumen? Verzetteln wir unsere Aufmerksamkeit und Energie, indem wir sie in zu viele Dinge auf einmal stecken? Oder aber konzentrieren wir uns auf ein paar wichtige Dinge, so daß wir in den Bereichen, auf die es am allermeisten ankommt, fruchtbar sind?

Haben Sie als Kind je versucht, mittels einer Lupe ein Blatt oder ein Stück Papier in Brand zu setzen? Das ist wahrlich nicht einfach! Solange Sie das Sonnenlicht nicht auf einen winzigen Fleck bündeln, passiert nichts Sonderliches. Ebenso ist es, wenn wir etwas Großes verwirklichen wollen: Solange wir nicht gelernt haben, uns voll und ganz auf die Aufgabe zu konzentrieren, die vor unseren Füßen liegt, wird nichts Nennenswertes geschehen.

Wieso stapeln wir Vorgänge auf unseren Schreibtischen auf, wenn wir gar nicht bereit sind, daran auch zu arbeiten? Nicht deshalb, weil wir die Dinge nicht vergessen wollen? Aus diesem Grund legen wir sie an eine Stelle, an der sie uns immer wieder ins Auge stechen. Das Schwierige ist, daß das tatsächlich funktioniert! Jedesmal wenn unser Blick von dem, was wir gerade tun, zu all den anderen Dingen wandert, die da aufgestapelt liegen, ist unsere Konzentration unterbrochen. Gute Hilfsmittel, um visuelle Ablenkungen zu vermeiden und unsere Produktivität zu verbessern, sind ein durchdachtes Ablagesystem und ein Tagesplaner.

In Lukas 10 begegnen wir Martha, wie sie durch ihr Haus wuselt und sich dabei überfordert und gestreßt fühlt. Das geht so weit, daß sie sich schließlich bei Jesus beklagt. Seine Antwort freilich mag sie überrascht haben: „Martha, Martha! Du bist besorgt und beunruhigt um viele Dinge; eins aber ist not“ (Vv. 41 f.). Offenbar hielt Martha viele Dinge für notwendig, so daß sie sich überlastet fühlte.

Charlie Shedd bemerkt:

> „Unser himmlischer Vater gibt uns nie zu viel zu tun. Nur Menschen tun das. Wir selbst laden uns zu viel auf, niemals aber der Herr. Er weiß, was er von jedem von uns erwartet, und jeder Tag, den er gemacht hat, bietet eine Menge Zeit für die Dinge, die in seinem Plan liegen. Wir tun Gott großes Unrecht an, wenn wir es uns zur Gewohnheit machen, auf Krampf zuviel Arbeit bewältigen zu wollen. Wir sündigen, wenn wir seine Wünsche zugunsten von Verpflichtungen an den Rand drängen, die nicht durch göttliches Urteil gefiltert worden sind“ (aus: T. W. Engstrom/R. A. Mackenzie, Managing Your Time, 1967, S. 31).

Auch Elisabeth Elliot gibt uns einen soliden Rat:

> „Ich schrieb einer Freundin und zählte ihr all die Dinge auf, die auf meinem Plan standen und für die ich ihre Gebete brauchte. Die Liste geriet ziemlich lang – so lang, daß ich das Gefühl hatte, das alles nie im Leben schaffen zu können. Sie schrieb zurück: ‚*Deine Liste werde erledigt* – so bete ich für Dich in diesen Tagen.‘ Das ist ein gutes Gebet für einen Jünger. Ich bin sehr dafür, auf eine Liste zu schreiben, was alles erledigt werden muß (und es elektrisiert mich, wenn ich dann Punkt für Punkt als erledigt abhaken kann!). Doch Tag für Tag muß eine solche Liste mit dem Herrn durchgegangen werden, indem wir ihn bitten, alles zu löschen, was er nicht auf *seiner* Liste für uns stehen hat, damit wir, bevor wir uns zur Ruhe legen, sagen können: ‚Ich habe die Arbeit erledigt, die du mir aufgetragen hattest‘“ (E. Elliot, Discipline: The Great Surrender, 1982, S. 104).

Indem wir unsere Aufgabenblätter mit dem Herrn durchgehen, uns gottgemäße Ziele setzen und jeden Tag wertvoll für das Reich Gottes machen, bereiten wir uns vor auf den Richterstuhl Christi.

14 Siegeskränze göttlichen Wohlgefallens

Ob wohl der Gott, der das Universum in die Existenz rief, gut darin sein wird, diejenigen zu belohnen, die ihm gefallen? Gottes Belohnungen werden weitaus herrlicher sein, als es sich menschliche Phantasie jemals hat ausmalen können:

> „Was kein Auge gesehen und kein Ohr gehört hat und in keines Menschen Herz gekommen ist, was Gott denen bereitet hat, die ihn lieben."
>
> (1. Kor. 2,9)

Die Bibel spricht von Siegeskränzen, welche diejenigen gewinnen werden, an denen Gott Gefallen hat. Diese Kränze oder Kronen sind Ausdruck seines Entzückens. Es gibt ihrer vier:

1. die Krone des Lebens: verliehen für Standhaftigkeit in Versuchungen;
2. die Krone der Gerechtigkeit: dafür, daß wir seine Erscheinung lieben;
3. die Krone der Herrlichkeit: für den Dienst eines Hirten;
4. die Krone des Ruhmes: fürs Seelengewinnen.

Gottes Kronen sind nicht nur für Menschen im vollzeitigen geistlichen Dienst gedacht. Jedem von uns, ob wir nun Laie oder „Berufsgeistlicher" sind, ist aufgetragen, so zu laufen, daß wir den Siegeskranz erringen.

1. Die Krone des Lebens

Die Krone des Lebens belohnt die Standhaftigkeit eines Gläubigen in Versuchungen. Der Herr wird die belohnen, die Versuchungen mit Freuden annehmen:

> Achtet es für lauter Freude, meine Brüder, wenn ihr in mancherlei Versuchungen geratet, indem ihr erkennt, daß die Bewährung eures Glaubens Ausharren bewirkt. ... Glückselig der Mann, der die Versuchung erduldet! Denn nachdem er bewährt ist, wird er den Siegeskranz des Lebens empfangen, den er denen verheißen hat, die ihn lieben."
>
> (Jak. 1,2 f. u. 12)

In diesen Versen wird deutlich, daß Prüfungen bestehen und Gott lieben zusammengehören. Wer wirklich Gott liebt, vergißt nie, daß Gott ihn liebt. Sich der Liebe Gottes bewußt zu sein bringt uns dazu, ihm zu vertrauen, selbst unter widrigen Umständen. Dadurch werden wir fähig, Versuchungen mit Freude und Hoffnung zu begegnen. Unabhängig davon, wie übel uns manche Dinge auch erscheinen mögen, möchte Gott, daß wir seiner Freundlichkeit und der Tatsache vertrauen, „daß denen, die Gott lieben, alle Dinge zum Guten mitwirken, denen, die nach seinem Vorsatz berufen sind" (Röm. 8,28).

Genauso wollte Gott von den Hebräern, daß sie ihm vertrauten, als sie unter widrigen Umständen in der Wüste zugange waren. Durch eine gewaltige Demonstration seiner Stärke und Freundlichkeit hatte er sie aus der ägyptischen Sklaverei herausgerettet. Drei Tage nachdem Gott das Rote Meer geteilt hatte, gingen den Israeliten ihre Wasservorräte aus. Gott stellte sie auf die Probe: Würden sie ihm vertrauen? Nein, sie fingen an zu murren und aufzubegehren.

Insgesamt zehnmal stellte Gott sie auf die Probe, und zehnmal fielen sie durch. In Versuchungen steckten sie den Glauben auf. Ihr Problem war geistliche Vergeßlichkeit:

> „Sie vergaßen seine Taten und seine Wunder, die er sie hatte schauen lassen. ... Sie gedachten nicht an seine Hand, an den Tag, da er sie von dem Bedränger erlöste."
>
> (Ps. 78,11.42)

In Reaktion auf eine ihrer Versuchungen sagten die Hebräer: „Weil der Herr uns haßt, hat er uns aus dem Land Ägypten herausgeführt, um uns in die Hand der Amoriter zu geben, damit sie uns vernichten" (5. Mose 1,27). Sie zogen lächerliche und rebellische Schlußfolgerungen, weil sie sich nicht der voraufgegangenen Manifestationen der Freundlichkeit Gottes erinnerten.

Denselben Fehler, meine ich, begehen wir, wenn wir auf Versuchungen mit Selbstmitleid und Gejammer reagieren.

Vor vielen Jahren habe ich in mein Tagebuch folgendes geschrieben: „Gott möchte, daß wir jeden Tag ausdrücklich für seine Segnungen danken." Eine Reihe von Jahren kam, in denen ich nicht danach handelte, doch dann entdeckte ich wieder, was ich einst geschrieben hatte, und seitdem ist Danksagung mir zu einer der größten Segnungen überhaupt geworden. Mitunter fühlt sich mein Herz zu Beginn meiner Stillen Zeit eiskalt an. Doch sobald ich anfange, meinen Dank dafür auszudrücken, daß der Herr des Universums sich um mich ganz persönlich kümmert und gute Pläne für mein Leben hat, daß er mich bereits aus zahlreichen Bindungen befreit hat und fortwährend an meinem Herzen arbeitet, ja, daß er mich sogar benutzt, um andere Menschen zu segnen, möchte ich am liebsten aufs Dach klettern und über die ganze Stadt ausrufen: „Preis dem Herrn!“

Wir saugen Gottes Segnungen in uns hinein wie ein trockener Schwamm das Wasser – würden wir ihm doch nur Anerkennung dafür zollen! Sind wir undankbar, so nicht, weil es uns an Segnungen gebräche. Damit wir aufhören, für ein Segensgeschenk – so herrlich es auch sein mag – dankbar zu sein, tut nichts weiter not, als daß wir uns eine lange Zeit ohne Unterbrechung dieses Geschenks erfreuen dürfen. Bedauerlicherweise pflegen wir uns an die Segnungen unseres Lebens – eingeschlossen unsere Gesundheit, unsere Arbeit und die Menschen, die wir lieben – dermaßen zu gewöhnen, daß wir gar nicht mehr bemerken, wie reich wir damit gemacht sind. All diese Segnungen sind Manifestationen der Liebe des Vaters zu uns.

Ein Gott, der uns so unaussprechlich liebt, ist unseres völligen Vertrauens wert. Stellen Sie sich vor, welche besondere Ehre und Würde es sein wird, wenn diejenigen, die nicht aufgehört haben, den Herrn zu lieben, auch wenn sie durch schwerste Prüfungen gehen mußten, die Worte hören werden: „Bitte tritt vor und empfange die Krone des Lebens!“

2. Die Krone der Gerechtigkeit

In dem Brief, den er am Vorabend seines eigenen Todes schrieb, erwähnt Paulus eine zweite Krone:

> „Ich habe den guten Kampf gekämpft, ich habe den Lauf vollendet, ich habe den Glauben bewahrt; fortan liegt mir bereit der Siegeskranz der Gerechtigkeit, den der Herr, der gerechte Richter, mir zur Vergeltung geben wird an jenem Tag: aber nicht allein mir, sondern auch allen, die seine Erscheinung lieben.“
>
> (2. Tim. 4,7 f.)

Obschon Paulus seinem Prozeß in Rom entgegensah, machte er sich weniger Gedanken darum, daß er vor den kaiserlichen Gerichtshof des römischen Reiches treten mußte, als darüber, daß er drauf und dran war, vor dem Richterstuhl Christi zu stehen. Er erklärte, daß auf diejenigen, die die Erscheinung des Herrn lieben, eine besondere Krone der Gerechtigkeit warte.

Was bringt jemanden dazu, die Erscheinung des Herrn zu lieben? Die Antwort gibt uns Jesus selbst, und zwar in seinem Gleichnis von den Knechten eines Herrn, der sich auf eine längere Reise begibt (Mt. 24,45-51). Die Knechte, die die Erscheinung ihres Herrn lieben, sind diejenigen, die den Herrn selbst liebhaben und während seiner Abwesenheit seinen Anordnungen Folge leisten. Jesus sagt:

> „Wer meine Gebote hat und sie hält, der ist es, der mich liebt; wer aber mich liebt, wird von meinem Vater geliebt werden; und ich werde ihn lieben und mich selbst ihm offenbaren."
>
> (Joh. 14,21)

Während Christus sich zunehmend offenbart, erfreuen sich solche Christen, die im Gehorsam leben, einer Gemeinschaft mit dem Herrn, die ausgesprochen intim ist, so daß sie es kaum abwarten können, ihn endlich von Angesicht zu Angesicht zu sehen.

3. Die Krone der Herrlichkeit

Eine dritte Krone, die Krone der Herrlichkeit, wartet auf diejenigen, die aus rechtschaffenen Motiven heraus Gottes Volk weiden:

> „Hütet die Herde Gottes, die bei euch ist, nicht aus Zwang, sondern freiwillig, Gott gemäß, auch nicht aus schändlicher Gewinnsucht, sondern bereitwillig, nicht als die da herrschen über die ihnen anvertrauten Anteile der Herde, sondern indem ihr Vorbilder der Herde werdet. Und wenn der Oberhirte offenbar geworden ist, so werdet ihr den unverwelklichen Siegeskranz der Herrlichkeit empfangen."
>
> (1. Pt. 5,2 ff.)

Hirten sind nicht bloß dazu da, den Schafen zu sagen, wie sie leben sollen, sondern um vorzuleben, wie man lebt. Gott wird diejenigen belohnen, die mit Eifer dienen und ihren Dienst als ein Vorrecht betrachten.

Durch den Propheten Ezechiel erhebt Gott das Wort gegen selbstsüchtige Hirten, die sich unechte Autorität anmaßen:

> „Wehe den Hirten Israels, die sich selbst weiden! Sollen die Hirten nicht die Herde weiden? Die Milch genießt ihr, und mit der Wolle kleidet ihr euch, das fette Vieh schlachtet ihr – die Herde weidet ihr nicht. Die Schwachen habt ihr nicht gestärkt und das Kranke nicht geheilt und das Gebrochene nicht verbunden und das Versprengte nicht zurückgebracht und das Verlorene nicht gesucht, sondern mit Härte habt ihr über sie geherrscht und mit Gewalt."
>
> (Ez. 34,2 ff.)

Dieser Text beschreibt zum einen Gottes Freundlichkeit gegenüber seinen Schafen und enthält zum anderen die Stellenbeschreibung für seine Hirten. Wie vollkommen hat Jesus diese Stellenbeschreibung ausgefüllt! Er liefert uns nicht bloß das gute Beispiel, sondern auch gibt uns auch die Kraft, seinem Beispiel zu folgen.

Die Krone der Herrlichkeit ist für diejenigen reserviert, die dasselbe Herz für die Schafe haben wie Jesus selbst, das Hirtenherz, das der Herr in Johannes 10,11 so beschreibt:

> „Ich bin der gute Hirte; der gute Hirte läßt sein Leben für die Schafe."

4. Die Krone des Ruhmes

Die Krone des Ruhmes ist die Krone des Seelengewinners. Der Apostel Paulus schreibt:

> „Denn wer ist unsere Freude oder Hoffnung oder Ruhmeskranz – nicht auch ihr? – vor unserem Herrn Jesus bei seiner Ankunft? Denn ihr seid unsere Herrlichkeit und Freude."
>
> (1. Thess. 2,19 f.)

„Daher, meine geliebten und ersehnten Brüder, meine Freude und mein Siegeskranz, steht ... fest im Herrn, Geliebte!"
(Phil. 4,1)

Es fällt nicht schwer zu verstehen, wie eifrig Gott darauf bedacht ist, diejenigen zu belohnen, die die Verlorenen zu ihm führen. Stellen Sie sich vor, Vater oder Mutter eines vermißten Kindes zu sein, nach dem mehrere Tage lang gesucht wurde. Nach großangelegten Bemühungen findet ein Freund Ihren Sohn oder Ihre Tochter und bringt das Kind nach Hause. Was würden Sie diesem Freund gegenüber empfinden? Den Rest Ihres Lebens wären Sie diesem Menschen dankbar!

Doch wir sind nicht immer auf Evangelisation eingestellt. Brent Wallace, der Rick und mir beim Schreiben dieses Buches half, erzählte einmal ein Erlebnis aus seiner Kindheit: „Als ich neun war, ging ich mit einem Freund an einen Teich in der Nähe seines Elternhauses angeln. Während wir fischten, kam ein älterer Mann vorbei. Als er uns sah, blieb er stehen und sagte mit empört klingender Stimme: ‚In diesem Teich gibt's überhaupt keine Fische!' Wir zogen unsere Leinen ein, packten unsere Köderdosen weg und trollten uns nach Hause."

Brents Geschichte erinnert mich daran, wie ich früher an Evangelisation heranging, und zeigt mir, wieso ich absolut nicht gut darin war. Ich war blockiert durch negatives Denken: Satan hatte mich schon entmutigt, ehe ich auch nur die Angelrute im Wasser hatte. Ich ging davon aus, daß die Leute das Evangelium sowieso nicht hören wollten. Folglich war ich genauso erfolgreich wie ein Verkäufer, der fest davon überzeugt ist, daß kein Mensch an seiner Ware Interesse hat.

Kürzlich jedoch hat Gott mir zweierlei eingeschärft:

1. Eine Beziehung zum Herrn ist *haargenau* das, wonach Ungläubige sich sehnen – mögen sie sich nun dessen bewußt sein oder auch nicht. Gott hat in uns alle eine Leere hineingelegt, die nur er allein füllen kann. Darum ist es nicht bloß unwahrscheinlich, daß Ungläubige anderswo Erfüllung finden, es ist völlig unmöglich.

2. Wenn ich einer Gruppe von Menschen das Evangelium weitersagte, hegte ich immer die Hoffnung, daß vielleicht einer oder zwei reagieren würden. Doch nachdem mir klargeworden ist, daß *jedermann* sich danach sehnt, die innere Leere gefüllt zu bekommen, bin ich dabei zu lernen, die *ganze* Schar meiner Zuhörer als Zielgruppe zu sehen – genau wie Paulus und Petrus es taten: „Tut Buße, und *jeder* von euch lasse sich taufen auf den Namen Jesu Christi zur Vergebung eurer Sünden ... Und es wurden an jenem Tag etwa dreitausend Seelen hinzugetan" (Apg. 2,38.41; Kursivsetzung vom Vf.). Vergleichen Sie Apostelgeschichte 17,30: „Nachdem nun Gott die Zeiten der Unwissenheit übersehen hat, gebietet er jetzt den Menschen, daß sie *alle überall* Buße tun sollen" (Kursivsetzung vom Vf.).

Selbst Jeremia, der kaum positive Reaktionen vonseiten der Menschen erlebte, denen er predigte, erhielt von Gott den Auftrag, allen, die ihm zuhörten, zu dienen:

> „... rede all die Worte, die ich dir geboten habe, zu ihnen zu reden; laß kein Wort weg! Vielleicht werden sie hören und jeder von seinem bösen Weg umkehren ..."
>
> (Jer. 26,2 f.)

Diese neue Sicht packte mich nicht über Nacht. Nach wie vor muß ich über diese Wahrheiten meditieren, um zu vermeiden, daß Lügen Raum greifen, die mir die Initiative rauben wollen.

Da bei Gott nichts unmöglich ist, müssen wir uns davor hüten zu denken, daß irgend jemand für das Erlösungswerk nicht erreichbar sei. Die Frau am Brunnen hatte fünf Männer gehabt und lebte jetzt mit einem zusammen, mit dem sie nicht verheiratet war. Sie mag durchaus wie jemand gewirkt haben, der nicht gerade der heißeste Bekehrungskandidat war; doch Jesus wußte, daß sie nach lebendigem Wasser dürstete. Und nach dieser Begegnung sagte er zu seinen Jüngern:

> „Siehe, ich sage euch: Hebt eure Augen auf und schaut die Felder an, denn sie sind schon weiß zur Ernte. Der da erntet,

> empfängt Lohn und sammelt Frucht zum ewigen Leben, damit beide, der da sät und der da erntet, sich zugleich freuen."
>
> (Joh. 4,35 f.)

Vor einiger Zeit mußte ich viel über einen bestimmten Bibeltext nachdenken:

> „Wer sparsam sät, wird auch sparsam ernten, und wer segensreich sät, wird auch segensreich ernten."
>
> (2. Kor. 9,6)

„Ernten" bezieht sich hier sowohl auf Seelen als auch auf den Lohn. Gehen wir Christen die Arbeit des Säens mit derselben Sorgfalt an wie ein Bauer? Würde ein Bauer sich der Aussaat so widmen, wie ich mich den größten Teil meines Lebens als Christ dem evangelistischen Säen gewidmet habe, so würde er mit seiner Familie Hungers sterben! Welcher Bauer würde seinen Lebenunterhalt verdienen können, wenn er alle paar Monate mal ein paar Samenkörner ausstreute? Sicher, das ist immer noch besser, als gar nichts zu pflanzen, aber eine nennenswerte Ernte käme nicht dabei heraus. Würden wir sehen, was auf dem Spiel steht, so gingen wir motivierter zur Sache als jeder Bauer auf der Welt!

Solange wir immer auf die perfekte Gelegenheit warten, jemandem das Evangelium weiterzusagen (oder ein Traktat weiterzugeben), werden wir merken, daß diese perfekte Gelegenheit eigentlich nie kommt. Prediger 11,4 warnt uns:

> „Wer auf den Wind achtet, wird nie säen, und wer auf die Wolken sieht, wird nie ernten."

Zuweilen fühle ich mich weder inspiriert noch motiviert zum Evangelisieren. Doch neulich kam mir plötzlich folgender Gedanke: *Was gäbe ich für einen Bauern ab, wenn ich Tag für Tag erstmal meine Gefühle daraufhin überprüfte, ob ich Lust zum Säen habe oder nicht?* Ein guter Landwirt gibt sich nicht mit seinen Gefühlen ab, sondern mit der Ernte, die er einfahren möchte, und machte seine Arbeit entsprechend. In Psalm 126,6 lesen wir:

> „Er geht weinend hin und trägt den Samen zum Säen. Er kommt heim mit Jubel und trägt seine Garben."

Satan tut, was immer er kann, um uns dazu zu bringen, daß wir nicht säen. Er versucht uns zu entmutigen, uns die Überzeugung einzuimpfen, daß unsere Arbeit vergeblich sei. *Wozu überhaupt erst anfangen? Hat ja doch keinen Zweck!* Wenn ein Bauer seine Arbeit für vergeblich halten würde, würde er damit aufhören. Doch ein Bauer macht mit der Arbeit sogar unter erschwerten Bedingungen weiter, und zwar aus einem einzigen Grund: Er glaubt an die Kraft, die im Samen liegt. Die Hoffnung, die er im Herzen trägt, motiviert ihn.

Gottes Wort sagt uns:

> „... seid fest, unerschütterlich, allezeit überströmend in dem Werk des Herrn, da ihr wißt, daß eure Mühe im Herrn nicht vergeblich ist."
>
> (1. Kor. 15,58)

Ferner:

> „Am Morgen säe deinen Samen und am Abend laß deine Hand nicht ruhen! Denn du weißt nicht, was gedeihen wird: ob dieses oder jenes oder ob beides zugleich gut werden wird."
>
> (Pred. 11,6)

Und schließlich:

> „Laßt uns aber im Gutestun nicht müde werden, denn zur bestimmten Zeit werden wir ernten, wenn wir nicht ermatten."
>
> (Gal. 6,9)

Gott möchte, daß unser Lohn groß ist

Gott macht offenbar, was vor dem Richterstuhl auf dem Spiel steht – nicht etwa, weil er uns nicht mag, sondern weil er uns liebt! Er möchte unsere Häupter krönen und räumt uns reichlich Gelegenheit ein, uns diese Kronen zu verdienen.

15 Olympische Motivation

Stellen Sie sich einen Lehrer vor, der ankündigt, alle seine Schüler würden dieselbe Zensur bekommen, unabhängig davon, ob sie sich im Unterricht zu Wort melden, ihre Hausarbeiten abliefern und sich in Prüfungen wacker schlagen oder auch nicht. Was wird wohl dabei herauskommen, wenn der Lehrer die Verbindung zwischen Leistung und Belohnung kappt?

Oder stellen Sie sich vor, um in die nächste Olympiamannschaft zu kommen, würde es vollauf genügen, sich mal im Trainingscamp sehen zu lassen. Ob ein Bewerber in Form wäre oder nicht, würde überhaupt keine Rolle spielen. Wenn er ein Hochspringer wäre, könnte er ruhig zwei Zentner wiegen – solange er sich noch irgendwie über die Latte wälzen könnte, wäre er im Team. Darüber hinaus würde bekanntgemacht, daß es künftig keinerlei Abstufungen bei den Medaillen mehr geben werde. Statt Gold, Silber, Bronze oder gar keiner Medaille würde jeder Teilnehmer denselben Preis erhalten, egal, was er geleistet hätte. Was glauben Sie, welche Folgen hätte das? Wie motiviert würden wohl die Athleten an ihre Trainingsaufgaben herangehen?

Ein letztes Szenario: Was wäre, wenn die Wahrheiten des Richterstuhls und der ewigen Belohnung in der Gemeinde

Jesu irgendwie in Vergessenheit gerieten? Dazu müßte man die einschlägigen Schriftstellen noch nicht einmal aus allen Bibeln herausschneiden. Es würde genügen, wenn niemand mehr diese Dinge predigte, lehrte oder erörterte: Wie würde die Gemeinde Jesu dann aussehen?

Zum größten Teil wäre sie genauso, wie sich heute darbietet: nicht viel anders als die Schüler im ersten Szenario oder die Sportler im zweiten.

Solange wir niemals über Lohn nachdenken oder an der falschen Auffassung festhalten, im Himmel bekämen alle denselben Lohn, wird es uns an der Motivation mangeln, die Gott uns gern geben möchte.

Wie viele Christen kennen Sie, die Gott mit ebensolchem Feuereifer, ebensolcher Intensität zu gefallen versuchen, wie sie ein Olympiateilnehmer, der auf die Goldmedaille aus ist, in sein Training steckt? Und was würde in der Gemeinde Jesu geschehen, sobald die Christen zu der Überzeugung gelangten, daß der Lohn, den Gott und geben möchte, den Wert einer olympischen Goldmedaille ums Millionenfache übersteigt? Und das ist keine Über-, sondern eine Untertreibung.

Das, was uns die Motivation verschaffen kann, die wir brauchen, ist die Wahrheit. Wenn wir erkennen, was tatsächlich auf dem Spiel steht, werden wir motivierter sein als der eifrigste Olympionike.

Im folgenden Text bringt Paulus seine Sehnsucht danach zum Ausdruck, daß wir diese Wahrheit verstehen:

> „Wißt ihr nicht, daß die, welche in der Rennbahn laufen, zwar alle laufen, aber einer den Preis empfängt? Lauft so, daß ihr ihn erlangt. Jeder aber, der kämpft, ist enthaltsam in allem; jene freilich, damit sie einen vergänglichen Siegeskranz empfangen, wir aber einen unvergänglichen."
>
> (1. Kor. 9,24 f.)

Wahrscheinlich standen Paulus die Isthmischen Spiele vor Augen, als er diesen Text schrieb. Die auf dem Isthmos von Korinth veranstalteten Wettkämpfe waren ein Vorläufer unserer neuzeitlichen Olympischen Spiele. Der Schiedsrichter dieser Wettspiele residierte auf einem Podest, das man den Richterstuhl nannte. Von dort aus beobachtete er die Wettbewerbe und überreichte am Schluß den Siegern ihre Trophäen.

Wo das Neue Testament davon spricht, daß wir Lohn erwerben sollen, wird dieser Lohn häufig in Gestalt eines Siegeskranzes oder einer Krone dargestellt. So auch in unserem Text aus 1. Korinther 9. Die Siegeskrone symbolisiert Ehre und Leistung des Gewinners. Wer die Isthmischen Spiele gewann, war für den Rest seines Lebens von der Steuer befreit, und seine Kinder durften die Schule besuchen, ohne Gebühren zu zahlen. Keine schlechte Sache, oder? Doch nicht der Rede wert, verglichen mit dem, was Gott überreichen möchte.

Waren diese Athleten willens, ein strenges Training durchzuhalten, bloß um einen vergänglichen Siegeskranz zu erringen, wozu sollten wir dann erst motiviert sein, um eine unvergängliche Krone zu erlangen, eine Krone von überragendem Wert, der nie vergehen wird?

> „... übe dich ... zur Gottseligkeit; denn die leibliche Übung ist zu wenigem nütze, die Gottseligkeit aber ist zu allen Dingen nütze, weil sie die Verheißung des Lebens hat, des jetzigen und des zukünftigen."
>
> (1. Tim. 4,7 f.)

In der folgenden Bibelstelle leuchtet etwas davon auf, wie olympische Sieger willkommen geheißen werden, wenn sie nach Hause zurückkehren:

> „... wenn ihr diese Dinge tut, werdet ihr niemals straucheln. Denn so wird euch reichlich gewährt werden der Eingang in das ewige Reich unseres Herrn und Heilandes Jesus Christus."
>
> (2. Pt. 1,10 f.)

Zwar bekommt jeder olympische Goldmedaillengewinner einen ganzen Sack voll Ehrungen, aber dieser Sack hat ein Loch. Da rutscht all die Ehre durch, jedes Jahr ein bißchen mehr. Die Ehre göttlichen Lohns hingegen nimmt niemals ab! Gott ruft uns, so zu trainieren und zu laufen, daß wir eine Krone gewinnen, deren Herrlichkeit niemals verblaßt.

Laufen, um zu siegen

Ein reifer Gläubiger weiß um eine ungeheure Herausforderung: Er muß einen Lebensstil verantwortungsvoller Disziplin entwickeln, um Gottes Plan für sein Leben zu erfüllen. Mit den Worten des Paulus:

> „Ich laufe nun so, nicht wie ins Ungewisse; ich kämpfe so, nicht wie einer, der in die Luft schlägt; sondern ich zerschlage meinen Leib und knechte ihn, damit ich nicht, nachdem ich anderen gepredigt, selbst verwerflich werde."
>
> (1. Kor. 9,26 f.)

Paulus läuft nicht ohne ein Ziel vor Augen. Er treibt kein Schattenboxen, versäumt es nicht, seine Schläge auch anrechnen zu lassen. Wo er davon spricht, wie er mit seinem eigenen Leib umgeht, benutzt er zwei Verben, die das Äußerste an rigoroser Selbstkontrolle besagen.

Wenn Paulus formuliert: „Ich zerschlage meinen Leib", haben wir es mit einem starken Ausdruck zu tun, der ursprünglich meint: „jemanden ins Auge schlagen" oder „jemanden grün und blau prügeln". Folglich will Paulus sagen, daß sein Körper niemals zum Feind seiner geistlichen Zielsetzung werden darf – also nimmt er ihn in Zucht! Weiter sagt er, daß er seinen Körper sich zum Sklaven macht. Achten Sie bitte darauf, was für ein starkes Bild das ist. Paulus wendet alle Entschlossenheit auf, seinen Körper dafür einzusetzen, daß er seinen geistlichen Fortschritt im Wohlgefallen Gottes fördert und nicht hindert.

Wenn ein Athlet für den Olympiasieg trainiert, muß er sich einer umfassenden Disziplin unterwerfen. Solche Sportler sind keine Masochisten, sie stehen nicht darauf, sich selbst zu erniedrigen oder zu quälen. Vielmehr sind sie auf einen Preis aus, und das Opfer, das sie bringen, erscheint ihnen gemessen an diesem Preis gering. Wenn sie frühmorgens zum Training aufwachen, geben sie sich nicht den Empfindungen ihrer Körper hin. Sie fragen ihren Körper nicht: „Hast du eigentlich Lust, um halb fünf aufzustehen, oder würdest du nicht lieber noch ein bißchen weiterschlafen? Bist du scharf auf ein Gesundheitsfrühstück, oder hättest du nicht lieber ein paar Brötchen mit reichlich Marmelade und Nutella?“ Genauso müssen wir uns unsere Körper unterwerfen, damit wir so zu laufen vermögen, daß wir den Preis erlangen.

Wenn Paulus in Vers 27 vom Verwerflich-Werden spricht, dann meint er nicht, daß er Gefahr laufen könnte, sein Heil einzubüßen. Vielmehr fürchtet er sich vor der Möglichkeit, etwas von seinem ewigen Lohn zu verlieren, indem er Gottes Aufgabenstellung für sein Leben nicht vollauf gerecht wird.

Genau wie Paulus sollten wir aufs äußerste entschlossen sein, so zu laufen, daß wir den Preis gewinnen! Ein ernsthafter Teilnehmer eines Rennens läuft nicht mit einem Rucksack auf den Schultern. Was immer uns belasten und niederdrücken will, muß ausgemerzt werden. Unnötige Bürden und Sünden wie Sorgen, Schuld und Unversöhnlichkeit schränken unsere Fähigkeit ein, gut zu laufen. Der Wettlauf ist eine Realität, und der Herr wird die krönen, die ihn gewinnen.

> „Deshalb laßt nun auch uns, da wir eine so große Wolke von Zeugen um uns haben, jede Bürde und die leicht umstrickende Sünde ablegen und mit Ausharren laufen den vor uns liegenden Wettlauf, indem wir hinschauen auf Jesus, den Anfänger und Vollender des Glaubens ...“
>
> (Hebr. 12,1 f.)

Vergleichen Sie sich nicht mit anderen

1990 fand eine nationale Hochschul-Meisterschaft in den leichtathletischen Laufdisziplinen statt. Beim 1500-Meter-Endlauf der Herren blickte der führende Läufer kurz vor der Ziellinie nach links. Er sah, daß er immer noch vorne lag und bloß noch ein paar Meter hinter sich bringen mußte, und so riß er begeistert die Arme hoch. Dadurch warf er sich nicht mehr genügend nach vorn, um als erster das Zielband zu berühren, und ein Läufer, der sich rechts von ihm näherte, konnte ihm im letzten Augenblick den Sieg wegschnappen. Daß er zur Seite sah, kostete ihn die Landesmeisterschaft.

Auch uns kann es hindern, ewigen Lohn zu gewinnen, wenn wir zur Seite schauen, um uns mit anderen zu vergleichen. Wir täuschen uns, wenn wir meinen, es komme darauf an, wie wir im Vergleich mit anderen abschneiden. Wenn Gott uns beurteilt, wird er uns nicht an anderen messen, sondern nach dem, was er uns gegeben hat:

> „Jedem aber, dem viel gegeben ist – viel wird von ihm verlangt werden."
>
> (Lk. 12,48)

Im Vergleich mit anderen können wir uns nicht authentisch bewerten; denn jeder hat seine ganz eigene Berufung und Begabung. Wir alle müssen mit dem treu umgehen, was *uns* anvertraut worden ist.

In Johannes 21,20 ff. spricht Jesus mit Petrus über diesen Punkt. Er hatte Petrus aufgefordert, ihm nachzufolgen, aber Petrus ließ sich durch jemand anderen ablenken:

> „Petrus wandte sich um und sieht den Jünger nachfolgen, den Jesus liebte ... Als nun Petrus diesen sah, spricht er zu Jesus: Herr, was soll aber dieser? Jesus spricht zu ihm: ... Was geht es dich an? Folge du mir nach!"

Genauso ist es mit uns: Wollen wir den Preis gewinnen, so müssen wir alles daransetzen, Jesus nachzufolgen, egal, was andere tun oder lassen. So hielt es auch Jonathan Edwards, Erweckungsprediger des 19. Jahrhunderts. Sein Motto war:

> „Ich bin entschieden, Gott mit meinem ganzen Herzen zu dienen. Und ich bin entschieden, das zu tun, ob es nun noch jemand tut oder auch nicht" (zit. n.: J. White, The Power of Commitment, 1985, S. 18).

General William Booth, der Gründer der Heilsarmee, gab einst eine eindrückliche Vision weiter, in der ihm gezeigt wurde, wie ein Christ, der sein Leben nicht in der Hingabe an den Herrn verbrachte, stirbt und plötzlich Jesus Christus von Angesicht zu Angesicht sieht. Dieser Text ist – in überarbeiteter Fassung – im Anhang II wiedergegeben.

Bereit sein!

Jesus sagt:

> „Siehe, ich komme bald und mein Lohn mit mir, um einem jeden zu vergelten, wie sein Werk ist."
>
> (Offb. 22,12)

Wir hoffen, daß dieses Buch Ihren Wunsch verstärkt hat, voll und ganz für Jesus Christus zu leben, und daß Sie die hier vorgebrachten Wahrheiten genauso aufrüttelnd und lebensverändernd finden wie wir selbst. Der Herr möchte an jenem Tag zu Ihnen sagen können: „Recht so, du guter und treuer Knecht! Über weniges warst du treu, über vieles werde ich dich setzen; geh ein in die Freude deines Herrn."

Anhang I

Sind Sie gut genug, um in den Himmel zu kommen?

Der Satz ließ den jungen Mann aufschrecken, der am Sterbebett seines Vaters stand: „Junge, ich mach' mir Sorgen, daß ich vielleicht gar nicht in den Himmel komme, wenn ich tot bin."

„Aber Dad, ich kenne niemanden, der ein besseres Leben gelebt hätte als du! Du bist der beste Mann, den ich kenne."

Der besorgte Vater antwortete: „Ich weiß bloß nicht, ob es reicht."

Kann ich mit Sicherheit wissen, daß ich in den Himmel komme, wenn ich sterbe?

Eine der faszinierendsten Geschichten der Bibel wirft Licht auf diese Frage. 4. Mose 21,5-9 erzählt von einem ganzen Volk, das gegen Gott rebellierte und infolgedessen von einer Schlangenplage heimgesucht wurde. Als immer mehr Menschen an Schlangenbissen starben, fingen die Leute an, die Sünde der Rebellion zu bekennen, und baten ihren Führer, Mose, für sie zu beten.

Als Mose betete, empfing er einige ungewöhnliche Anweisungen von Gott: *Mache dir eine Schlange aus Bronze und stecke sie auf einen hohen Pfahl. Wenn dann diejenigen, die gebissen worden sind, auf diese eherne Schlange schauen, wird ihnen nichts geschehen.*

Kein Zweifel: Wer immer dahin schaute, blieb am Leben!

Als Jesus Christus, Gottes Sohn, auf der Erde lebte, erzählte er die Geschichte von der ehernen Schlange aufs neue und offenbarte, daß diese Schlange in Wirklichkeit ein Symbol auf ihn hin war. „Und wie Mose in der Wüste die Schlange erhöhte", sagte Jesus, „so muß der Sohn des Menschen erhöht werden, damit jeder, der an ihn glaubt, ewiges Leben habe" (Joh. 3,14 f.). Jesus bezog sich auf seine schlußendliche Kreuzigung, bei der er auf grausame Weise an das Kreuz eines römischen Scharfrichters genagelt wurde und so, hoch in die Luft erhoben, starb.

Damit wir nicht an den tödlichen Folgen unserer eigenen Sünde umkommen, hat Gott seinen Sohn gesandt, der an unserer Stelle starb. Das verdeutlicht die Bibel so:

> „Denn so hat Gott die Welt geliebt, daß er seinen eingeborenen Sohn gab, damit jeder, der an ihn glaubt, nicht verloren gehe, sondern ewiges Leben habe."
>
> (Joh. 3,16)

Wie kommt es, daß nicht jeder Mensch zu Christus aufschaut und Gottes Geschenk der Vergebung und des ewigen Lebens annimmt? Ein Grund liegt darin, daß viele Leute gar nicht wissen, daß sie ein Problem haben. Sie verkennen ihre Not – so als hätten sie einen tödlichen Schlangenbiß abbekommen, ohne es zu merken.

Ein anderer Grund dafür, daß Menschen nicht zu Christus aufblicken und die freie Gabe des ewigen Lebens annehmen, besteht darin, daß sie Erlösung von anderswoher erwarten, besonders von sich selbst. Sie glauben daran, daß gute Menschen in den Himmel kommen und schlechte in die Hölle, und versuchen dann gut genug zu sein, um in den Himmel zu gelangen. Ihr Vertrauen ruht auf ihnen selbst.

Niemand ist gut genug, um in den Himmel zu kommen!

Bei einer Gelegenheit redete Jesus „zu einigen, die auf sich selbst vertrauten, daß sie gerecht seien“ (Lk. 18,9), und erzählte ihnen von einem Mann, der sich im Gebet brüstete: „O Gott, ich danke dir, daß ich nicht bin wie die übrigen der Menschen. ... Ich faste zweimal in der Woche, und ich verzehnte alles, was ich erwerbe“ (Vv. 11 f.). Dieser Mann fand sich selbst vortrefflich und ließ sich zu dem Irrtum hinreißen, er sei mit Gott in Ordnung; Jesus hingegen versichert uns, daß er es nicht war.

Denselben Fehler machen viele Leute heutzutage. Sie glauben aufgrund ihrer eigenen Gerechtigkeit in den Himmel zu kommen. „Man kann mir nicht nachsagen, daß ich ein schlechter Mensch sei“, behaupten sie. „Ich hab niemanden umgebracht. Ich bin besser als die meisten anderen Leute. Ich hab mehr Gutes als Böses getan. Ich gehe sogar in die Kirche. Ich ... ich ... ich ... ich ...“

All das ist *Selbst*gerechtigkeit. Solange wir uns darauf verlassen, daß unser eigenes gutes Leben uns schon in den Himmel bringen wird, *werden wir dort niemals hinkommen.* Jesus Christus sagt:

> „Ich bin der Weg und die Wahrheit und das Leben. Niemand kommt zum Vater als nur durch mich.“
>
> (Joh. 14,6)

Die Bibel sagt uns, was Jesus für uns getan hat und warum er es tat:

> „Denn es ist auch Christus einmal für Sünden gestorben, der Gerechte für die Ungerechten, damit er uns zu Gott führe ...“
>
> (1. Pt. 3,18)

Soweit es um Erlösung geht, ist ein Blick auf Christus wertvoller als eine Million Blicke auf uns selbst! Doch selbstgerechte Menschen sind zu stolz, zuzugeben, daß sie einen Erlöser brauchen. Für diese Menschen scheint das Kreuz Christi völlig ohne Bedeutung zu sein. Sie schätzen Gottes Angebot, sie von ihren Sünden zu erretten, gering oder weisen es zurück, weil sie sich aus eigener Kraft für ganz okay halten. Sie vertrauen auf ihre eigene Gerechtigkeit.

Nicht gute Menschen kommen in den Himmel – nur Menschen, denen vergeben wurde

Jesus möchte, daß wir ihm vertrauen, weil sonst nichts und niemand in der Lage ist, uns zu Gott zu bringen: keine guten Taten, keine Religion, gar nichts.

Die beiden größten Gebote, die Gott uns gibt, lauten:

> „... du sollst den Herrn, deinen Gott, lieben aus deinem ganzen Herzen und aus deiner ganzen Seele und aus deinem ganzen Verstand und aus deiner ganzen Kraft.“
>
> „Du sollst deinen Nächsten lieben wie dich selbst.“
>
> (Mk. 12,30 f.)

Wer kann von sich behaupten, diesen Geboten vollkommen genügt zu haben, und sei es auch nur für einen einzigen Tag? Viele von uns erkennen gar nicht, daß sie in Gefahr schweben; Gott aber gibt uns seine Einschätzung unserer Lage in den folgenden zwei Versen aus dem Römerbrief zu erkennen:

> „... alle haben gesündigt und erlangen nicht die Herrlichkeit Gottes.“
>
> (3,23)

„Denn der Lohn der Sünde ist der Tod, die Gnadengabe Gottes aber ewiges Leben in Christus Jesus, unserem Herrn."

(6,23)

Wir haben die Wahl, entweder unser Vertrauen auf Jesus zu setzen – darauf, daß er für unsere Sünden bezahlt hat – oder aber auf uns selbst und zu scheitern. Jesus ist gestorben, um die Sündenstrafe für uns zu sühnen, und wieder auferstanden, um uns eine Beziehung zu Gott zu ermöglichen. Nunmehr kann Gott in aller Gerechtigkeit denen Vergebung anbieten, die ohne sie die Ewigkeit in der Hölle zubringen würden. Nicht gute Menschen kommen in den Himmel – nur Menschen, denen *vergeben* wurde.

Sie haben die Wahl

Sie sind eingeladen, sich auf die liebevollste Beziehung einzulassen, die Sie je erleben werden. Doch gab Ihnen Gott einen freien Willen. Er hat Sie nicht als Marionette geschaffen, die nicht anders könnte, als ihm seine Liebe zu erwidern. Er räumt Ihnen die Freiheit ein, entweder ihm zu folgen oder Ihren eigenen Weg zu gehen.

Stimmen Sie Gott darin zu, daß Sie der Vergebung bedürfen, die er durch seinen Sohn ermöglicht hat? Würden Sie diese Vergebung gern empfangen und gleich heute in eine geordnete Beziehung mit Gott eintreten? Dann möchten wir Ihnen ein Gebet vorschlagen, das Sie jetzt gleich beten können:

„Herr Jesus, dankeschön dafür, daß du mich so sehr liebst, daß du bereit warst, dich um meiner Sünden willen am Kreuz strafen zu lassen, so daß ich Vergebung haben darf. Ich öffne dir mein Herz und lade dich ein, mein Erlöser zu sein. Ich erkenne an, daß du weißt, was für mich am besten ist. Lehre mich, dir in jedem Bereich meines Lebens zu gefallen. Danke für deine Vergebung und für das Geschenk des ewigen Lebens."

Anhang II

Die Vision des William Booth

Im folgenden wird eine bemerkenswerte, aufrüttelnde Vision wiedergegeben, die General William Booth, dem Gründer der Heilsarmee, geschenkt wurde. General Booth war ein Mann von herausragendem Mut und Eifer im Dienst für Gott und andere Menschen. Diese Vision machte ihn noch brennender im Dienst und wurde für Tausende zur lebensverändernden Mahnung. Booth berichtet:

Neulich hatte ich eine sehr eigenartige Vision. Lange habe ich mit mir gerungen, ob ich diese Schau anderen weitergeben sollte oder nicht. ...

In meiner Vision dachte ich, was die Welt angehe, sei Agurs Gebet im Hinblick auf mein Leben erhört; denn ich lebte weder in Armut noch in Reichtum. All meinen Bedürfnissen war Genüge getan. Ich hatte Muße, besaß Freunde, ein Zuhause und auch sonst alles, was vonnöten war, um mir ein glückliches Dasein zu verschaffen. ...

Wir statteten uns gegenseitige Besuche zu Hause ab, vereinten uns zu Vergnügungen, Geschäften, politischen Angelegenheiten und vielem anderen. Kurzum, wir kauften und verkauften, heirateten und taten so, als würde die Welt, in der wir lebten, ewig bestehen.

In jener Vision war ich ein Mensch, der sich in religiösen Aktivitäten erging. Ja, ich meinte mich als ziemlich helles Licht betrachten zu dürfen. Sonntag für Sonntag besuchte ich den Gottesdienst und unterrichtete in der Sonntagsschule. Von Zeit zu Zeit, wenn auch nicht allzu häufig, besuchte ich die Kranken. Und über diese guten Taten hinaus spendete ich auch noch ein wenig Geld für christliche Belange.

All diese Dinge nahm ich einigermaßen ernst. Mit Heuchelei hatte ich nichts am Hut. Sicher, ich beschäftigte mich fortwährend damit, was es mit dem Christentum eigentlich auf sich hatte, wiewohl ich mitunter recht frei darüber zu sprechen vermochte und Menschen bedauerte, die sich nicht zum christlichen Glauben bekannten.

Selten, wenn überhaupt, dachte ich darüber nach, was Jesus Christus forderte. Auch über die Verlorenen machte ich mir wenig Gedanken, wenngleich ich mitunter Zeuge von Unterhaltungen wurde, die sich um diese Fragen drehten. Ich bewegte mich in durchaus eingefahrenen Gleisen, was meine Gedanken und Taten sowie meine beruflichen Belange betraf. So lebte ich von Tag zu Tag und hoffte, daß am Ende alles gut auslaufen würde.

In meiner Vision jedoch geschah es, daß mich ohne merkliche Vorwarnung ein gefährliches Fieber packte. In einem Nu wurde ich fürchterlich krank. Ja, es währte nur wenige Stunden, bis ich buchstäblich auf der Schwelle des Todes stand. Das war nun eine überaus notvolle Angelegenheit. Alle um mich herum waren völlig durch den Wind, und die, denen ich lieb und teuer war, erstarrten vor Furcht.

Manche handelten. Man sorgte für die angezeigten Arzneien. Mehrere Ärzte wurden zu Rate gezogen. Von nah und fern strömten meine Familienangehörigen zusammen. Auch Freunde und Bekannte kamen.

Man ließ mir die bestmögliche medizinische Versorgung angedeihen, doch es war alles vergeblich.

Ich fühlte, daß die Arzneien nicht halfen – obwohl ich an

sich gar nicht viel spürte, sei es nun dank der Plötzlichkeit, mit der mich die Erkrankung überfallen, oder der narkotisierenden Mittel, die mir die Ärzte verabreichten. Doch eigenartigerweise schien ich die am wenigsten beunruhigte Person im ganzen Haus zu sein.

Ich fühlte mich, als ob ich träumte. Ich wußte, daß ich krank war, bedrohlich krank – hatte doch ein Verwandter darauf bestanden, über meinen wirklichen Zustand aufgeklärt zu werden. Doch das brachte mich nicht weiter aus der Fassung. Ich rechnete damit zu genesen. Das tun, glaube ich, die meisten Leute, so lange, bis sich die Hand des Todes unweigerlich auf sie senkt.

Und selbst für den Fall, daß ich nicht wieder gesund werden sollte, hatte ich doch keinen Grund, mir ernstlich Sorgen zu machen; denn schließlich war ich doch Christ! Hatte ich mich denn nicht bekehrt? Glaubte ich nicht an die Bibel? Warum also sollte ich mich fürchten?

Und hörte ich nicht fortwährend, wie Choräle gesungen und Gebete für meine völlige Wiederherstellung dargebracht wurden respektive dafür, daß ich ohne Leiden hinübergehen dürfe, falls Gott es anders wolle, und dann eine gute Zeit im Himmel hätte?

Doch trotz alledem schlichen sich beunruhigende Gedanken in meinen Kopf, konnte ich mich doch nicht wehren gegen Fragen wie die, ob ich denn wirklich Jesus Christus nachgefolgt war und einer vergehenden Welt gegenüber mit meiner Zeit, meinem Einfluß, meinem Geld und meiner Familie meine Pflicht getan hatte. Da kamen und gingen Fragen, die wahrhaftig nicht leicht zu beantworten waren. Doch all das geschah wie im Traum. Wie hätte es auch anders sein sollen, wo mir doch das brennende Fieber die Lebenssäfte verdorren ließ, mein Hirn ganz benommen war und meine Kräfte brachlagen?

Wenn ich mich also beklagte, daß ich beim Gedanken an das Heil nicht gerade übergroße Freude oder Gewißheit empfand, dann schob ich das nur allzu bereitwillig auf meinen Zustand, der ganz und gar nicht zum Freuen angetan war. ...

Doch eines vermochte ich zu tun und tat es. Mit aller Seelenkraft, die mir verblieben war, warf ich mich auf meinen Erlöser. ... Derweil übermannte mich eine eigenartige Mattheit, und ich verlor das Bewußtsein.

Eingang in den Himmel

Das nächste, was ich wahrnahm, läßt sich ganz und gar nicht in Worte fassen. Es war die atemberaubende Faszination einer neuen, jenseitigen Existenz. Ich war im Himmel.

Nachdem sich das erste Gefühl der Überraschung einigermaßen gelegt hatte, sah ich mich um und nahm auf, wo ich mich befand. Es war weit entfernt von jedwedem Irdischen, in jeder Hinsicht großartig. ... Solche Vollkommenheit und Schönheit war noch keinem Menschen zuvor zu Gesicht gekommen, derlei Musik hatte nie ein irdisches Ohr vernommen. ... Zuerst wurde ich von einer Art ekstatischem Taumel ergriffen, zu welchem Gefühl auf der Stelle das Bewußtsein trat, daß ich in Sicherheit war, fürderhin gerettet vor jeglicher Sünde und allem Leid.

Doch dann beschlichen mich jählings ganz andere Empfindungen. So eigentümlich das auch klingen mag, ich fühlte mich einsam und ein wenig traurig, sogar inmitten dieser unendlichen Gottseligkeit. Denn bis zu diesem Augenblick war ich allein geblieben. Nicht eine der Lichtgestalten, die sich singend durch den strahlenden Äther zu meinen Häupten schwangen oder hin und her eilten, als seien sie mit hochwichtigen Aufgaben befaßt, hatte mich angesprochen oder sich mir genähert.

Ich war allein im Himmel! Dann wurde es noch befremdlicher und mysteriöser: Ich kam mir in gewisser Weise der Gesellschaft dieser reinen Wesen, die mich in unbeschreiblicher Lieblichkeit umschwebten, unwürdig vor. Wie konnte das angehen? War ich nur aus Versehen hierher gekommen?

Hielt man mich dieses herrlichen Erbes nicht für wert? In der Tat, die Sache war geheimnisvoll.

Eine Begutachtung meines Lebens

Meine Gedanken wanderten auf die Erde zurück, und vor meinen Augen, wie von der Hand eines Engels ausgespannt, entrollte sich mein ganzes vergangenes Leben. Welche Fülle an Geschehnissen da verzeichnet stand! Flüchtig schaute ich darüber hin, doch es war, als nähme ich mit einem Blick alles auf, was da stand – so rasch, daß mir war, als beschleunigten sich meine Geisteskräfte ungemein. Ich erkannte, daß ich hier in einem Nu aufnehmen und begreifen konnte, wozu ich mit meinen armseligen, verdüsterten irdischen Gaben einen ganzen Tag gebraucht hätte.

Mit meiner beschleunigten Auffassungsgabe sah ich zu meinem Entzücken schon auf den allerersten Blick, daß dieses Register meiner irdischen Existenz – meine göttliche Biographie – keinerlei Sünden aus der Zeit vor meiner Bekehrung enthielt. Ja, jener Teil meines Lebens schien ein weithin unbeschriebenes Blatt zu sein. Weiter nahm ich wahr, daß auch von den Sünden, die ich seit jenem Tag begangen hatte, nichts verzeichnet war. Es war, als wäre irgendeine mir zugetane Hand über die Schriftrolle gegangen und hätte alle Eintragungen gelöscht, die die bösen Taten meines Lebens betrafen. Das war ungemein wohltuend. Mir war danach, Gott mein Lob entgegenzurufen, der es mir ersparte, hier in diesem wunderschönen heiligen Land jenen häßlichen Dingen ins Angesicht sehen zu müssen, hier inmitten all dieser heiligen Wesen, wo ich allein die Erinnerung an irgendeine Sünde als Besudelung empfunden hätte.

Dennoch ließ mich ein weiterer Blick auf meine Akte aufschrecken, standen doch darin – unter Auslassung aller Tatsünden, wie gesagt – präzise Protokolle darüber, wie ich jeden einzelnen Tag meines ganzen Lebens zugebracht hatte! Ja, es ging noch viel tiefer, war da doch in allen Einzelheiten verzeichnet, wofür ich gelebt hatte. Alles fand sich da: meine Gedanken, Gefühle und Taten, wie und wofür ich Zeit, Geld, Einfluß und all die anderen Gaben, die Gott mir zur Mehrung seiner Ehre und zur Errettung der Verlorenen anvertraut, eingesetzt hatte.

Kapitel für Kapitel lenkte dieser Bericht meine Gedanken zurück zu der Welt, die ich hinter mir gelassen hatte, und vor meine Augen trat ein lebhaftes Bild ihres Hasses auf Gott, ihrer Ablehnung Jesu Christi, ihrer Verderbnis samt allen Schmutzes, aller Entartung und der unzähligen Greuel. Das brachte mich total aus der Ruhe. In meinen Ohren gellte es von Flüchen und Lästerungen, wimmerte es vor Pein und Schmerz. Ich war vollkommen überrumpelt.

Diese Anblicke hatte ich zuvor gesehen, all die Laute gehört – nicht allzu häufig, das ist wahr, denn ich hatte sie von mir ferngehalten. Jetzt jedoch blendeten und überwältigten sie mich. Sie erschienen mir ums Millionenfache schwärzer, gemeiner, verderbter und herzzereißender als je zuvor!

Mir war, als höbe ich die Hände vor die Augen und steckte die Finger in die Ohren, um all dies meinen Blicken und meinem Gehör zu entziehen. Es schien so unerhört real und gegenwärtig zu sein! Mein Herz wand sich in Qualen und Selbstvorwürfen, sah ich doch im „Buch des Gedächtnisses", womit ich mich in den paar Jahren, die inmitten all dieses Elends zuzubringen mir vergönnt gewesen war, nachdem Jesus Christus mich in seine Streitmacht berufen, abgegeben hatte. Ich wurde daran erinnert, wie ich, statt seine Schlachten zu schlagen und Seelen zu retten, indem ich sie vor seine Füße legte, so sie für den Eingang in diese liebliche Stätte zubereitend, im Gegenteil auf irdische Dinge aus gewesen war, selbstsüchtig das meine gesucht und mein Leben in tatsächlichem Unglauben, in Unergebenheit und Ungehorsam zugebracht hatte.

Mir wurde flau ums Herz. Oh, hätte sich mir doch nur in jenem Moment eine Tür hinaus aus der „Ruh' im Himmelsdom" aufgetan, die ich einst so oft besungen, hätte ich nur zurückgehen können in die düstere, sündhafte, elende Welt, die ich just hinter mir gelassen! Hätte ich nur ein weiteres Leben unter den Verlorenen und Sterbenden verbringen und in Wahrheit meinem Herrn nachfolgen können!

Doch so würde es nicht sein. Meine Gelegenheiten auf Erden waren vergangen. Von jetzt an würde für alle Zeit der Himmel meine Wohnung sein. Und so paradox das auch scheinen mag, dieser Gedanke füllte mein Herz mit unaussprechlicher Trauer.

Und dann kam mir ein anderer Gedanke, aufwühlender noch als alle vorigen ..., nämlich: Ob ich wohl eine Chance hatte, die Genehmigung zu erlangen, in irgendeiner menschlichen Gestalt in die Welt zurückzukehren, genau an den Ort, von dem ich hergekommen war, und mein irdisches Leben noch einmal aufzunehmen, um jetzt so zu leben, wie es meines Bekenntnisses würdig war, würdig meines Herrn Jesus Christus und all der verpaßten Gelegenheiten? Ob es so gehen konnte?

Wäre mir in jenem Moment eine bejahende Antwort zuteilgeworden, so hätte ich jauchzend all meine himmlische Gottseligkeit wieder aufgegeben. Voller Glück hätte ich Zeiten der Not, der Schande, der Armut und des Leides auf mich genommen. Liebend gern hätte ich ein Millionenvermögen von mir gegeben. Ja, ich hätte freudestrahlend eine ganze Welt hingegeben, hätte ich sie denn zu geben gehabt. Doch es schien keine Chance auf einen zweiten Durchgang zu geben. Was sollte nur geschehen?

Von einem Mann befragt

Es waren noch nicht viele Sekunden vergangen, seit ich mich in diese Überlegungen versponnen hatte, schienen doch die Gedanken nur so zu rasen, als blitzschnell einer jener lichtstrahlenden Himmelsbewohner, die ich weit oben in den Wolken der Herrlichkeit hatte schweben sehen, herabstieg und vor meine verblüfften Augen zu stehen kam.

Niemals werde ich die vor Ehrfurcht erstarrenden Gefühle

vergessen, mit denen ich dieses Himmelswesen betrachtete. Beschreiben kann ich die Statur und die Züge dieser erhabenen Gestalt nicht, so daß ich es gar nicht erst versuchen werde. Er war sowohl einem Engel als auch einem Menschen gleich, war irdisch und doch jenseitig. Ich wagte einen Blick und gewahrte, daß er zu den Scharen gehörte, die, gekommen „aus der großen Drangsal" auf Erden, „ihre Gewänder gewaschen und sie weiß gemacht haben im Blut des Lammes". Diesen Schluß zog ich nicht bloß aus der majestätischen Ausstrahlung, die er an sich hatte, sondern ich spürte instinktiv, daß das Wesen vor meinen Augen ein Mann war, ein gerechtfertigter und verherrlichter Mensch.

Er sah mich an, und ich konnte nicht anders, als seinen Blick zu erwidern. Nie hätte ich geglaubt, daß das menschliche Antlitz vor Gott dergestalt würdevoll und lieblich zugleich sein könnte!

Doch weit über die betörende Schönheit dieser himmlischen Züge hinaus ging der Ausdruck, der seine ganze Anmutung bestimmte und in der Tiefe der Augen glomm, die auf mich gerichtet waren. Mir war, als wäre dieses Gesicht nur ein sonnendurchflutetes Fenster, durch das ich bis in die Tiefen jener reinen, freundlichen, zarten Seele schauen konnte.

Ich weiß nicht, wie ich in den Augen meines schönen Besuchers dastand, weiß nicht, in welcher Gestalt ich war. Seit ich meine sterbliche Hülle gegen die Unsterblichkeit vertauscht, hatte ich noch nicht in einen Spiegel geschaut.

Es lag auf der Hand, daß er sich hingebungsvoll für mich interessierte, doch seine Anteilnahme an meinem Leben schien ihn traurig zu stimmen. Während ich da saß und meine faszinierten Blicke nicht von ihm zu wenden vermochte, kam es mir vor, als hege er beinah Sorgen meinethalben.

Er war der erste, der das Wort nahm. Wäre es anders gewesen, niemals hätte ich den Mut aufgebracht, ihn anzusprechen. Seine Stimme war weich und melodisch und paßte gut zu seiner ernsthaften Ausstrahlung. Ich wußte schon, was er sagen würde, bevor er fertig geredet hatte, und das, obwohl ich heute nicht mal mehr sagen kann, welcher Sprache er sich bediente. Es wird wohl die universelle Sprache des Himmels gewesen sein.

Im Kern sagte er folgendes: In einem bestimmten Bezirk der himmlischen Gefilde wußte man von meiner Ankunft – einem Bezirk, der die Losgekauften aus der Gegend der Erde beherbergte, wo ich zu Hause gewesen war. Die Kunde von meinem Eintreffen war blitzartig durch den himmlischen Fernsprecher verbreitet worden, der nicht bloß einem einzelnen Ohr, sondern allen in jenem Himmelsbezirk vernehmlich war. Mein Name war auf jedem Hügel erklungen und in jedem Tal widergehallt, war in jedem Zimmer einer jeden Wohnung ausgesprochen worden. Von jedem Turm und jeder Zinne des gewaltigen Tempels, in dem diese verherrlichten Heiligen Tag und Nacht dem himmlischen Vater Ehre gaben, war er ausgerufen worden.

Wer immer mich auf Erden gekannt hatte oder irgend etwas von meiner Familie wußte, von meinen Möglichkeiten, das Königreich Christi zu fördern, den sie anbeteten und priesen, brannte darauf, mich zu sehen und von den Siegen zu hören, die ich errungen, während ich auf der Erde weilte, von den Seelen, denen ich zum Segen geworden war. Alle waren sie besonders begierig zu hören, ob ich das Werkzeug gewesen war, das ihren Lieben, die sie zurückgelassen, das Heil gebracht hatte.

Das alles wurde über meine Seele ausgeschüttet. Ich wußte nicht, wohin ich schauen sollte. Wieder und wieder ging mir durch den Kopf, wie ich heiter und bequem vor mich hingelebt hatte. Was sollte ich sagen? Wie sollte ich mit dem Protokoll meines Lebens vor diesen auf gute Nachrichten Wartenden bestehen? Was stand anders darin als die Geschichte einer selbstsüchtigen Existenz? Ich hatte keine Märtyrerberichte zu erzählen. Ich hatte der teuren Sache Christi kein einziges Opfer gebracht, das auf Erden der Rede wert gewesen wäre – wieviel weniger erst im Himmel!

In diese Richtung rasten meine Gedanken, als mein Besucher, wie ich glaube, irgendwie wahrgenommen haben muß, woran ich dachte, und Mitleid mit mir empfand. Als er sah, wie verlegen ich war, sprach er erneut.

„Wo du dich befindest, ist noch nicht der eigentliche Himmel“, sagte er, „sondern nur ein Vorhof, eine Art äußerer Kreis. Alsbald wird der Herr in Person mit einer großen Prozession seiner Erwählten erscheinen, um dich in die himmlische Stadt selbst zu geleiten. Dort wirst du wohnen, so er dich für würdig erachtet, das heißt, wenn es ihm gefällt, wie du dich auf dem Schlachtfeld dort unten geführt hast. Inzwischen ist mir gestattet worden, mit dir über eine Seele zu sprechen, die mir sehr teuer ist. Wie ich gehört habe, lebt dieser Mann in derselben Gegend, in der du noch vor kurzem gelebt hast und woher du gerade gekommen bist. Um unserer selbst willen sind unsere Kenntnisse über das, was sich auf Erden abspielt, begrenzt, aber dann und wann wird uns ein kurzer Einblick genehmigt. – Also, kannst du mir etwas sagen über meinen Sohn? Er war der einzige Sohn, den ich hatte, und ich liebte ihn inniglich – zu sehr. Ich habe ihn verwöhnt, als er ein Kind war. Er war eigensinnig, und als er aufwuchs, wurde er starrköpfig, jähzornig und ungehorsam. Mein Beispiel half ihm auch nicht viel weiter.“

An dieser Stelle legte sich für einen kurzen Moment eine düstere Wolke über die herrlichen Brauen, die aber so bald wieder verschwand, wie sie erschienen war. ... Er, der Vater, war gerettet, gewaschen, wiederhergestellt worden. Er hatte gelernt, um Seelen zu ringen, und hatte viele unter das Blut des Lammes gebracht. Dann war er, bedingt durch einen Arbeitsunfall, eines plötzlichen Todes gestorben und in den Himmel gekommen.

„Und jetzt“, fuhr er fort, „wo mag mein Junge jetzt sein? Bitte sag mir etwas über meinen Jungen! Er lebte nicht weit von dir, und du hattest geschäftlich mit ihm zu tun. Was hast du für ihn getan? Gibt es Hoffnung für ihn? Bitte sag mir, wie es ihm in diesen Tagen geht!“

Er brach ab, und mir sank das Herz. Was sollte ich sagen? Ich kannte den Jungen, hatte von dem Tod des Vaters und von dessen verlorenem Sohn erzählen hören. Nicht ein ernsthaftes Wort über seine Seele oder seinen Erlöser hatte ich dem Jungen gesagt. Ich war viel zu sehr mit anderen Dingen beschäftigt gewesen. So, was konnte ich jetzt seinem Vater sagen, der hier vor mir stand? Mir fehlten die Worte!

Die Wolke, die mir zuvor aufgefallen war, legte sich aufs neue über das Gesicht meines Besuchers, wesentlich düsterer diesmal. Er mußte wohl die Wahrheit erraten haben. Er sah mich mit einem Ausdruck an, in dem sich seine eigene Enttäuschung mit Bedauern für mich zu verbinden schien. Schließlich spannte er seine Flügel aus und schwebte davon.

So hingerissen schaute ich seiner entschwindenden Gestalt nach, daß ich gar nicht bemerkt hatte, wie ein zweites Herrlichkeitswesen von oben herabgekommen war und jetzt den Platz einnahm, an dem eben noch mein erster Besucher gestanden hatte.

Ich drehte mich um und sah den Neuankömmling. Er war ein Geist von derselben Art wie der vorige, ebenfalls einer aus der Schar der Losgekauften, die einst auf der Erde gewandelt waren. Auch er strahlte eine tiefe Würde aus und hatte denselben wunderbaren Ausdruck von innerer Kraft, Reinheit und Freude an sich. Doch seine Schönheit – die meine kühnsten Phantasien unendlich überstieg – hatte etwas noch Feineres und Fesselnderes.

So schön auch mein erster Besucher gewesen war – von einer Schönheit, die niemand auf Erden sich je erdenken oder erträumen könnte –, hier war dieses Maß noch übertroffen. ... Mein früherer Besucher war, wie ich sagte, ein verherrlichter Mann. Dieser hier schien den Herrlichkeitsleib einer Frau zu haben. ...

Das bezaubernde Geschöpf ... hatte offensichtlich etwas sehr Bedeutsames mit mir zu besprechen.

Sie sagte mir ihren Namen, einen Namen, den ich schon auf der Erde gehört hatte. Sie war eine Witwe, die viel Not hatte durchmachen müssen. Der Tod ihres Mannes hatte dazu geführt, daß sie sich zu Christus bekehrt hatte. Nach ihrer Bekehrung hatte sie sich rückhaltlos dem Kampf fürs Reich

Gottes hingegeben. Zuvörderst hatten ihr ihre eigenen Kinder auf dem Herzen gelegen. Alle waren sie gerettet worden und standen im Kampf für den Herrn – bis auf eines.

Als sie den Namen dieses Kindes erwähnte, legte sich über ihr liebreizendes Gesicht dieselbe trübe Wolke, die auch das strahlende Antlitz meines ersten Besuchers verdüstert hatte. Doch die Wolke war fast so schnell wieder verschwunden, wie sie gekommen war. Das eine Kind, das unerrettete, war ein Mädchen, an dem die Mutter große Freude gehabt hatte. Sie war eine kleine Schönheit gewesen, der Stolz des ganzen Dorfes, doch – o weh! – sie war auf Abwege geraten: die alte Geschichte des Unrechts und der Verführung zum Bösen, das sie voll und ganz in seinen Bann gezogen hatte, mitsamt all dem Elend, das bei solchen Lebenswegen herauszukommen pflegt.

Ich lauschte. Ein Teil der traurigen Geschichte war mir auf der Erde zu Ohren gekommen, aber ich hatte mit der Begründung, das sei schließlich nicht mein Bier, nicht mehr davon hören wollen. Daß ich damit im Himmel konfrontiert werden könnte, wäre mir nicht im Traum eingefallen!

Und jetzt sah mich dieser lichtdurchflutete Geist mit Augen an, die vor Liebe und Besorgnis glühten und schöner strahlten denn je zuvor. Erneut sagte sie: „Meine Tochter lebte in deiner Nähe. Du kennst sie. Hast du sie gerettet? Ich weiß ja nicht viel von ihr, aber was ich weiß, ist, daß ein einziger ernstlicher, entschlossener Versuch sie erretten und zu Christus führen würde."

Und sie wiederholte es noch einmal: „Hast du mein Kind gerettet?"

Ich muß vor Qual aufgeschrien haben. Ich weiß, daß ich die Hände vor die Augen hob, weil ich ihren eindringlichen Blick, in den jetzt mehr und mehr Mitleid für mich trat, nicht länger ertragen konnte.

Ich weiß nicht, wie lange sie mich mit diesem Ausdruck der Sorge ansah, die diejenige um ihr verlorenes Kind fast noch übertraf. Doch als ich die Hände wieder sinken ließ, war sie fort. Meine Blicke suchten nach ihr, sahen aber nur noch den silbrigen Schirm ihrer Flügel, der als lichter Punkt im fernen Blau schimmerte.

Da schrie ich auf: „O mein Gott, ist das hier wirklich der Himmel? Werden denn diese Befragungen niemals aufhören? Werden die Schlechtigkeit und Ichbezogenheit meines vergangenen Lebens mich durch die ganze Ewigkeit verfolgen? Was soll ich nur tun? Kann ich denn nicht auf die Erde zurückkehren und etwas unternehmen, um mich von diesem scheußlichen Gefühl der Unwürdigkeit zu befreien? Darf ich nicht mein Leben noch einmal beginnen?"

Kaum war mir diese Frage durch den Sinn gegangen, als ich ein weiteres Flügelschlagen hörte und eine dritte Gestalt neben mir aufstrahlte. ... Er stellte sich ganz ähnlich vor wie meine beiden voraufgegangenen Besucher. Er war ein bekannter Sänger gewesen, der erst vor kurzem erweckt und für Christus gewonnen worden war. Viel war ihm vergeben worden, so daß er viel geliebt hatte. Nachdem er sich bekehrt hatte, war sein ganzes Verlangen dahin gegangen, von den Verstrickungen der irdischen Geschäfte loszukommen und sich selbst als lebendiges Opfer für die Errettung anderer Menschen hinzugeben.

Als er kurz davor stand, sich diesen Wunsch verwirklichen zu können, war seine Stunde gekommen, in den Himmel zu gehen. Und hier war er nun, ein Geist voller Herrlichkeit und Freude, gekommen, um mich nach der Gemeinde zu fragen, unter der er gewirkt, und nach dem Freundeskreis, den er zurückgelassen hatte. Hatte ich die kleine Gemeinde gekannt? Ihr Gottesdienstsaal war gar nicht weit von meinem Geschäft entfernt gewesen. Hatte ich den Geschwistern in ihren Schwierigkeiten sowie in ihrem Dienst und Zeugnis für Christus zur Seite gestanden? Hatte ich irgend etwas für seine alten Gefährten getan, die sich in die Hölle soffen und fluchten? Er war mit Fürbittgebeten für sie auf seinen Lippen entschlafen – aber hatte ich sie auf ihrem Weg ins Verderben aufgehalten?

Wiederum konnte ich nichts sagen. Was hatte ich denn auch zu sagen? Ich kannte seine Gemeinde, hatte diese

Menschen aber nicht ein einziges Mal ermutigt oder ihnen irgendwie geholfen. Ich wußte um die Bruchbuden, in denen seine alten Freunde lebten, und die Höllenschlünde, in denen sie ihre Zeit und ihr Geld vergeudeten. Doch ich war zu beschäftigt gewesen, zu stolz oder zu feige, um diese Leute aufzusuchen und ihnen die Botschaft von der Liebe des Heilands zu bringen.

Es hatte mir vollkommen die Sprache verschlagen. Ich nehme an, er erriet, was ich fühlte; denn als er traurig – so traurig jedenfalls, wie man im Himmel traurig sein kann – von mir schied, stand Sympathie in seinem Blick.

Die Prozession des Königs

Was mich anbetraf, so versetzte mich der Gedanke, im Himmel zu sein – so eigenartig das auch klingen mag –, in Furcht und Schrecken. Und doch war es so. Unwillkürlich, wohl auf der Suche nach irgend etwas Tröstlichem, sah ich mich um – und erblickte in weiter Ferne am Horizont ein atemberaubendes Phänomen. Dort schien der gesamte Himmel von strahlend hellem Licht erfüllt zu sein, heller als tausend Mittagssonnen. Und doch war man nicht geblendet, so daß man den Blick hätte abwenden müssen wie bei unserer Sonne, wenn sie in ihrer Pracht scheint. Hier war ein Lichtglanz, der bei weitem alles übertraf, was man sich vorstellen kann, und doch konnte ich ihn mit Freuden anschauen.

Während ich fortwährend das Licht anstarrte und mich fragte, was das wohl sein könnte, schien es ein wenig näher heranzukommen. Da erkannte ich, daß es sich auf mich zubewegte.

Und jetzt konnte ich deutlich den Klang von Musik hören. Zwar spielte sich das ganze nach irdischem Maß etliche Meilen von mir entfernt ab, aber es herrschte eine so reine, klare Atmosphäre, und meine Augen blickten so scharf, daß ich mühelos Gegenstände in einer Entfernung auszumachen vermochte, für die man auf Erden ein starkes Teleskop benötigt hätte, um überhaupt noch etwas erkennen zu können.

Die Töne kamen näher. Es war Musik, ohne Frage – Musik, wie ich sie noch nie zuvor gehört hatte. Doch da war noch etwas anderes, eine eigenartige Mischung aus verschiedensten Lauten, die alle miteinander eine wunderschöne Melodie ergaben, hervorgebracht, wie ich später entdeckte, durch die Bemühungen einer unüberschaubaren Menge von Musikern, sowie die Rufe und Gesänge unzähliger Stimmen. Das Phänomen kam rasend schnell näher. Doch mittlerweile war meine Neugier darauf, um was es sich dabei wohl handeln mochte, so angestachelt, daß mir schon ein paar Minuten wie ein ganzes Zeitalter vorkamen.

Dann endlich konnte ich erkennen, was das war. Es war überwältigend – aber wer könnte es beschreiben? Jedenfalls war es so, daß das gesamte Firmament von unzähligen Gestalten erfüllt war, jede einzelne von ihnen von einer Schönheit und Würde, die bei weitem diejenige der Wesen überstieg, die mir bereits begegnet waren. Was ich vor mir hatte, war ein repräsentativer Teil der himmlischen Aristokratie im Gefolge des Königs, der herbeikam, um die Geister von Männern und Frauen, die der Erde entflohen waren, den guten Kampf gekämpft und den Glauben bewahrt hatten, die im Streit überwunden hatten, so wie er selbst überwand, im Himmel aller Himmel willkommen zu heißen.

Überwältigt von Ehrfurcht und Staunen stand ich da. War denn das möglich? War es jetzt endlich soweit, daß ich meinen Herrn von Angesicht sehen und von ihm willkommen geheißen werden sollte? Dieser Gedanke versetzte mich in Verzückung, und vergessen war die Sorge, die noch einen Moment zuvor mein Herz bedrückt hatte. Alles in mir wurde überrollt von Vorfreude und Begeisterung.

Und dann war die Prozession dicht bei mir. Ich hatte auf Erden schon einige Prunkzüge gesehen – Aufmärsche, die zu präsentieren es der Pracht mächtiger Monarchen, des Reichtums großer Städte und ganzer Nationen bedurft hatte –, doch jeder von ihnen und auch alle zusammengenommen waren im Vergleich zu der gewaltigen Szenerie, die sich vor meinen verblüfften Augen entrollte, wie das schwache Lichtlein einer Kerze vor der tropischen Sonne.

Es kam immer näher. Ich war aus meiner bequemen Position aufgesprungen und dann, als die erste Reihe dieser leuchtenden Himmelsgeister an mir vorüberzog, auf mein Angesicht gefallen. Jeder von ihnen sah für meine ungeschulten Begriffe für sich genommen schon wie eine Gottheit aus, soweit Größe und Macht sich überhaupt an der äußeren Erscheinung eines Lebewesens ablesen lassen.

Marschreihe um Marschreihe zog an mir vorbei. Jede einzelne schien die Blicke seitwärts auf mich zu richten – zumindest kam es mir so vor. Ich konnte nicht umhin: mir war, als musterten sie mich alle mit mitleidigen Blicken. Mag sein, daß es meine eigenen Empfindungen waren, die mir diesen Eindruck vermittelten. Ohne Zweifel indes fühlte ich, daß diese edlen Wesen mich als furchtsame, hasenfüßige Seele betrachteten, die auf Erden nur ihren eigenen Interessen nachgegangen und mit unverändert selbstsüchtigen Motiven hier heraufgekommen war.

Es kamen immer mehr und mehr. Tausende marschierten an mir vorüber, ohne daß sich die Zahl derer, die noch in Annäherung begriffen waren, zu verringern schien. Ich sah an den Kolonnen entlang nach hinten, aber meine Augen konnten kein Ende der Prozession ausmachen. Es müssen Millionen gewesen sein. In der Tat, es war „eine große Volksmenge, die niemand zählen konnte".

Sie alle priesen Gott, sei es in anbetenden und lobpreisenden Hymnen oder in Liedern der Verzückung, die von den gewaltigen Siegen erzählten, deren Zeugen sie auf Erden geworden waren. Manche beschrieben auch herrliche Werke, die die Zeugen anderswo hatten geschehen sehen.

Und jetzt rückte der erhabene, über alle Maßen herrliche Mittelpunkt der Prozession in mein Blickfeld.

Das erste, was mir in diesem Zusammenhang auffiel, waren der noch würdigere Charakter der Wesen, die nunmehr vorüberfluteten, die fülligere Musik und die kräftigeren Lobrufe, die aus allen Richtungen erschollen.

Ich hatte mich nicht getäuscht, und ehe ich noch meinen Geist auf die Begegnung einstellen konnte, war sie schon da: der König selbst! Inmitten ihn umringender Scharen, die Schicht über Schicht in das blaue Gewölbe zu unseren Häupten hinaufragten und ihn aus Millionen vor Liebe glänzenden Augenpaaren betrachteten, erblickte ich die himmlische Gestalt dessen, der am Kreuz für mich gestorben war. Die Prozession kam zum Stillstand. Ein Befehlsruf erscholl, und die himmlischen Heerscharen nahmen dergestalt Aufstellung, daß sie drei Seiten eines Karrees bildeten, in dessen Mitte, unmittelbar gegenüber dem Fleck, auf dem ich hingestreckt lag, der König stand.

Welch ein Anblick war das! Es wäre der Mühe eines ganzen Lebens wert, ihn darstellen zu können. Dem König am nächsten standen die Erzväter und die Apostel der Frühzeit. Dahinter schloß sich Reihe um Reihe der heiligen Märtyrer an, die für ihn ihr Leben gelassen hatten. Schließlich kam die Armee seiner Krieger, die in aller Welt für ihn gekämpft hatten.

Und vorne und hinten, oben und unten sah ich Myriaden um Myriaden von Geistern, von denen niemand auf Erden außerhalb ihrer eigenen Nachbarschaft und ihrer Lebzeiten je gehört hatte, die aber in entsagungsvollem Eifer und unermüdlicher Anstrengung gearbeitet hatten, um Gottes Reich auszubreiten und die Seelen von Menschen zu retten. Und die ganze unaussprechliche Szenerie wurde umringt und überlagert von umherschwirrenden, schimmernden Engelswesen, die sich im Stande der Unschuld bewahrt hatten und mir stolz darauf zu sein schienen, der Freude und Ehre derjenigen zu dienen, die aus der armseligen Welt, welche auch ich hinter mir gelassen, herausgerettet worden waren.

Vor dem Angesicht des Königs

Der Anblick raubte mir den Atem. Die Gesänge, die Musik und die Lobrufe der Volksmengen, tausend Katarakten gleich, hallten zwischen den Hängen der sonnenbeschienenen Berge wider, und all meine Sinne waren hingerissen von dem herrlichen, endlosen Aufmarsch glückseliger Geister. Doch jählings dachte ich an mein eigenes Leben und erinnerte mich daran, in welcher erhabenen Gegenwart ich mich befand. Ich hob meine Augen empor und sah seinen Blick auf mich gerichtet.

Und was für ein Blick das war! Es war nicht Schmerz, was darin zu lesen war, doch auch kein Wohlgefallen. Es war kein Zorn, doch auch keine Anerkennung. Wie auch immer, ich konnte in jenem Antlitz, so unbeschreiblich erhaben und herrlich es auch war, noch nichts entdecken, was mich willkommen geheißen hätte. Es war dasselbe, was ich auch den Mienen meiner vorigen Besucher abgespürt hatte. Jetzt sah ich es auch im Angesicht des Herrn.

Jenes Angesicht, jenes göttliche Antlitz schien mir zu sagen (denn es bedurfte keiner gesprochenen Worte, um den innersten Tiefen meiner Seele einzuprägen, was er über mich empfand): „Du wirst dir gering vorkommen im Angesicht all dieser, welche einst die Gefährten meiner Leiden waren, jetzt aber diejenigen meiner Herrlichkeit sind, denen ihr Leben nicht zu teuer war, mir Ehre zu bereiten und die Menschen zur Errettung zu führen." Wobei er die Scharen der Apostel und Märtyrer und Kriegshelden, die um ihn versammelt waren, bewundernd musterte.

Oh, dieser Blick aus den Augen Jesu! Würde mir nur ein einziges Mal solch liebevolle Wertschätzung zuteil – es wäre hundert Tode auf dem Scheiterhaufen wert! Dafür ließe ich mich gern von wilden Bestien in Stücke reißen. Der Engeleskorte schien es ähnlich zu ergehen, brach sie doch in einen Lobgesang aus, der aller Himmel Himmel durchflutete und den Boden, auf dem ich lag, vibrieren ließ.

Dann wandte mir der König erneut seinen Blick zu. Wie

hätte ich mir gewünscht, daß ein Berg auf mich gestürzt wäre und mich für alle Zeit vor ihm verborgen hätte! Doch nichts dergleichen geschah. Eine unsichtbare und doch unwiderstehliche Kraft bewog mich aufzuschauen, so daß mein Blick ein weiteres Mal dem seinen begegnete. Mehr als daß ich es hörte, fühlte ich – und seine Worte brannten sich wie mit Feuer geschrieben in mein Hirn ein –, wie er zu mir sagte: „Kehre auf die Erde zurück. Ich schenke dir neue Gelegenheit. Erweise dich meines Namens würdig. Erzeige der Welt, daß du meinen Geist besitzest, indem du meine Werke vollbringst und um meinetwillen zum Retter für Menschen wirst. Hast du dann die Schlacht geschlagen, so wirst du wiederum hier Aufnahme erlangen und wirst von mir empfangen einen Platz in meinem Triumphzuge und Anteil an meiner Herrlichkeit."

Niemals könnte ein Herz oder ein Sinn in Worte kleiden, was ich unter jenem Blick und seinen Worten empfand. Meine Gefühle waren widerstreitend. Als erstes war da die unbeschreibliche Furcht, die aus der Erkenntnis erwuchs, daß ich mein Leben vertan hatte, daß es ein in den unnützen Anschlägen und leeren Vergnügungen der Welt vergeudetes Leben gewesen war – wo es doch mit Taten hätte erfüllt und durchsetzt sein können, denen eine niemals endende Ernte himmlischer Früchte nachgefolgt wäre. Ich hätte so leben können, daß der Himmelskönig mir seine Wertschätzung erwiesen und mich würdig erachtet hätte, zum Genossen all dieser verherrlichten Helden erhoben zu werden.

Doch in diese Selbstverachtung mischte sich ein Schimmer von Hoffnung. Mein ernstlicher Wunsch, auf die Erde zurückkehren zu dürfen, würde in Erfüllung gehen. Vielleicht wurde mir dieses Vorrecht auf mein Verlangen hin gewährt, das ich von dem Augenblick an verspürt hatte, in dem mir mein irdisches Versagen aufgedämmert war. Jedenfalls würde ich das Privileg genießen, mein Leben noch einmal wieder aufnehmen zu können. Gewiß bedeutete das eine hohe Verantwortung, aber Jesus würde mit mir sein,

sein Geist mich befähigen. Und in meinem Herzen verspürte ich die Bereitschaft, mich der Herausforderung zu stellen.

Die Wolke der glänzenden Wesen war verschwunden, die Musik verstummt. Ich schloß die Augen und übergab mich ganz – Leib, Seele und Geist – der Verfügungsgewalt meines Heilandes, um fortan nicht länger in der Zufriedenheit meiner eigenen Errettung zu leben, sondern um der Ehre meines Herrn Jesus Christus und der Erretung der Welt willen. Und in ebendiesem Moment hörte ich in meinem Herzen ganz leise dieselbe gesalbte Stimme meines Königs, wie er mir zusicherte, daß seine Gegenwart mich zurück auf die Erde geleiten und durch sein Blut mehr als einen Überwinder aus mir machen werde.

Zur Vertiefung

Leitfragen für Gespräche in Kleingruppen und zum persönlichen Weiterdenken

Kapitel 1: Dem Christus der Offenbarung begegnen

1. Wie hätten Sie auf Eds Frage „Hast du dir jemals Gedanken über den Richterstuhl Christi gemacht?“ geantwortet? Worin sehen Sie den Grund dafür, daß es viele Christen gibt, die sich noch nie eingehend damit beschäftigt haben? Und was, glauben Sie, würde sich in der Gemeinde Jesu verändern, wenn die Gläubigen es täten?

2. Finden Sie drei Adjektive, mit denen sich Lily Shiptons Leben beschreiben ließe! Machen Sie dasselbe mit Todds Leben – und dann mit Ihrem eigenen!

3. Gibt es in Ihrem Leben eine Lily Shipton, der Sie dankbar sein sollten? Wenn ja, wer ist es, und in welcher Weise hat die betreffende Person Ihr Leben beeinflußt?

4. Gibt es jemanden, für den Sie eine Lily Shipton sein könnten? Wenn ja, wer ist es? Nennen Sie einige praktische Dinge, die Sie tun könnten, um diese Person in ihrem Wandel mit Christus zu ermutigen!

5. Meinen Sie, daß Gott Lily Shipton für die vermehrte Frucht belohnen wird, die durch das Leben von Rick Howard entstanden ist, nachdem sie einen so entscheidenden Einfluß auf ihn ausübte?

6. Worin bestehen „Holz, Heu und Stroh“ in Ihrem Leben? Sind Sie willens, diese Bereiche Gott auszuliefern, so daß er Ihr Leben über alles hinaus bereichern kann, was

Sie sich jemals erträumt haben? Gibt es irgend etwas, was Sie zurückhält? Bitten Sie Gott, in der Tiefe Ihres Herzens zu wirken, während Sie die folgenden Kapitel lesen.

Kapitel 2: Achten Sie darauf, wie Sie bauen

1. Wie würden Sie antworten, wenn heute der Tag Ihres Todes wäre und Gott Sie fragte: „Warum soll ich dich eigentlich in den Himmel lassen?“

2. Was läßt Ihre Antwort auf Frage 1 darüber erkennen, worauf sich Ihr Glaube richtet: auf Christus, auf Sie selbst oder auf irgend etwas anderes?

3. Wäre Gott in der Lage, den moralisch edelsten Menschen auf der ganzen Welt aufgrund von dessen eigener Rechtschaffenheit in den Himmel aufzunehmen? Bitte begründen Sie Ihre Antwort mit ein oder zwei Bibelstellen!

4. Legt das Leben, das Sie führen, den Beweis dafür ab, daß Sie ernstlich glauben, sich eines Tages vor dem lebendigen Gott verantworten zu müssen?

5. Wenn Sie wüßten, daß Christus genau heute in einem Jahr wiederkommen würde: was würden Sie tun, um sich auf seine Ankunft vorzubereiten? Und was – wenn es denn etwas gibt – hindert Sie eigentlich, genau diese Dinge von heute an zu tun?

Kapitel 3: Wie können wir viel Frucht bringen?

1. Welche Art von Frucht soll Gott nach Ihrem Wunsch in Ihrem Leben hervorbringen?

2. Was unternimmt ein Bauer, um die Fruchtbarkeit seiner Äcker zu erhöhen? Welche geistlichen Parallelen dazu sehen Sie?

3. Was ist die Ursache, wenn wir mit uns selbst unzufrieden sind? Und was kann man dagegen tun?

4. Was tat Jeremia, um von Entmutigung und Niedergeschlagenheit frei zu werden? (Siehe Klgl. 3,19-25!) Nennen Sie eine Gegebenheit Ihres Lebens, die es notwendig macht,

sich Gottes Wahrheit in Erinnerung zu rufen, um neu Hoffnung zu schöpfen! Geben Sie ein Beispiel für eine Lüge, die der Feind gegen Sie eingesetzt hat! Welche geistliche Wahrheit können Sie dieser Lüge entgegensetzen?

5. Führen Sie ein geistliches Tagebuch, in das Sie alles eintragen, was Gott Ihnen offenbart? Falls nicht, sollten Sie heute damit beginnen! Und wenn Sie es schon tun, schlagen Sie regelmäßig darin nach und „wiederkäuen" Ihre geistliche Speise?

6. Lassen Sie sich von Gottes Wort leiten wie ein erfahrener Flieger von seinen Anzeigeinstrumenten? Welche Bibelstellen wenden Sie auf Ihr tägliches Leben an? (Siehe Eph. 4,32; Phil. 2,3 f.; 1. Pt. 5,7!)

7. In welchen Bereichen haben Sie sich mehr auf Ihre Gefühle verlassen als auf die Wahrheiten des Wortes Gottes? Legen Sie sich Karteikarten mit Bibelstellen an, die genau diese Bereiche betreffen, und memorieren Sie diese Texte tagtäglich, bis Ihr Herz fest in der Wahrheit verankert ist!

Kapitel 4: Schätze im Himmel sammeln

1. Was können Sie ganz praktisch tun, damit nicht irdische Sorgen die Dinge der Ewigkeit in den Hintergrund drängen?

2. Nennen Sie einige Wege, auf denen wir Schätze im Himmel sammeln können! Welche Rolle spielen unsere Motive dabei?

3. Dachten Sie, bevor Sie dieses Buch lasen, es sei selbstsüchtig oder unreif, himmlischen Lohn zu suchen? Und was meinen Sie jetzt? Welche Tatsachen in bezug auf himmlischen Lohn machen ihn für selbstlose, reife Gläubige erstrebenswert?

4. Denken Sie noch einmal an das Beispiel von der Glühbirne und erwägen Sie, wie hell Ihr Leben wohl scheint und woher diese Helligkeit rührt! (Ich möchte, wenn ich im Himmel ankomme, kein Nachtlämpchen sein – Sie doch sicher auch nicht, oder?)

Kapitel 5: Der ultimative Test

1. Wenn heute Ihr letzter Tag auf Erden wäre: Würden Sie sich dem Richterstuhl zuversichtlich oder beschämt nähern? Warum?

2. Nehmen Sie sich eine ausgedehnte, ungestörte Zeit vor dem Herrn. Bitten Sie Gott darum, daß er Ihnen zeigt, wo Sie bleibenden positiven Einfluß auf andere ausüben oder ausgeübt haben. Dann bitten Sie ihn, Ihnen Bereiche zu zeigen, in denen Sie sich vergeuden, indem Sie „Sandburgen“ bauen. Bitten Sie ihn, Ihrem Herzen und Ihrem Denken tief einzuprägen, wie sehr es auf jeden einzelnen Augenblick im Leben ankommt, und Ihnen zu helfen, sich dementsprechend strategisch auszurichten.

3. Was für Menschen sind in der Lage, im Leben anderer bleibende positive Spuren zu hinterlassen, und wie können Sie sich selbst zu einem solchen Menschen entwickeln?

4. Bitte erinnern Sie sich an Momente in Ihrem Leben, in denen Sie die Freundlichkeit eines Mitmenschen in einer Weise erfuhren, die Sie Ihrerseits bewegte, einer dritten Person Freundlichkeit zu erweisen!

5. In welcher Weise können Sie in den 24 Stunden, die vor Ihnen liegen, konkret Freundlichkeit ausleben? Stoßen Sie ein paar Dominosteine um!

6. Listen Sie bitte einige Talente auf, die Gott Ihnen verliehen hat, um sein Reich voranzubringen! Welche dieser Talente haben Sie „arbeiten lassen“, welche lieber verborgen?

Kapitel 6: Ultimativer Erfolg

1. Fallen Ihnen Beispiele dafür ein, wie Menschen ihr Leben auf Ziele hin ausrichten, die auf die Ewigkeit bezogen ebenso unnütz sind, wie möglichst viele Bodenlinien mit dem Fuß zu berühren?

2. Welchen Kurs steuern Sie?

3. Gibt es in Ihrem Leben Anzeichen dafür, daß Sie

darauf aus sind, sich selbst zu beschenken oder sich selbst zu schützen? Nehmen Sie sich etwas Zeit vor dem Herrn und bitten Sie ihn, Ihnen zu verdeutlichen, wo Sie Ihr Herz auf Dinge gerichtet haben, über die Sie Buße tun sollten!

4. Haben Sie sich je gescheut, über etwas Buße zu tun, weil Sie insgeheim dachten, Ihre Pläne seien besser als die Pläne Gottes? Bitte erläutern Sie, was dahintersteckte! (Beachten Sie, was in 2. Korinther 7,10 steht: daß wir es nie bereuen werden, Buße getan zu haben. Weil Gott so überaus gut ist, hat es noch nie ein Mensch bedauern müssen, Buße getan zu haben.)

5. 2. Korinther 5,9 ermuntert uns, nach dem Wohlgefallen Gottes zu trachten; Epheser 5,10 aber führt uns noch einen Schritt weiter: Dort ist die Rede davon, daß wir prüfen sollen, „was dem Herrn wohlgefällig ist". Bitte studieren Sie die Schrift daraufhin, wie Sie ihm wohlgefällig leben können. Folgende Texte könnten Ausgangspunkte Ihres Bibelstudiums sein:

Hebräer 13,16;
Kolosser 3,20;
Ezechiel 18,23;
1. Timotheus 5,4;
1. Thessalonicher 4,1.3-6.

Kapitel 7: Verantwortung übernehmen – aber nicht zu viel!

1. Mose gab dem Volk die Schuld daran, daß ihm verwehrt wurde, das Verheißene Land zu betreten (s. 5. Mose 1,37). Beachten Sie im Gegensatz dazu, wie Gott die Sache einschätzt (4. Mose 27,14; 5. Mose 32,51). Gibt es in Ihrem Leben Sünde, an der Sie jemand anderem die Schuld geben? Gibt es Sünde, die Sie auf widrige Umstände schieben? Und wenn Sie sich klarmachen, daß kein Weg darum herumführt, daß Sie ganz persönlich Gott gehorchen müssen, egal, was andere tun und wie die Umstände sind, in denen Sie sich

befinden: Gibt es dann eine Sünde, von der Sie sich gerade jetzt abwenden sollten?

2. Haben Sie sich irgendwelche Ziele gesetzt, deren Verwirklichung außerhalb Ihrer eigenen Kontrolle liegt?

3. Erinnern Sie sich an eine Zeit in Ihrem Leben, in der Sie frustriert oder zornig waren. Überlegen Sie, ob der Frust von einem versperrten Ziel herrührte. Wie hätten Sie Ihre Zielstellung ändern, welches neue, rechte Ziel an die Stelle des verkehrten setzen können?

4. Denken Sie an eine Zeit, in der Sie aufgeregt waren. War es damals so, daß Sie etwas in den Griff zu bekommen versuchten, das außerhalb Ihres Einflußbereiches lag? Was für Möglichkeiten hätten Sie gehabt, Ihre Zielsetzung zu korrigieren?

5. Was sagt das Kapitel darüber, welches eine überragende Ziel wir im Leben verfolgen sollten? Erklären Sie mit eigenen Worten, wieso dieses Ziel niemals versperrt werden kann!

6. Was lehrt uns das Leben Josephs darüber, wie man mit widrigen Umständen und ungerechter Behandlung umgehen kann? Auf welche Situation in Ihrem eigenen Leben können Sie diese Lektion anwenden?

Kapitel 8: Menschenfurcht

1. Sprüche 29,25 warnt uns: „Menschenfurcht stellt eine Falle." Was glauben Sie, wieso so viele von uns von der Frage umgetrieben sind, was wohl andere Leute von ihnen halten? Nennen Sie einige der Fallstricke, über die wir stolpern können, wenn wir uns Gedanken darüber machen, wie andere Leute uns sehen.

2. Bitte lesen Sie Matthäus 6,1 f. und erklären Sie anhand dieser Stelle, inwiefern Gott nicht alle guten Taten belohnen wird.

3. Erläutern Sie, inwiefern Menschenfurcht eine Blokkade echter Liebe ist!

4. Als ich einmal eine Abschlußprüfung abnahm, meinte

ich zu bemerken, daß einer meiner Studenten betrog. Als er seine Klausur abgab, sagte ich ihm, daß ich gesehen hätte, wie er bei einem Mitprüfling abschrieb. Er leugnete es, was mich nicht weiter überraschte. Als ich jedoch die beiden Klausuren miteinander verglich, waren die Antworten auf die Prüfungsfragen völlig verschieden voneinander! Ich war überzeugt gewesen, daß der Kandidat betrogen hatte, aber ich hatte mich getäuscht. Sind Sie da nicht froh, daß nicht ich Ihr Richter bin? Was sagt Jesaja 11,3 f. darüber, wie der Messias urteilen wird?

5. Ist es Ihnen jemals passiert, daß Sie fälschlich beschuldigt wurden? Wie ging es Ihnen dabei, und wie haben Sie reagiert? Welche Reaktion wäre biblisch gewesen?

Kapitel 9: Sich das Herz eines Dieners aneignen

1. In welchem Bereich Ihres Lebens ist es Ihnen am allerschwersten gefallen, Ihre Sorgen auf den Herrn zu werfen? Können Sie die Wahrheit annehmen, daß es keine Sorge gibt, die nicht „abwerfbar“ wäre? Möchten Sie auf Gottes Güte und Weisheit vertrauen?

2. Bitten Sie den Heiligen Geist, Ihnen jedwede Bürde zu zeigen, die Sie bislang mit sich herumgeschleppt haben, und nehmen Sie sich gleich jetzt etwas Zeit, um all diese Lasten auf den Herrn zu werfen.

3. Ist es Liebe, wenn wir uns zum Fußabtreter für andere machen? (Nützt das den anderen wirklich zu ihrem Besten?)

4. Bitte lesen Sie Markus 10,37-45. Zeigt Jesus hier, daß alle im Himmel Gott gleichermaßen nahe sein werden? Worauf beruht Größe in seinem Reich?

5. Auf welchen drei Wegen können wir die innere Einstellung eines Dieners erlangen? Bitte entscheiden Sie sich für einen dieser Wege und denken Sie darüber nach, wie Sie diesen Weg während der nächsten 24 Stunden beschreiten können!

6. Stellen Sie sich vor, Sie lägen im Krankenhaus: Was

würden Sie sich wünschen, daß jemand für Sie tun sollte? Können Sie genau das für jemand anderen tun?

7. Was ist die Hauptursache von Depressionen? Was ist nach Johannes 15,11 f. das Geheimnis eines Wandels in der Freude?

8. Welche falsche Einstellung verursacht Einsamkeitsgefühle, und was hilft diesen ab?

9. Welche Symptome von Lampenfieber haben Sie erlebt? Durch welche falschen Ziele kommt Lampenfieber zustande, und welches korrekte Ziel sollten wir uns setzen, um davon abzukommen?

Kapitel 10: Bleiben Sie von seinem Stuhl weg!

1. Haben Sie sich jemals auf dem Stuhl Gottes wiedergefunden? Inwiefern?

2. Denken Sie an eine Person, über die Sie geurteilt haben. Haben Sie jemals erlebt, daß eine richtende, kritische Haltung im Leben eines anderen Menschen gute Frucht hervorgebracht hätte? (Siehe Jak. 1,20!) Bitte erörtern Sie den Unterschied zwischen richtenden Gedanken und dem Aussprechen der Wahrheit in Liebe nach Epheser 4,15.

3. Kennen Sie biblische Beispiele dafür, wie Menschen Gott verurteilt haben (indem Sie abschätzig über ihn dachten oder das Wort gegen ihn nahmen)?

4. Hat es Zeiten in Ihrem Leben gegeben, wo Sie an Gottes Güte und Freundlichkeit zweifelten? Schreiben Sie sich einige Bibelstellen auf Karteikarten, so daß Sie Aussagen der Schrift über Gottes wunderbaren Charakter meditieren können! Mit folgenden Texten könnten Sie anfangen:

Psalm 145,17;
Psalm 34,9;
Psalm 136.

5. Denken Sie eingehend über Jesaja 66,2 b nach und meditieren Sie diesen Text! Inwiefern steht uns Stolz im Wege, wenn wir Gottes Wort erstnehmen möchten?

Kapitel 11: Die Furcht Gottes – eine Quelle des Lebens

1. Gibt es Bereiche in Ihrem Leben, in denen Sie lieber nicht wollen, daß Gottes Wille in Erfüllung geht? Was glauben Sie, was der Herr in diesen Bereichen wohl tun kann? Was wäre nötig, damit Sie ihm auch diese Bereiche ausliefern könnten?

2. Wurde in Ihrer Familie von Gott gesprochen, als Sie klein waren? Wie ging man bei Ihnen zu Hause mit dem Thema Glauben um, während Sie heranwuchsen?

3. Wurden Sie in Ihrer Familie gelehrt, Gott zu fürchten? Falls ja: war Ihre Gottesfurcht gesund oder ungesund?

4. Wie hat sich Ihr Gottesbild im Laufe Ihres Lebens verändert?

5. Worin bestehen die Segnungen rechter Gottesfurcht? Wieso wird die Furcht Gottes „der Weisheit Anfang" genannt und warum „die Quelle des Lebens"?

Kapitel 12: Gott gefallen auf der Arbeit

1. Wenn Sie in ebendieser Minute vor Gott stünden: Wäre er mit Ihrer Motivation am Arbeitsplatz zufrieden? Warum oder warum nicht?

2. Bei vielen Christen scheint es eine Trennung zwischen Arbeitsleben und geistlichem Leben zu geben. Warum, glauben Sie, ist das so?

3. Denken Sie über Ihre Arbeit nach. Mit welchen Motivationsräubern müssen Sie sich herumschlagen? Wie könnte Kolosser 3,22 ff. dazu beitragen, Ihr Arbeitsleben mit Freude zu erfüllen?

4. Was kann verhindern, daß wir normale weltliche Arbeit als normal und weltlich ansehen?

5. Was unterscheidet Menschengefällige von Gottgefälligen?

Kapitel 13. Die Zeit auskaufen

1. Hat Gott Ihnen eine Vision für Ihr Leben geschenkt? Falls ja – welche Gaben und Talente hat er Ihnen anvertraut, um diese Vision mit Leben zu füllen?

2. Zuweilen wollen Leute gern dort blühen, wo sie gar nicht hingepflanzt sind. Nennen Sie einige Möglichkeiten, am rechten Platz zur Blüte zu gelangen!

3. Was war der wertvollste Zeitmanagement-Tip, den Sie diesem Kapitel entnommen haben, und wie können Sie diesen Tip innerhalb der nächsten 24 Stunden in die Tat umsetzen?

4. Bitte schreiben Sie sich einen Lebenszweck oder auch einen guten Vorsatz – auf und nennen Sie dann drei Ziele, die Ihnen helfen werden, diesen Zweck zu erfüllen.

5. Stehen Sie vor einer Aufgabe, die Sie maßlos zu überfordern scheint? Was können Sie tun, damit es nicht zu lähmenden Verschleppungssymptomen kommt?

6. Sind Sie durch Ihre Ziele auf himmlischen Lohn ausgerichtet oder nur auf irdische Träume?

Kapitel 14: Siegeskränze göttlichen Wohlgefallens

1. Wie hat Gott in Ihrem Leben seine Treue erwiesen? Achten Sie darauf, sich fortwährend seiner Treue zu erinnern, oder neigen Sie dazu, ihrer zu vergessen? Was glauben Sie, welchen Unterschied es in Ihrem Leben machen würde, wenn Sie sich fortwährend all des Guten erinnerten, das er für Sie getan hat? Welche Schritte könnten Sie gehen, um sich regelmäßig dessen zu entsinnen?

2. Bitte schreiben Sie zehn Dinge auf, für die Sie Gott von ganzem Herzen dankbar sind.

3. Erfüllt Sie der Gedanke an die Wiederkunft Christi mit Freude oder mit Furcht? Wenn Ihre Antwort „mit Furcht" lautet: Was müßte sich in Ihrem Leben ändern, damit Sie „seine Erscheinung lieben" und ihr voller Freude entgegensehen könnten?

4. Sind Sie jemals für irgendeinen Menschen Hirte gewesen? Würden Sie, nachdem Sie Gottes Stellenbeschreibung für Hirten gelesen haben, etwas anders machen, und wenn ja, was?

5. Was kann uns die Landwirtschaft dahingehend lehren, daß wir bessere Zeugen für Jesus werden?

Kapitel 15: Olympische Motivation

1. Gibt es irgendwelche Bürden, die an Ihnen hängen und Sie niederdrücken, während Sie in der Rennbahn laufen? Bitten Sie den Heiligen Geist, Ihr Herz zu erforschen und Ihnen alles zu zeigen, was Sie bremst.

2. Rechnen Sie einmal aus, wieviel Zeit Sie tagtäglich auf die Belange Ihres Körpers verwenden (Kleidung, Körperpflege, Sport, Essen etc.). Und wieviel Zeit verwenden Sie auf die Bedürfnisse Ihres Geistes? Was für reale Möglichkeiten haben Sie, die Gewichte dahin zu verschieben, daß die geistlichen Dinge mehr Raum erhalten? Welche Trainingsziele können Sie sich setzen, um den Wettlauf zu gewinnen?

3. Was ist das Allerwichtigste, das Sie aus diesem Buch gelernt haben?

4. Kennen Sie eine einzelne Person oder eine Gruppe von Leuten, denen es gut tun würde, etwas über den Richterstuhl zu lernen? Falls ja, fangen Sie bald damit an, diese Wahrheit weiterzugeben – so, wie Gott Ihr Herz zubereitet und Ihnen Gelegenheit schenkt.

Anmerkungen

1 Wir wollen nicht den Eindruck erwecken, daß unsere Sünde am Richterstuhl Christi keine Rolle spielen wird. Wenngleich Gott uns vergibt, beeinträchtigt die Sünde immer noch seine Bewertung unseres Lebens, weil Sünde uns unbedingt davon abhält, die Dinge zu tun, die er will. Wie sollten wir zum Beispiel anderen dienen, Werke der Liebe tun oder kraftvoll Zeugnis geben, wenn wir in Sünde und Egoismus verstrickt sind? In 1. Korinther 3,9 heißt es: „Gottes Ackerfeld ... seid ihr." Sünde hält uns davon ab, ein ergiebiges Feld zu sein. Alles, was die Fruchtbarkeit des Ackers vermindert, mindert auch unseren Lohn, gleichviel, ob wir nun willentlich rebellieren oder den Boden durch Vernachlässigung verwildern lassen. „Wenn nun jemand sich von diesen [den Dingen der Unehre] reinigt, wird er ein Gefäß zur Ehre sein, geheiligt, nützlich dem Hausherrn, zu jedem guten Werk bereitet" (2. Tim. 2,21).

2 Ich hatte immer gedacht, im Himmel werde es keine Tränen geben. Ich hatte recht – beinahe. Denn tatsächlich sagt die Bibel: „Und er [Gott] wird jede Träne von ihren Augen abwischen, und der Tod wird nicht mehr sein, noch Trauer, noch Geschrei, noch Schmerz wird mehr sein: denn das Erste ist vergangen" (Offb. 21,4). Und ob es Tränen im Himmel geben wird – aber nur so lange, bis Gott sie von unseren Augen abwischt.

3 Deutsch u. d. T.: *In guten wie in bösen Tagen. Strategien für eine erfüllte Ehe. Ein Leitfaden für Ehepaare und Seelsorger,* Basel/Gießen: Brunnen Verlag 1992².

4 Jesus sagte, die beiden größten Gebote seien, „den Herrn, deinen Gott [zu] lieben aus deinem ganzen Herzen und aus

deiner ganzen Seele und aus deinem ganzen Verstand" und „deinen Nächsten [zu] lieben wie dich selbst" (Mk. 12,30 f.). Manche christlichen Redner und Autoren pflegen zu betonen, daß darin ein drittes Gebot enthalten sei, nämlich, sich selbst zu lieben. Wir können andere nicht lieben, sagen diese Leute, solange wir uns selbst nicht lieben.

Diese Auslegung mag plausibel sein, wenn wir den Text aus seinem Zusammenhang herausgelöst betrachten, doch sie übersieht den Beitrag einer ähnlichen Passage aus Epheser 5: „Ihr Männer, liebt eure Frauen... So sind auch die Männer schuldig, ihre Frauen zu lieben wie ihre eigenen Leiber. ... Denn niemand hat jemals sein eigenes Fleisch gehaßt, sondern er nährt und pflegt es ..." (Vv. 25.28 f.)

Es liegt auf der Hand, daß Ehemänner hier nicht aufgefordert werden, zuerst ihre eigenen Leiber und dann ihre Frauen zu lieben. Vielmehr wird den Männern anbefohlen, ihren Frauen dieselbe hingebungsvolle Sorge zukommen zu lassen, die sie sich selber angedeihen lassen. Sie sollen sich in gleicher Weise um ihre Frauen kümmern wie um ihre eigenen Leiber, indem sie sie ernähren und pflegen.

Reden wir nicht drumherum: Wir sind gut zu uns selbst! Wir alle, auch diejenigen von uns, die ein niedriges Selbstwertgefühl haben, tun uns jeden Tag Gutes. Gott befiehlt uns nicht, uns selbst zu lieben. Gott befiehlt uns, unseren Blick zu erweitern und andere mit derselben hingebungsvollen Sorge zu umhegen.

5 In Hebräer 1,9 heißt es, Gott habe Christus mit „Freudenöl" gesalbt, weil sein Sohn Gerechtigkeit liebte und Gesetzlosigkeit haßte. Sproß die Liebe Christi daraus, daß er andere liebte? Was bedeutet es, daß Christus Gerechtigkeit liebte? Was ist die Quintessenz des gerechten Gesetzes Gottes? In Römer 13,9 heißt es: Alle Gebote sind „in diesem Wort zusammengefaßt: ‚Du sollst deinen Nächsten lieben wie dich selbst'". Auf der anderen Seite ist Selbstsucht die Wurzel allen Übels.

6 Pamela Rosewell Moore ist Verfasserin mehrerer Bücher, darunter *Safer than a Known Way*. Heute ist sie Leiterin des Fürbittedienstes an der *Dallas Baptist University*. Der zitierte Text stammt aus einem Gespräch mit Pam.

Weitere Titel aus dem ASAPH-Verlag

Dieses Buch ist für Laien und Seelsorger ein ausgezeichnetes Hilfsmittel auf dem Weg zur Heilung und Fülle in Christus. Es gibt eine klare Grundlage der für Heilung nötigen Prozesse an die Hand. Der Heilungsprozeß wird in drei Bereiche unterschieden, Grenzen der Heilung werden aufgezeichnet, gefolgt von Beispielen, Lehre und Gebeten.

Leanne Payne: Verändernde Gegenwart
Selbstannahme, Heilung und Vergebung
352 Seiten, Paperback
Bestellnummer 147532

ASAPH VERLAG

Weitere Titel aus dem ASAPH-Verlag

Dieses Buch ist eine praktische Hilfe für Hauskreisleiter, die einem Erwachsenen- oder Jugendlichen-Hauskreis vorstehen. Dazu sind Fragen als Gesprächshilfe, anschauliche Beispiele und Zeugnisse zusammengestellt. Jesus will, daß wir Menschen zu Jüngern machen, die dann wiederum mit der Zeit selbst „Jünger-Macher" werden.

Peter & Dorothee Gleiss:
Jüngerschaft lernen im Hauskreis
Vorwort von Walter Heidenreich
216 Seiten, Paperback
Bestellnummer 147537

ASAPH VERLAG